如何有效处置网络舆情

段赛民 著

人民日报出版社

·北京·

图书在版编目（CIP）数据

如何有效处置网络舆情 / 段赛民著. -- 北京：人民日报出版社，2021.12
ISBN 978-7-5115-7159-5

Ⅰ.①如… Ⅱ.①段… Ⅲ.①互联网络—舆论—信息处理—研究 Ⅳ.①G206.2

中国版本图书馆CIP数据核字(2021)第213175号

书　　　名：	如何有效处置网络舆情 RUHE YOUXIAO CHUZHI WANGLUO YUQING
作　　　者：	段赛民　著
出 版 人：	刘华新
责任编辑：	刘　悦
封面设计：	三鼎甲
出版发行：	人民日报出版社
社　　　址：	北京金台西路2号
邮政编码：	100733
发行热线：	（010）65369509　65369527　65369846　65369528
邮购热线：	（010）65369530　65363527
编辑热线：	（010）65363105
网　　　址：	www.peopledailypress.com
经　　　销：	新华书店
印　　　刷：	北京中科印刷有限公司
法律顾问：	北京科宇律师事务所 010-83622312
开　　　本：	710mm×1000mm　1/16
字　　　数：	270千字
印　　　张：	17.5
版次印次：	2022年3月第1版　2025年7月第9次印刷
书　　　号：	ISBN 978-7-5115-7159-5
定　　　价：	48.00元

目 录

第一章 网络舆情的总体态势 …………………………………… 1

第一节 舆论引导新挑战 ………………………………………… 2

第二节 网络舆情不容小觑 ……………………………………… 8

第三节 大众麦克风时代的舆论狂欢 …………………………… 15

第二章 网络舆情新特征 …………………………………………… 21

第一节 小微舆情热点化 ………………………………………… 22

第二节 网络舆论暴力化 ………………………………………… 29

第三节 意见领袖食利化 ………………………………………… 34

第四节 线上线下联动化 ………………………………………… 40

第五节 舆情处置传统化 ………………………………………… 46

第六节 情绪表达极端化 ………………………………………… 51

第七节 公信力质疑过度化 ……………………………………… 56

第八节 热点事件泛政治化 ……………………………………… 61

第三章　网络舆情主要类型……67

- 第一节　涉公共财政……68
- 第二节　涉公权力……74
- 第三节　涉人事任免……82
- 第四节　涉司法诉讼……88
- 第五节　涉社会安全……93
- 第六节　其他类型……99

第四章　舆情事件的成因……105

- 第一节　网民自我意识增强……106
- 第二节　民意表达向网络倾斜……113
- 第三节　社会心理失衡……118
- 第四节　公众人物和公共机构广受关注……123
- 第五节　公众知情权未得到满足……129
- 第六节　不当言行挑战道德底线……135
- 第七节　社交媒体平台成为信息重要传播途径……140
- 第八节　自媒体意见领袖、网络推手、境外势力等组织策划……147

第五章　网络舆情处置策略……153

- 第一节　舆情事件生成规律……154
- 第二节　建立一种科学的监测预警机制……158
- 第三节　确保两个前提：打铁必须自身硬……169
- 第四节　确保两个前提：提高媒介素养……174
- 第五节　坚持三个原则：公共利益至上……186
- 第六节　坚持三个原则：局部利益服从整体利益……195

第七节　坚持三个原则：掌握信息发布主动权 …………………202
第八节　把握四个要点：既要快速反应，又要科学反应 …………212
第九节　把握四个要点：既要尊重民意，又要避免被"民意"束缚
　　　　　………………………………………………………………221
第十节　把握四个要点：正确看待理性舆情与非理性舆情 ………231
第十一节　把握四个要点：既要务实处置，也要善用主流舆论 …240
第十二节　防止五种错误行为，避免次生舆情 ……………………255

后　记……………………………………………………………………271

第一章
网络舆情的总体态势

第一节 舆论引导新挑战

当前,随着互联网应用日益普及、网民群体规模迅速扩大,尤其是以微博、微信为代表的社交媒体,以及以手机客户端为代表的移动互联网迅猛发展,中国社会的舆论场生态正在发生重大变化。我国网民基数规模庞大、互动积极成为网络舆论生发的原动力。

在研究网络舆论之前,我们要关注这几个数字:2021 年 8 月,中国互联网络信息中心(CNNIC)发布第 48 次《中国互联网络发展状况统计报告》。截至 2021 年 6 月,我国网民规模达到 10.11 亿,其中使用手机上网的人数达到 10.07 亿,农村网民规模为 2.97 亿,农村地区互联网普及率为

59.2%。后面三个数字带来什么启发呢？现在很多舆情事件都爆发于县、市层面。移动互联网兴起以前，在县（市、区）或者乡镇一级，比如一个偏远山区，哪怕发生一些极端的维权个案，只要有关部门不主动对外披露，外界很难知晓。但是今天不一样了，敏感事件无论发生在何时何地，哪怕是偏远山区的某个角落，只要有一双眼睛看见，这个人随手掏出手机，随便"咔嚓"拍一张照片，很随意地发到微信朋友圈或者微博，就可能瞬间引发舆情，迅速放大这个事件的社会传播效果。

【案例】"重庆保时捷女司机掌掴"事件

事件概况

2019年7月30日，一段秒拍视频在网络热传。内容显示，重庆一驾驶保时捷的女司机与一名男司机发生争执，女司机先动手扇了对方一耳光，被男司机回击。当日，重庆市公安局官方微博@平安重庆对此回应称，已对女司机李某驾车未按规定掉头、穿高跟鞋、戴帽子等行为进行处罚。然而该女子的嚣张态度引发了公愤，网民对其发起了"人肉搜索"，其家庭背景、收入来源、交通违法处理等都被指有"猫腻"。在舆论不断要求公布女子"背景"的强烈呼吁下，8月1日晚间，@平安重庆再次做出回应，确认女车主丈夫系渝北区公安分局某派出所所长童某，并成立调查组调查网友反映的问题。8月5日，官方再次透露，该女子丈夫童某被暂停职务。8月12日，重庆市公安局渝北区分局官方微博@平安渝北通报此事调查结果。通报最后提到，调查发现童某任职期间涉嫌其他违纪问题，目前已将其免职并立案调查。另据央视网报道，重庆市公安局还发布了保时捷女车

如何有效处置网络舆情

主的致歉书。①

舆情分析

李某与男司机因行车发生冲突的相关视频被传上网络后，立即引发舆论关注，舆情热度迅速上升。有网民曝光李某违章记录，促使舆论在7月31日形成第一个高峰点。8月1日深夜，@重庆发布、@平安重庆等官方微博账号相继发布通报后，网友质疑李某是否存在利用丈夫职务之便以权谋私的违法行为，并与此前发生的四川"严书记"事件相关联，使舆情于8月2日达到顶峰。网民在激烈讨论童某暂被停职、类似事件频发原因、事件可能的调查结果等内容之后，舆情热度逐渐回落。

在此次事件的传播中，微博热度位居第一位，成为舆论的主要发酵平台。与以往舆情事件传播途径不同的是，视频在事件传播中排在了第二位，以"重庆保时捷女车主打人"为标题的相关视频在各短视频平台也广泛传播。据不完全统计，截至8月15日12时，相关新闻报道约1000篇，微博信息3.6万余条，微信文章7800余篇。微博话题"保时捷女车主丈夫被立案调查""保时捷女车主丈夫被免职""保时捷女车主致歉书"等阅读量近14亿次，讨论近10万次。

事件中提及频率较高的热词为耳光、掌掴、打人、违法、嚣张等。

舆情点评

涉事单位舆情处置滞后，错过舆论引导的"黄金时间"，导致此次事件舆情发酵。

单从现场视频来看，保时捷女车主掌掴男子耳光是因一场交通纠纷而

---

① 通报！保时捷女车主丈夫所长职务被免并立案调查[EB/OL].（2019-08-12）[2021-09-12]. http://news.cctv.com/2019/08/12/ARTIlYMMDlk4R7AvW3bWlRIt190812.shtml.

起的，双方和解本可以平息事态。但在网友热议初期，官方通报并未回应舆论关切，没有缓解网民焦虑，加剧事态进一步发展。保时捷女车主事后被扒出其丈夫为当地某派出所所长，而涉事派出所及所属分局均称"不方便透露"，这种既不否认又不肯定的态度，似乎坐实舆论猜测，甚至有网友质疑其丈夫存在涉黑行为。此外，涉事单位对本次舆情发展态势的研判不够敏锐，未能在关键时刻把握时机，应对不断发展的舆情，控制负面倾向明显的舆情态势。

不过，8月12日通报发出后，主流媒体对警方通报表示认可，认为官方声音起到"一锤定音"之效。多数网民点赞警方调查处置迅速有力，通报扎实有分量，迅速引导舆论风向转正，获得社会各界高度评价。

在此次事件的传播过程中，新媒体平台成为触发舆论关注的重要载体。当前，短视频已成为移动互联网时代更便捷的内容表现形式和舆情信息传播的新路径，年轻网民热衷以分享短视频的形式传播热点社会事件。短视频比文字、图片更具真实感，增强了网民的信任感和参与感。一个带摄像头的手机就可以让每一个用户成为视频的发布者和议题的发起者，完成一个媒体记者出镜、采访、剪辑、发布等复杂的新闻工作。

互联网，特别是移动互联网的迅速发展，对舆论引导提出新的挑战，主要表现在三个方面。

第一，舆论场生态正在发生重大变化。一方面，媒体形态和格局正在发生改变，网络媒体的议程设置和信息扩散能力快速增强，一部分传统媒体的主导地位受到新媒体的冲击；另一方面，影响社会稳定的问题和矛盾仍然存在，一些群体基于相同的利益诉求，把互联网作为表述渠道，传统的舆论引导方式面临着话语争夺、效果减弱的挑战。基于舆论场生态的重

如何有效处置网络舆情

要变化,互联网时代的舆论引导面临诸多挑战和压力,比如传统主流媒体影响力有降低的风险,网络舆论的非理性和群体极化现象突出,需广泛积极地凝聚共识,等等。

第二,网络信息传播快,某些事件一经曝光即可迅速引爆舆情。网络具有即时性、开放性、互动性等特点,往往能以最简单、最便捷的方式介入舆情事件,并迅速成为事件的"催化剂""助燃剂"。当负面舆情被"点燃",其煽动力、影响力、破坏力让人始料不及,往往使事件迅速激化,极大增加处置引导难度。

第三,互联网成为舆情事件的高倍"放大器"。热点事件一旦"触网"被聚焦,可轻易突破地域与空间限制,某些地区性、局部性的事件可能迅速演化为全国性,甚至国际性公共事件。

大多数互联网重大突发事件在发生之初只是局部现象、个别言论,甚至是普通民众之间的纠纷。而网络的开放性、无界性、互动性等特点,使网络媒介本身成为高倍的"放大器"、快速的"传播器"。借助论坛、博客等网络平台传播信息简单直接且身份隐蔽,网民能够快速、情绪化地发表意见,呼唤声援,在短时间内形成一种力量。一个热点事件的暴发加上一种情绪化的意见宣泄,很容易形成星火燎原之势,引起社会大众的关注。如果被一些别有用心的人加以利用,就可能引起社会恐慌、泛政治化等极为严重的后果。

当下,互联网是群众参与公共事务的主要途径,也是民意表达诉求的主要渠道以及密切党群干群关系的"新纽带"。网络理政已经成为新时代领导干部的必修课。能否用好互联网,是新时代领导干部干好工作的基本功。面对互联网时代的新形势、新要求,每名干部都应当努力学习网络知识,争做会用、善用网络的行家里手。所谓会用,就是掌握使用互联网的基本技能、网络特点、上网技巧和网言网语,多借助网络问政于民、问需于民、问计于民;所谓善用,就是把网络视为检验工作成效、改进工作方法、引导思想舆论的载体和平台，对网民建设性意见及时吸纳，对模糊认识及时廓清，对怨气怨言及时化解，对错误看法及时纠正和引导，进而不断提升服务群众、驾驭工作的能力和水平。对网民反映的问题，能在网上解决的，就尽快在网上解决；不能在网上解决的，及时在网下解决。对网上那些别有用心的错误言论，要敢于站出来进行有理有力有节的反击、批驳，在网络意识形态和舆论引导的战场上守住主阵地、把握主动权。

第二节　网络舆情不容小觑

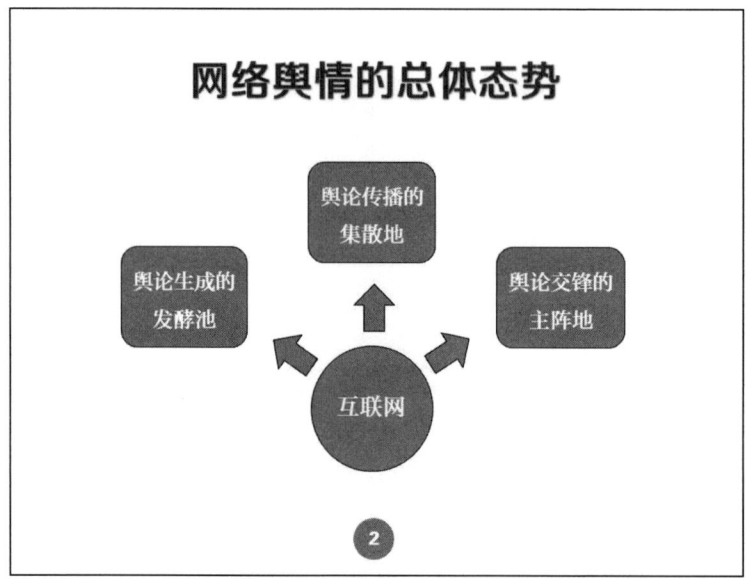

互联网的发展带来无远弗届的力量，为人们带来更多的获得感。

互联网在中国的普及，使网络日益成为有重大社会影响的信息传播平台、民意表达平台、新型舆论平台。网络舆论作为一种史无前例的民意表达形态，成为备受瞩目的关键词，其社会影响力在很多事件发展过程中起到重要作用，网络舆论所形成的社会热点使网络监督、网络维权得以深化。利用网络征集民意、收集舆情，已成为越来越多的地方政府采用的方式。网络舆论关注的一些热点问题，引起了各级领导干部的重视，成为他们了解民情的重要参考。网络媒体作为表达民意、反映民情民声的渠道之一，其地位和影响力已经得到人们的认可。从 Web2.0 到政府 2.0，由中国网民在虚拟世界发挥出的力量，体现了公众与政府之间的良性互动，其本质是原生态民意在互联网空间的映射。

随着技术的更迭，互联网的角色从信息传播平台向意见交流平台转变，网络已成为舆论生成的发酵池、舆论传播的集散地和舆论交锋的主阵地。当下舆论场几乎所有吸引眼球的话题都起源于互联网，几乎所有的重大舆情事件都因互联网传播而放大。我们每一个人并非被动地接受互联网信息，同时也是互联网信息的提供者、生产者、传播者。比如，你拍个照片发到朋友圈、微信群、微博，你远在千里之外的朋友就可能看到了你的信息；你不经意的一次微信群吐槽，很可能被人截屏并传播出去，从而使你成为舆情事件的主角。

【案例】"严书记女儿"事件

事件概况

2018 年 5 月 11 日，成都本地博主爆料，成都某幼儿园班上有位女孩打同学，老师将她单独安排座位的决定误发到了家长群里，家长李某不满老师对她女儿的教育方式，搬出了一个"严书记"。李某质问老师："你对严书记的女儿说这话是什么意思！"随后，李某在家长群里宣称：老师已经被开除。

当日，涉事幼儿园否认开除老师，称幼儿园一切正常。

随后，四川某小学通过其官方微信公众号发布声明，否认幼童严某某为内定生。

2018年5月12日,网上出现一封"严书记"写给四川省委组织部的情况说明。由此得知,严书记就是四川广安市委副书记严春风。他在情况说明里表示:因为李某出轨,自己已和李某离婚五年,孩子归李某抚养,严春风本人对舆情反映的问题都不知情。该说明没有被媒体证实,也没有被严春风本人否认。

2018年5月14日17时02分,中共四川省纪律检查委员会四川监察委员会网站发布消息:四川省纪委监委已关注到网友反映"严春风舆情"相关情况,已及时介入调查核实。

2018年5月18日,据四川省纪委监委消息:广安市委副书记严春风涉嫌严重违纪违法,目前正接受纪律审查和监察调查。

舆情点评

众所周知,拥有12亿多用户的微信,已不仅仅是承载网络舆论的平台,其本身也是舆论发酵的源头。由于微信深入渗透用户生活的方方面面,许多原本很少参与公共话题讨论的用户都可借助微信加入舆论的交锋与传播。

在舆情推动过程中,微信具有以下三个明显的特征。

第一,"强媒体"属性强化用户阅读黏性。在所有的社交平台中,微信推动舆情事件传播的效果最为突出。微信满足了网民碎片化阅读、了解舆论热点、查看亲友推荐、自主订阅信息、点评转发分享等多方面的信息需求,成为人们获取新闻资讯的重要渠道。

第二,"强关系"属性强化信息内容可信度。同为社交平台,微博主要基于"弱关系",关注对象中相当大比例是明星名人等陌生人,亲朋好友等熟人的占比较低。而微信的好友机制是基于双方同意添加好友,与微博的情况恰好相反。微信具有明显的"圈子"特性。圈子成员彼此产生交集并形成朋友圈。一般而言,圈中成员较容易达成认知取向和价值判断方面的一致，对朋友圈传播的相关信息容易接受，愿意主动传播。

第三，"强私密"属性刺激个体传播敏感信息的冲动。微信"圈子"中的大多数成员之间存在一种天然的信任感，微信私域让"私密"话题容易在小范围群体间讨论。但私密不是绝对的，朋友圈既是"客厅"，也是"广场"。加之微信传播呈现裂变式特征，中心难以确定，路径更为隐蔽复杂。私域信息通过"客厅"虚掩的门走漏风声，通过曲折的路径联通互联网汪洋大海，私域与公域的界限变得模糊。

在互联网，尤其是移动互联网异军突起的背景下，各种新媒体迅速发展。舆论信息可以随时随地互动传播，其参与主体复杂多样，内容庞杂，传播速度快、范围广，虚拟世界的"话语权"和"干预力"不断增强，已成为超越传统媒体的"软力量"。这种"软力量"的存在还表现为网络舆情呈现出跌宕起伏、错综复杂的特点。

"舆论反转"已成为近年来许多热点事件的共同特征，头条新闻接二连三地出现了连续剧式的剧情反转，似乎成为一种"流行"。毫不夸张地说，"舆情反转"已成为"吃瓜群众"的一种条件反射式的期许。当"坐等新闻反转""无反转不新闻"成为常态时，新闻就像电视连续剧，直至调查结果一锤定音，网友才恍然大悟。有网友评论道："现在的新闻报道仿佛电视连续剧，队形都排好了，却被告知站错了队。"

在许多舆情反转"闹剧"里，谣言借机浑水摸鱼。有的人在网上曝假料，像墨鱼喷洒墨汁，形成污染后怕被以造谣追责，又悄悄删去痕迹。可谣言的影响业已形成，这样的浑水摸鱼是一种烟幕弹，意在诱使对真相的探查偏离方向。与此同时，舆论偏听偏信，在次要问题上纠缠不休，使对真相的追击越来越偏离靶心。

当然,"舆论反转"也有其积极的一面,一个原本虚假的新闻如果得不到反转,同样可怕。虽然反转之后,其带来的负面影响并不能完全消弭,但是通过反转,让事件逼近真相,回归理性,自然善莫大焉。

【案例】"重庆大巴坠江"事件

事件概况

清博大数据曾以"重庆大巴坠江事件"为例分析了舆论反转的错综复杂性。

2018年10月28日,当重庆大巴不幸坠江之后,部分主流媒体曾发布"小轿车女司机逆行"的消息,涉事女司机一时为千夫所指。直至重庆市万州区公安局官方微博@平安万州在当日傍晚通报辟谣,称"公交坠江事件系公交行驶中突然越过中心实线,撞击对向正常行驶小轿车后坠江"之后,"女司机之罪"才得以沉冤昭雪。①

当日晚间,人民日报根据警方通报,通过微博@人民视频发布了直观可视的演示动画,还原了事故过程。自此,舆情彻底反转。

而从此前的舆情扩散路径来看,可大致归纳为"舆论审判女司机逆行"——"倒戈批评媒体及大V带头造谣"——"男女司机之争"——"质疑官宣事件细节"。一夜之间,网友从对该名轿车驾驶员的群嘲状态,切换为批评媒体报道失实、网络大V跟风带节奏,以及为该名轿车司机的申冤之势。

---

① 重庆公交车坠江真相出炉 该好好反思谣言之祸了[EB/OL].(2018-11-02)[2018-09-12]. http://news.cctv.com/2018/11/02/ARTIXf6hxIjB1oBvu8QclTxe181102.shtml.

舆情点评

在此次舆情中，为何出现两种如此极端的态度？

首先，多家媒体论调一致，微博大V摇旗助威，致使网络谣言模糊事故真相。在此次舆情事件中，当官方通报尚未说明事故成因之时，便出现多家媒体以"轿车逆行""女司机逆行"等结论进行简单归因。部分大V见状，也呈火速跟进之势，依靠现有结论以各自立场抒情表意。自此，各种"理性分析""据说"占据热搜版面，围绕"肇事者系轿车驾驶员"的论点持续蔓延。在各种情绪的加码渲染之下，信源较为狭窄的网民在意见领袖所公布的"结论"基础上做出价值判断，一场现实版"三人成虎"悄然上演。

其次，网络时代，造谣成本过低，即使反转，也不过删博删帖删评了事。自微博@平安万州发布通告称"经初步事故现场调查，系公交客车在行驶中突然越过中心实线"之后，舆论开始群起倒戈，谴责部分媒体及大V自食其言。待最终调查结果落定，微博大V们则着手于数小时内集中删博删帖删评，仿佛未曾传谣一般，极力粉饰太平。"媒体大V一张嘴，政府辟谣跑断腿。"这不仅是网友的戏谑调侃，也透视出互联网中仍然存在有待整改之处。

最后，标签印象先入为主，脑补事实扩大谴责范围。从近期的反转事件来看，"网红""女司机"，甚至"自媒体"等标签化名词仿佛天生自带负面引力。但凡遭遇突发事件，似乎总有某个群体成为众矢之的，被舆论裹挟、刻板归因为失责一方。

所谓的"事实"裹挟着情绪先行，众矢之的者却百口莫辩。作为媒体，面对充斥着变数、噪音的突发新闻，真相与速度的权衡向来是其报道博弈的症结。

如何有效处置网络舆情

在推动网络舆情演变的过程当中,网络谣言也是一种不可小觑的力量。近年来,国家对于网络空间治理力度不断加大,一些制谣传谣者获得了法律制裁,网络谣言在一定程度上得到控制。当前,我国网络舆情发生明显的、积极的、深刻的变化,总体向好,这是现实社会和形势向好、民意凝聚的网上反应,也为继续推进全面深化改革营造了积极有利的网上舆论氛围。但是,网上不良、不实信息仍然存在,影响社会健康发展。网络谣言的传播成为一大社会公害,严重侵犯公民权益,损害公共利益,也危害国家安全和社会稳定。从近期的网络谣言看,其隐形化越来越明显:一些人为了规避法律风险,开始打着"社会公益""网络反腐""维权"等看似具有"合法性"的幌子进行造谣传谣活动,具有较强的隐蔽性和迷惑性;一些人借助"医药""养生""心灵鸡汤"等节目和段子向普通大众传播错误知识和思想,被谣言充斥的舆论环境使真相远离公众。共同抵制网络谣言、打造清朗的网络空间已经成为社会各界共同关注的问题。

第三节　大众麦克风时代的舆论狂欢

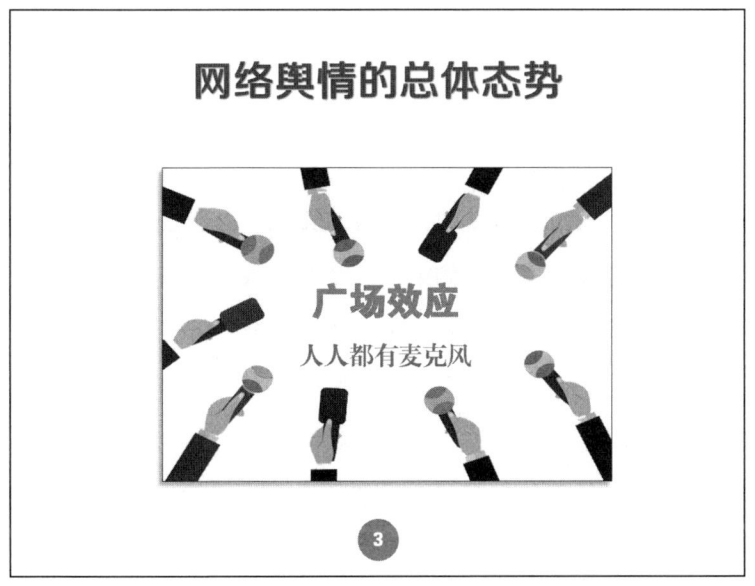

网络空间传播方式的变革为舆论狂欢提供了技术支撑。网络普及，移动互联网时代的到来，带来了传播的巨大变革——传播渠道多样化、信息多元化、传播效度强化等。因此，某一现象能在网络空间上快速形成话题讨论，从而吸引网民眼球。当网络上出现无数网民为某一事件和现象发起群体性讨论或者引发争议的时候，很大程度上是因为这一事件的行为或者现象与网民自身的兴趣爱好、情感因素、认知倾向等心理需求相契合。库尔特·勒温（Kurt Lewin）认为，个人的一切行为（包括心理活动）是随其本身与所处环境条件的变化而改变的。每一次网络集体狂欢中的网民都会有一种因"自我"倍增而产生的兴奋感,集体兴奋力量异常强大,刺激和推动着网民不自觉地加入集体意识并乐此不疲地深陷其中。通常情况下,当网民的情感在逐步地形成、积累并达到一定程度后,容易出现狂热的举动,甚至演绎成一种网络狂欢。任何一场狂欢的背后,都有娱乐的成分。在人们的潜意识中,都有对娱乐的追求,而狂欢的本质,也可以理解为一种大众性、戏剧性的、是具有娱乐功能的活动。在集体狂欢事件中,网民的情绪是缺乏理智思考的,更多受到网络空间环境的影响,容易被同一化的情感因素暗示、感染,甚至煽动蛊惑。狂欢之中,泥沙俱下。

社会心理学有一个名词叫"广场效应"。当人们在一个小范围或小圈子工作、生活的时候,因为彼此知根知底,每一个人都很在意别人对他的看法,所以在这一个固定的环境中,多数人说话、做事会恪守一个基本的底线、有一个基本的准则。但是如果把这个范围放大,在一个足够大的广场公开聚集,人声鼎沸,人们彼此并不认识。在此情此景之中,人们常常表现出与日常生活大相径庭,甚至完全相反的言行,社会心理也可能发生畸变,导致许多人说话、做事的公共道德感下降。心理学家认为,这不仅仅是一个知识性的愚昧无知问题,更是基本的人性问题,是无意识统治下的群体心理问题。

互联网就是一个巨大的"广场"。在拥有数十亿用户的网络社交平台上,绝大多数用户只有网名而不用真实姓名,甚至没有实名认证。在"反正没有人知道我是谁"的心理作用下,一些网民会发表与日常状态下截然相反的观点,以至于恶搞、痞话、脏话充斥屏幕。因此,我们在做舆情分析、研判的时候,一定要注意这一点,避免失焦。

"广场效应"在特定环境下会影响群众对价值的判断和道德标准,甚至干扰正常的司法审判。"广场效应"经常会导致舆论的狂欢。在网络舆论的狂欢之中,一些传统的价值观会被彻底地颠覆,一些网民在一些段子之中,会自觉或者不自觉地用娱乐的方式去解构我们固有的价值观。

例如,"某品牌咖啡事件"。2020年4月2日美股开盘前,一篇财经报道称某品牌咖啡参与虚假交易相关的总销售金额可能为22亿元人民币,一时间其盘前股价暴跌逾80%,开盘后40分钟内五次触及熔断、暂停交易,市值蒸发超300亿元。

与此同时,有关"某品牌咖啡"的互联网舆情热度迅速攀升,其官方微博发布自查公告后5个小时内其品牌热度迅速飙升至99.05,上涨8倍之多。相关话题"暴跌""造假"登上热搜榜单,吸引7.2亿阅读量,讨论量超过25万。中国证监会在4月3日发布公告,对该公司财务造假行为表示强烈谴责。公告称,不管在何地上市,上市公司都应当严格遵守相关市场的法律和规则,真实准确完整地履行信息披露义务。新华社等许多权威媒体也先后发表署名文章,批评这种造假而丧失诚信的行为。然而,在社交平台,"财务造假"带来了舆论狂欢,除了谴责,网民的情绪和观点明显多样化,其中不乏恶搞和娱乐的声音。许多网民称某品牌咖啡财务造假是"割资本主义韭菜,补贴国内网民免费喝咖啡",甚至用"民族英雄""感动中国"等词点评、传播此事。

舆论场受"广场效应"的影响,通常会产生很多虚假的"网络民意",以及一些非理性舆情,这是我们在舆情分析研判时要注意的问题。本书后面的章节会专门讲述如何对待虚假"网络民意"和非理性舆情。

【案例】"中年油腻"文章引发网民狂欢

事件概况

2017年10月底,作家冯某微博上一篇名为《如何避免成为一个油腻的中年猥琐男》的文章,让"中年油腻男"一词走红网络空间,一时间让中

如何有效处置网络舆情

年男性群体走进网民视野中。据统计,该文发表后三天内,文章转发量就达到12000多次,点赞数超过10万次。"中年""油腻""猥琐"等词火爆社交媒体,网民纷纷列举自己心中"中年油腻男"的标准,并出现了诸如《油腻中年男的2000个表征》等一系列文章。一时间,网民群体在网络空间掀起继"保温杯"后,关于"中年油腻男"的讨论热潮。随后,营销号、网络大V、网民多方参与,推动话题走向高潮,"中年油腻男""中年庸俗女"等标准出炉,讨论的群体逐渐扩散到中年群体外,形成了网民群体狂欢的现象。

舆情分析

1.营销号借势炒作话题走热

如果人们在认识的过程中对某个事物或物体形成一种固定的模式或看法,并且把这种观点、看法推而广之,认为这一事物或者整体都具有该特征或属性,进而忽视个体存在的差异,就形成了对某一事物或物体的刻板印象。基于刻板印象的影响,大多数网民对"中年男性"的群体形象定义为"肥胖""油腻""猥琐"等。例如,微信公众号"保险八卦女"发文《保险是检验中年油腻男(女)的最好标准》,"智联招聘"发文《那些油腻的中年男人,不过是未来的你》等,让话题在很短的时间内掀起了一定的网络热度。

2.网络大V参与话题讨论

网络大V作为网络空间中的意见领袖,其言论容易影响网民的看法、态度。大多数的网络大V本身就属于中年人,且拥有庞大的粉丝群体,通过调侃、戏谑的话语方式,列举"油腻男""庸俗女"的各种标准,掀起话题讨论。话题的趣味性激起网民参与话题讨论的欲望,调动网民的参与热情,同样也提高了话题的热度。某拥有114万粉丝的大V发微博,称:"这下男女齐啦,油腻、庸俗中年男女各20条,看看你身上有没有?"短时间内，该条微博获得474条转发量，125条评论量。在评论中，不少网民将这些标准作为参照物，审视自身。这也提高了网民的参与度，推动话题走热。

3. 戏谑性、娱乐化推动话题走向高潮

"中年油腻"在冯某的微博中本意是指人到中年切莫放弃收拾自己，要抱着学习的心态去感知新鲜事物，学会善待生活、善待他人。而在广大网民的积极参与下，话题从"中年男性危机"的讨论，演变为"中年庸俗女"标准，甚至逐渐扩散到中年群体以外，导致"中年油腻"演变成一场网络狂欢。"中年油腻男""中年庸俗女"的标准出炉激发了网民的代入感，推动话题走向高潮。

舆情点评

网络上之所以有无数网民为某一事件和现象发起群体性讨论或者争议，很大程度上是因为这一事件的行为或者现象与网民自身的兴趣爱好、个人的情感因素、认知倾向等心理需求相契合。安德鲁·基恩在《网民的狂欢：关于互联网弊端的反思》中提到一个有力的论述：勿沉醉于民主理想，却扼杀了专业主流媒体存在的价值。[1] 媒介的变革导致信息接收、信息传播的方式发生变化，新媒体时代的到来，网络的便捷性、迅速性和及时性，让网民群体能够更加及时、快速地参与网络生活环境中，而在相对自由的网络空间环境中，由于缺少把关人的监管，部分网民群体的理性缺失，容易被一些敏感信息刺激，进而形成网民群体狂欢的现象。

---

[1] 安德鲁·基恩. 网民的狂欢：关于互联网弊端的反思 [M]. 丁德良, 译. 海口：南海出版公司, 2010.

第二章
网络舆情新特征

第一节 小微舆情热点化

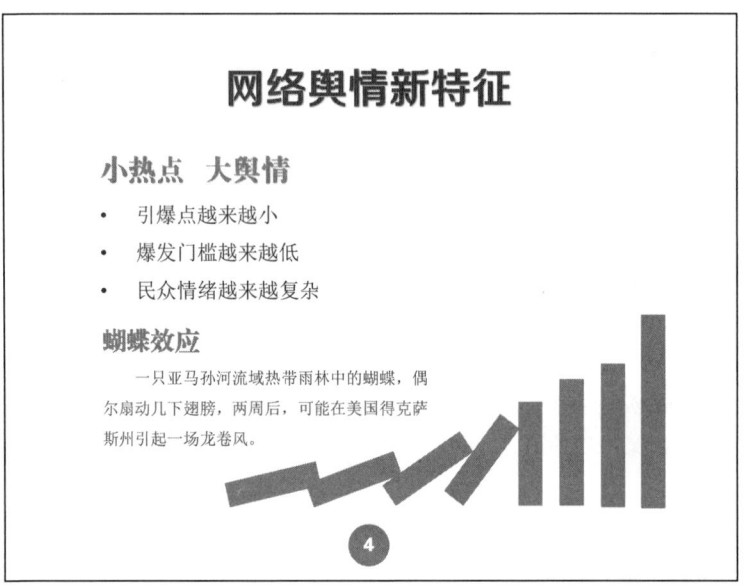

小微舆情，顾名思义，核心就是小和微。在舆论环境日趋复杂的当下，舆情诱发点可能更微不足道或意想不到。一篇文章、一张照片或者一句话都可能成为导火索，迅速引爆舆情。不少舆情案例发端于不起眼的小微事件，却很快以迅雷不及掩耳之势发酵起来，产生蝴蝶效应式的舆情演变，最终在全行业、全社会形成舆情风暴。比如，微信公众号"丁香医生"的文章《百亿保健帝国权健，和它阴影下的中国家庭》引发网络热议，国家行政、司法机关果断采取行动，百亿资产的天津权健集团最终土崩瓦解，并掀起保健品行业的整顿行动；轰动一时的视觉中国网站图片版权事件最开始起源于一张照片，却引发了多家图库网站关停、国家版权局连夜发文等连锁反应；某演员在直播中回答时说了一句"知网是什么东西？"，衍生出一场指向明星读博和高校招生的舆论风波，不仅其个人博士、硕士学位接连被取消，而且直接导致部分高校的研究生管理制度由此趋严。

互联网，尤其是社交平台的快速发展，由小微舆情演化成热点事件的趋势越来越明显，网络热点舆情更多围绕与普通人利益攸关的民生问题展开，网民"代入感"和共情作用强烈，这反映了社会转型期公众内心的"集体焦虑"。一句话，引爆点越来越小，爆发门槛越来越低，民众情绪越来越复杂。"天空飘来五个字，那都不是事"的年代似乎已经渐行渐远，当下舆论场的特点是小热点、大舆情，"小微舆情"频发。换言之，在未来的网络舆论场，以往那种动辄轰动全国的大事件会相对减少，而那些看起来不起眼的小事，将占据 C 位。

2011 年 6 月 20 日，一个女孩在微博上晒了几张生活照。照片显示，她开玛莎拉蒂跑车、在别墅开生日会，皮包、手机、手表都是昂贵的奢侈品。这个女孩的微博认证身份是"中国红十字会商业总经理"，她就是郭美美。毫无疑问，她在微博发的图片引起轩然大波。"郭美美事件"引发了公众对其财富来源的强烈质疑和对红十字会持续多年的信任危机。虽然 2014 年 8 月公安机关公布的调查结果以及郭美美本人的供述显示：她与中国红十字会毫无关系，但"郭美美事件"至今仍让部分公众对中国红十字会难以重建信任。

社会学家经常把这种现象称之为"蝴蝶效应"。"蝴蝶效应"最早出自美国爱德华·罗伦兹（Edward N. Lorenz）1963 年发表的一篇论文，文中分析："一个气象学家提及，如果这个理论被证明正确，一只海鸥扇动翅膀足以永远改变天气变化。"在以后的演讲和论文中，他用了更加有诗意的蝴蝶。对于"蝴蝶效应"最常见的阐述是：一只南美洲亚马孙流域热带雨林中的蝴蝶，偶尔扇动几下翅膀，可以在两周以后引起美国得克萨斯州的一场龙卷风。其原因就是蝴蝶扇动翅膀的运动，导致其身边的空气系统发生变化，并产生微弱的气流，而微弱的气流又会引起四周空气或其他系统产生相应的变化，由此引起一个连锁反应，最终导致其他系统的极大变化。当然，"蝴蝶效应"主要还是关于混沌学的一个比喻，说明不起眼的一个小动作就能引起一连串的巨大反应。

在网络信息传播中也存在"蝴蝶效应"，即一个非常明显的微小变化，在各种力量的相互传导和作用下，会产生巨大的连锁反应。清华大学新闻学院教授沈阳在《环球时报》的评论中指出，小微舆情所掀起的"蝴蝶效应"正在改变着社会的话语格局，这是声浪迅捷、记忆短促的移动互联网时代所表现出的一个基本特征。

互联网每时每刻都有海量信息产生、流动、消失，再产生、再流动、再消失，就如同浩瀚的海洋上，一朵朵浪花涌起，拍击着岸边，然后又消失在大海中。在这些海量信息中，只有极少数会引起人们的关注，并迅速地蔓延传播开，形成全社会关注的热点舆论。但经常出现的情况是，等相关政府部门意识到某个话题或事件成为热点时，它的影响往往已经非常大了，我们对互联网舆论的反应总是"慢半拍"。

之所以会这样，除了互联网信息传播的速度太快以外，还有一个很重要的原因，就是我们无法掌握和判断，究竟哪些话题或事件是潜在的舆论增长点，舆论的传播和放大遵循哪些规律与模式，以及在舆论传播的过程中，究竟哪些力量和因素会推动舆论放大、聚集成为热点。因此，一个本身并不大的事件，在各种未知，甚至是带有某种"神秘力量"的影响与推动下，迅速转变发展方向，成为具有广泛影响力的社会舆论事件，甚至群体性事件。这种"瞻之在前、忽焉在后"的特性经常使热点舆论的形成和走向令人猝不及防、难以琢磨，导致政府部门的反应处理往往滞后于事态发展，陷入被动的局面。

本书将尝试从互联网近年来的热点舆情事件中寻找共同的规律，看看究竟是哪些力量影响和推动了互联网舆论发展的走向，形成网络舆论传播中的"蝴蝶效应"。

受传统媒体与新媒体融合发展、网民结构日益复杂等因素的影响，舆论传播中的"蝴蝶效应"越来越明显。现在媒体产业和技术的发展已经进入"全媒体时代"，报刊、广播、电视、手机、互联网等各种媒体逐渐打破了彼此之间的界限，从媒体平台到信息内容，呈现出相互融合、合作共享的趋势。报网合一、台网合一、三网融合等产业和技术的大规模整合正在进行当中，使信息流动呈现出打破媒介边界，争取传播效益最大化的特点。与此同时，随着互联网个人信息发布平台的多元化和发布空间的不断扩大，信息传播结构与网民角色也发生了变化，呈现出既分裂又融合的趋势。网民结构与网络行为日益复杂，既有低俗表达与情绪宣泄，也有深入缜密的专业分析；既有普通民众的街谈巷议，也有现场目击者的一手材料。这些不同层面的舆论与角色平时都按照自身的轨迹运行，但一旦出现某个热点公共话题，就有可能汇集一处，不断融合。专家、意见领袖与普通网民的意见融合，彼此之间的作用推波助澜，会迅速推动舆情的发展和公众情绪的升级。

【案例】"某演员学术不端"事件

事件概况

2018年8月26日，某演员在直播中回答粉丝问题时声称不知道知网，为其学术造假事件埋下伏笔。2019年1月31日，他在微博上高调晒出北京大学博士后录取通知书，占据微博热搜多时，其"学霸身份"引发舆论关注。随后，该演员"喜提博士后"的舆情发展迅速，从对该演员考入北京

如何有效处置网络舆情

大学博士后的祝福到"知网是什么东西?"的视频,再到网友对其学术水平的质疑,该演员学术不端、抄袭论文、知网未收录其论文等话题相继成为社交平台热门搜索。随后,该演员的论文被网友扒出,内容大部分引自黄山学院黄教授于2006年刊登在《黄山学院学报》的文章《一个有灵魂深度的人物——〈白鹿原〉之白孝文论》,文章原作者黄教授在朋友圈表明:"明星博士的工作室声明其没有学术不端的问题,但我十几年前发表的论文却被其整段整段地抄袭,事实胜于雄辩。"相关话题再一次登顶微博热搜榜。一时之间,该演员就读的学校也被推向了风口浪尖,社会也陷入了关于教育公平和学术不端的大讨论。这一事件由该演员在直播中所谓的"玩笑"引发,在社交媒体中不断发酵、蔓延,引起社会各界的关注。由此可见,在复杂的网络环境中,任何一起公共事件,都可以在公众广泛参与之后扩大化,引发舆论的"蝴蝶效应",产生出乎意料的后果。

舆情分析

该演员的一句话引起了关于学术造假及教育公平的舆论危机,而在这起有公众参加的舆论"蝴蝶效应"中,起因不过是该演员在微博上的炫耀心理,最开始并没有引起大家的广泛关注。随后网友们扒出他的学位论文抄袭造假,立刻引起了公众的猎奇心理,吸引了公众的广泛参与和讨论,新闻舆论热潮迅速产生,关注和讨论的公众越来越多,"某电影学院学术界乱象"等消息不断被传出,激发了网友们的不满情绪,最终引发一场信任危机。

1."严正声明"导致质疑声越演越烈

2月8日,该演员在微博发出"严正声明",针对"不知道知网、疑似学术造假"等相关问题进行了解释。在微博评论区,许多网友让其拿出论文的链接,负面舆论越演越烈。

2.网友连续爆料,殃及"恩师"

有网友扒出,该演员将自己的"恩师"名字写错。在知网搜索该演员导师的姓名，未发现其发表的论文，其四部著作中，三部为主编，并不算实质性的原创作品。根据网友爆料，该导师算不上一个合格的博导，其学历、学术能力等均无法胜任博导职务。"某演员学术不端事件"引发了多方问题，从北大博士后的"水分"，到高校导师与学生的师生情谊，再到C刊上质量不达标的论文，网友不仅仅看到学术伦理的不规范，还有高校内部学术监管机制的不严格。

3. 圈内好友力挺如同火上浇油

看到该演员身陷囹圄，其娱乐圈好友纷纷出来为其解围，在微博、微信等平台发表了"知错能改善莫大焉"之类的观点，未曾想好友的这类力挺，反而如同火上浇油，让该演员再遭舆论攻击。

4. 中央媒体表态直指两所高校

2月11日，人民日报官方微博发表文章《北影博士某某，遭学术打假》，文中称：无论如何，做学术并非儿戏，博士（后）头衔，更不是一个轻飘飘的荣誉称号。消息一经发布，迅速引发多家媒体转载报道和网民聚焦。网络上的质疑，直指涉事的两所大学。

舆情点评

社交媒体新闻传播中的"蝴蝶效应"不同于传统媒体，是一种特殊的舆论生成机制。它在非线性的系统条件下，不但影响新闻舆论走向，甚至影响各项环节进行不规则的运动直至突变，从而产生颠覆式的现实效果。此事件的"蝴蝶效应"中有六个主要环节。第一，该演员在直播中与网友互动时，网友会抓住很小的信息，从而挖掘出更多、更深层次的信息。第二，微博大V转发了一条知乎问答：为什么该演员博士毕业了，但是却没有公开发表的论文。正是由于他转发的知乎问答，事件开始被舆论关注。第三，该演员工作室发布"严正声明"及相关学校的官方调查回应。第四，为数众多的网民对网络上热点话题的转载与评论。第五，人民日报、央视网、光明网等传统媒体和自媒体对事件的不断报道。第六，政府相关部门的介入。

这些因素分别在不同阶段、不同时期相互影响、相互作用，成为舆论发展的助推器，形成多样化的舆论态势。在此事件中，网络舆论聚焦对学术不端、学位造假等行为的不满和声讨，呼吁教育公平，对"明星人设"提出警示。突出的媒体评论来自人民日报、央视网、科技日报、光明网等权威媒体，并引发了其他媒体的纷纷转载。至此，舆论才渐渐平息，但社会各界对这一事件的关注并未停歇，而是进入深度反思阶段，继续引导网络舆论的走向。

第二节 网络舆论暴力化

互联网成为各阶层利益表达、情感宣泄、思想碰撞的重要渠道，在全民参与下，网络舆论监督已成为一种重要力量。舆论场开始从碎片、分散、妥协，向全面、集群、激进过渡，民众诉求更加明确，规模效应更加明显。但是，网络信息的真实性、可靠性仍然有待严格规范，网民提供的虚假、片面信息使事件更加扑朔迷离。在很多时候，网络不仅仅监督事件过程，推动事件发展，还可能会过度发展成"绑架"媒体、煽动民愤，甚至直接左右事件结果的"网络审判"，更可能会成为给当事人正常生活造成过度影响的网络舆论暴力。

在网络传播环境中，由于传播结构发生了巨大变化，网络舆论场尚未形成一套完整规范的监督体制，相关法制也不健全，加之一些媒体责任意识缺失，导致网络监管出现了一些问题，网络舆论暴力因此飙升。

造成这种问题的原因主要有以下三个方面。

首先，网民身份的隐匿性。网络舆论场的行为主体的身份具有隐匿性，网民在网络舆论活动中既可用真名也可用假名甚至匿名。受"广场效应"的影响，网民在匿名的情况下真实或虚假地发表自己的想法，或为社会发展积极发表言论，或抨击、批判社会，在网络上发表的内容参差不齐、鱼龙混杂，各种消极观念在网络中传播。网络的匿名性在一定程度上弱化了网民的道德责任意识，使网络媒体的公信力降低。

其次，网络舆论具有片面性、情绪性。由于每一个网民社会背景和生活阅历不同，对待同一件事情，往往观点迥异，会从不同的角度发表对事件的看法，许多信息具有片面性。另外，现代社会的飞速发展，许多人面临的压力与日俱增。网络的匿名性和低门槛恰恰给公众创造了释放压力和排解焦虑的机会，人们可以在匿名的情况下宣泄自己的非理性情绪。这种感性而又偏激开放的言论在网络上广泛流传，干扰人们对监督客体进行客观的判断。与此同时，网民普遍存在从众心理，人云亦云，不注重调查研究，在热点事件围观和吐槽中表现为主观、盲目地跟从。

最后，自媒体信息的失真性。人人都有麦克风的时代，网络评论变成一个门槛越来越低的工作，只要注册一个账号，就可以对天下大事品头论足。一旦某个事件触动了公众的痛点形成热点，自媒体立刻闻风而动，各种声音制造的话题助推着热点变成沸点。社交平台传播的规律之一，是热点事件的评论要想吸引关注，第一要"快"，第二要"不同"。在流量的竞逐下，成千上万个活跃的自媒体拼"快"、拼"不同"，急于在第一时间抢占第一落点，标新立异，短时间内形成一个竞争公众注意力的"观点市场"。中国青年报社编委曹林认为，自媒体野蛮竞逐的结果是，态度和立场严重过剩，而可用于作为判断基础的事实却严重不足。为什么呢？一是，记者不够用；二是，事实不够用。随着事件的发展，所披露的事实远远跟不上自媒体的评论期待。事实远远不够用，可自媒体的评论冲动却无比亢奋，带来的结果必然是自媒体评论把事实远远地抛在后面。

许多事件发生后，众多媒体、海量网民关注，各类观点言论泥沙俱下，或抱团呐喊，或针锋相对。而每类观点都代表着不同利益诉求，是现实社会不同阶层和群体在网络空间的映射。观点越多，在一定程度上意味着现实社会疏离撕裂越严重。这种撕裂涵盖民族、宗教、地域、阶层等不同类别，任何一类都是危害社会健康发展的定时炸弹，稍有不慎就会带来毁灭性后果。而且大量的宣泄不满、展示消极、谩骂攻击的负能量，以及充满愤懑怨怒暴戾之气的观点言论在网络空间大肆扩散，交叉感染，强化各群体既有态度倾向，又导致网络暴戾互不尊重、互不理解、互无耐心、互无体谅。贪一时口舌之快后，留下的是更恶劣的影响。

网络舆论暴力在特定环境下会颠覆公众对法制和道德标准的判断，甚至干扰正常的司法审判，从而导致多数人暴政的假象。在这种情况下，负责舆情处置的涉事主体、主持审判工作的法官，必须有充分的心理准备，迎接公众的质疑，不被群体行为的无意识控制。网络舆论暴力问题，要引起有关部门高度重视、高度警惕。

【案例】"某女医生自杀"事件

事件概况

2018年8月20日，四川某医生和丈夫去游泳，泳池里两个13岁男生"可能冒犯了"该医生。两个男生不仅毫无道歉之意，还冲该医生做出侮辱性动作并朝其吐口水。全程目睹此事的丈夫怒不可遏，将少年摁在水里。随后男生家属在洗手间打了该医生。双方最后报警，该医生老公当场给孩子道歉，但是，被迫请假暂离工作岗位。

8月21日，男生家属闹到该医生夫妻俩的单位，要求领导开除该医生。之后，男孩家人将视频剪辑后发到网上，经过网络传播，该医生和其丈夫成为众矢之的，不断遭到网友的人肉搜索和谩骂。8月25日，该医生不堪压力选择了自杀，给家人留下遗言后吞服大量安眠药，最后经抢救无效身亡。

在该医生自杀后，好事网友又开始转向"人肉搜索"涉事男孩及其家人的信息。视频发布者男孩的姨夫王某、涉事男孩的学校被网友扒了出来，有人爆料称该生学习成绩不错，但平时在学校行为不端。

8月29日下午，涉事男孩家属王某对媒体称，该医生的死和网络暴力脱不了干系。这几天他接到不少网友的骚扰电话和谩骂，已经严重影响了自己的正常工作，希望网民放过自己，别再施加网络暴力，静待司法处理结果。

舆情点评

客观地说，此次涉事的数家自媒体间接导致该医生自杀。他们虽然拥有上百万的粉丝量，却罔顾了这些数字背后应有的责任感。假如，这些自媒体能够客观公正地对待这件事情，而不是一味地抓人眼球；假如，男孩的父母能在苛责该医生时，也正视自己的孩子是否犯错，正视自己是否犯错，这一场惨剧也许就不会发生。当舆论成为暴力而可以杀人时，理性是最珍贵的奢侈品。

澎湃新闻发表评论说，屏幕前的人，在网络发言时一定要更加谨慎，敲下的每一个字都有可能成为别人泄私愤的工具。自媒体时代，信息量暴涨，真实性、可信性却越来越难以考证，如果不愿意花心力或者没有能力去交叉求证、辨别真伪,"君子寡言"倒不失为一种宝贵的品质。暴力,并没有随着女医生的死亡而消亡:男孩家长和涉事自媒体正在遭受新一轮的网络暴力,他们的私人信息和家人情况被"人肉",新的审判席虚位以待。据说,历史给人的唯一教训,就是人们从未在历史中吸取过任何教训。网络暴力这头"野兽"一再证明,一旦它被召唤出来,谁也难以预料它的胃口有多大。

事实证明,脱离法律监管的网络暴力一直在寻找下一个"猎物",类似的网络暴力事件还很多。例如,一位父亲因为儿子被狗咬伤,愤怒之下将狗摔死。没想到这个行为竟然在网上引起了轩然大波,无数"爱狗人士"纷纷在网上指责谩骂这位父亲,语言恶毒至极。某些媒体人对此歪曲报道,恶意造谣,引导舆论走向。随后有人扒出这一家人的姓名、家庭住址、手机号码并在网上公开,甚至有人找出其儿子上课的学校,扬言要报复。这位父亲每天收到无数谩骂信息和威胁电话,他家的门缝里被塞进纸条,家里收到恶作剧的快递,最终这位父亲被迫在采访中求饶似的道歉;孩子的母亲因为不堪舆论压力而选择割腕自杀,之后被抢救过来,醒了之后说希望他们能放过她的孩子。然而,母亲割腕后,嘲讽者依然大有人在。

媒体评论说,期待法律的缰绳能将网络暴力制伏,避免悲剧再发生。

2021年8月6日,某市人民法院对女医生遭网暴后自杀案宣判。法院审理认为,常某一、常某二、孙某某在网上煽动网络暴力,公然侮辱他人,致被害人自杀身亡,其行为均已构成侮辱罪。三人分别获刑一年半、一年缓刑两年、半年缓刑一年。

第三节 意见领袖食利化

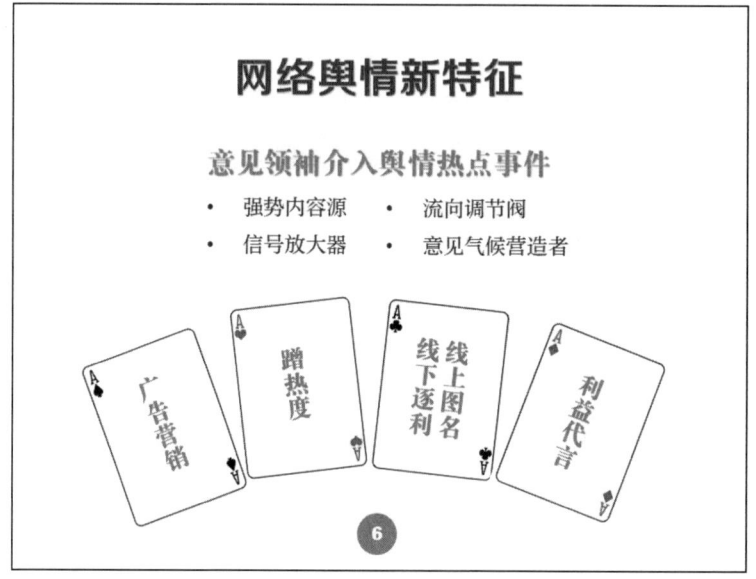

意见领袖理论起源于拉扎斯菲尔德和伊莱休·卡茨的两级传播论。通常情况下,意见领袖在人际传播网络中为他人提供信息,是对他人施加影响的"活跃分子",在大众传播的过程中起着重要的中介或过滤的作用,由他们将信息扩散给受众,形成信息传递的两级传播。目前,微博、微信等社交平台开始形成以大V、KOL(关键意见领袖)为主要构成的新意见阶层,越来越多的"意见领袖"开始介入舆情热点事件,并发挥着日益重要的作用。大V型意见领袖的参与使舆情热点持续时间更长,舆论热度更高,影响更深远。清华大学彭兰教授认为:"意见领袖在社交媒体中可以扮演强势内容源、信号放大器、流向调节阀、意见气候营造者等角色,这些角色造就了他们的议程设置能力,他们的信息与意见,在一定程度上影响着社交媒体中意见与信息的走向。"可见,意见领袖的作用不容忽视。

然而一部分意见领袖受信息获取偏好的影响,甚至被粉丝情绪绑架,在信息的传播过程中,可能传播虚假、不实信息,或者对危机信息本身进行不正确的解读,使危机处理变得困难。天津社会科学院舆情研究所研究员姜胜洪认为,意见领袖自律问题依然突出,不容忽视:发布、传播不实信息甚至谣言,扰乱社会秩序;利用普遍的不满和怨恨,故意制造负面情绪和消极心态;滥用话语权,微博上公然"约架"等;干扰政府决策,甚至危及社会稳定。

对于一部分大 V 和自媒体达人来说,依靠自媒体做营销、广告,"蹭热度吸粉""粉丝变现""线上图名、线下逐利"已成为公开秘密。令人无法容忍的是,还有一些乐于传谣的网络大 V,他们利用网络便利,借着造谣传谣形成所谓影响力,进而谋取不当利益。2021 年 7 月 15 日,深圳市公安局福田分局发布关于"喜投网"平台的案情通报。通报表示,深圳市公安局福田分局持续加大对深圳市喜投金融服务有限公司涉嫌非法吸收公众存款案的侦查力度,全力做好追赃挽损工作,保护投资人合法利益。而"喜投网"官网信息显示,其第一大股东为知名财经大 V 黄生,其微博拥有 300 多万粉丝。黄生通过其微博、微信公众号等自媒体发布"爱国爽文",迎合了部分读者的心理需求,打造了一个仇美爱国者的人设。通过这个反美人设,黄生收获了不少"小粉红"用户。除了接受粉丝打赏之外,黄生还给自己的 P2P 平台"喜投网"引流。根据深圳市公安局福田分局的通报,喜投网平台自 2014 年 5 月上线,于 2020 年 2 月 28 日停标,历史交易总金额 40.07 亿元,涉及出借人数 17059 人。当前待偿出借人本金 6.89 亿元,待偿出借人充提差本金 6.25 亿元,涉及出借人数 5412 人。这类人殊途同归,都成了危害社会的"大谣"。对此,法律专家、社会学者以及广大网民纷纷指出,对于这些网络"大谣"必须重拳出击,依法严惩,还网络以清明空间。

然而,大V的影响力被网络公关公司利用,公关公司借势塑造草根明星、参与商业竞争与营销等,乱花渐欲迷人眼。

2018年4月26日晚,某知名乳制品企业发布了2017年年报和2018年第一季度季报,某都市报的微博账号率先发帖。5月2日,微博上很多知名大V紧随其后纷纷转发该企业的靓丽年报。然而,这些行为引来网友的一片骂声。其中最具争议的地方,莫过于"在某董事长的带领下"这句话。许多网友纷纷恶搞,"在某董事长的带领下,我喝某乳业纯牛奶""在某董事长的带领下,我要睡觉了"。众多大V整齐划一的转发引起网友的强烈质疑,网友纷纷质疑这些大V收了该企业的公关费用。

很快,这一猜测就得到了证实。5月5日,部分大V通过微博向公众道歉,称已经悉数退还了转发年报所收的公关费用。

随后,微博上曝出经济学家马光远和网友"五岳散人"等网络名人拒绝发布该企业广告的聊天记录截屏,进一步证实大V发帖获利的行为属实。

没几天,多位曾转发此微博的大V相继发表致歉声明,称已"退还所收款项"。当然,也有网友直言,大V逐利是很正常的潜规则,不必大惊小怪。

某旅游独角兽企业的案例也同样耐人寻味。2018年10月20日深夜,某微信公众号的一篇文章《估值175亿的旅游独角兽,是一座僵尸和水军构成的鬼城?》刷爆朋友圈。随后两天,该公众号日更两篇文章,追剿该企业。在这场回合制游戏中,该旅游独角兽企业并未陷入被动。10月22日该企业发布声明,除了回应"数据不符事实",还直言将针对该文中歪曲事实的言论和已被查证的有组织攻击行为采取法律手段维护自身权益。紧接着,第三方数据机构入场引发"剧情反转"。该机构称,在"质疑某旅游独角兽企业注水"事件的传播脉络中,出现了水军助推痕迹。随后某媒体独家报道,该旅游独角兽企业融资接近尾声,领投方为某头部互联网企业。同时,该媒体记者也发布朋友圈表示,此次曝光该旅游独角兽企业的数据公司，曾将报告交给媒体沟通发布，并与记者签订了保密协议。一来一回，让看似简单的"讨伐战"变得扑朔迷离。

网络公关公司是除大众传媒外，还是能够从事舆论活动、发挥舆论功能的重要舆论机构之一。它们具有特定的舆论行为和目标，从网民的心理出发炮制符合客户需求的营销服务。某些网络公关公司打着网络营销的幌子，公开招募"网络水军"，在集中的时间节点内，高频次、高密度地活跃于网络各个角落，为雇佣者发帖回帖造势。水军往返于论坛、贴吧等地，在微博、微信、百家号、今日头条、抖音等社交平台注册多个 ID 身份，按指示完成宣传造势的任务。水军是网络意见的炮制者和推动者，他们在时间和空间的维度上，充分保证了舆论的流量和分布，使公关公司策划者带有倾向性的个人意见显化为网络舆论，并在多维接力中扩大到各个网站和虚拟社区，甚至演变为社会舆论的热点。水军操纵下的舆论已经偏离了客观事实，是被操纵的舆论，是被绑架的民意。

2018 年 10 月 25 日，新华社发表大篇幅新闻报道《有企业要给上百家自媒体交保护费，有的"黑公关"年收入数千万元——揭秘自媒体"黑公关"》。报道指出，近年来，自媒体"黑公关"让一些企业闻之色变。新华社"新华视点"记者调查发现，一些自媒体靠"黑公关"获取高额利益，有的一年能收数千万元"保护费"。在公关公司和自媒体账号的围攻下，一些企业每年维护上百家自媒体，单价从 5 万元到数十万元不等。一家汽车行业公司负责人吐槽说："不交钱，就可能被黑。"前脚抨击企业"恶意圈钱"，后脚收钱改口"亮点频频"。

此报道一出，迅速引发官媒集体揭批自媒体。新华网发表《治自媒体"黑公关"要打"七寸"》，人民网发表《四评自媒体乱象》，央视发表《拜金色情充斥自媒体 能放任其误导青少年吗？》，澎湃新闻发表《地产自媒体敲诈勒索触目惊心：有公众号年入千万》，《新民周刊》发表《起底"自媒体政治谣言"：如何叫醒装睡的人？》。

中国政法大学传播法中心副教授朱巍指出，有些"黑公关"已经形成媒体矩阵，一篇有偿"黑文"能在微信、微博等十多个平台发布，达到颠倒黑白、混淆视听的效果。正因为如此，近年来，企业与自媒体对簿公堂的案例频频出现。途牛网、摩拜、车好多、三快科技、京东、小米、腾讯等一批知名企业都曾对自媒体涉嫌"黑公关"提出诉讼。

【案例】"眼癌女童去世"舆论被大V带偏

事件概况

2018年4月9日，网络大V、知名作家陈某在微博上实名举报河南太康县一名3岁患病女婴王某疑似被亲生父母虐待致死。此外，她又发布多条微博，称王家家属骗捐，殴打志愿者。从这一天起，王某的母亲被贴上"恶毒母亲"的标签，各种诋毁和谩骂纷至沓来。随着舆论风暴的发酵，当地警方介入调查，证实王家并不存在虐童行为且孩子仍在治疗，却依旧没能平息这场舆论批判。

5月4日，王某经抢救无效去世。5月24日，某微信公众号发表了一篇名为《王某小朋友之死》的文章，引起了朋友圈一阵疯狂转发，阅读量迅速突破10万+。文中称王某父母用15万元善款带儿子赴京治疗唇腭裂，却放任女儿眼癌恶化。不仅如此，文中"永远摆脱了罪恶的父母""（患此病的）95%—98%的患病儿童能够康复"等指向性明显的言论，将舆论矛头对准王某的家人，这样的字眼迅速点燃网民的情绪。一时间，"诈捐""重男轻女"等标签被重重打在刚刚失去3岁女儿的母亲杨某身上，让她不得不在承受巨大丧女之痛的同时，在媒体面前说明自己"爱女儿"的事实。

15万元善款的言论很快就遭到了"打脸"，经当地警方调查确认，王某家属本次募集的善款主要通过水滴筹，获取善款额为35689元，另外通过网友微信红包、火山小视频直播打赏获取善款2949元，共计38638元。此外，王某家人未用善款为儿子治疗唇腭裂。嫣然天使基金在接受媒体采访时称，杨某的儿子赴京治疗时间为2017年4月，费用全免。而王某被诊断为眼癌的时间已是儿子治疗后的6个月。随着更多信息曝光，真相逐渐浮出水面，但由不实言论引起的舆论风波对王家家属造成的伤害却难以弥补。

2018年9月4日，王某母亲杨某在上海市闵行区人民法院起诉作家陈某名誉侵权，当天法院立案受理。2019年12月2日，一审宣判，判令被告陈某在其实名认证的微博中向原告杨某书面赔礼道歉，赔偿原告精神抚慰金5000元，律师费5000元。12月27日22点19分，陈某在自己的微博里贴出《道歉声明》，表示"尊重法院判决"，向在眼癌"诈捐案"风波中遭受"精神痛苦"的小女孩的母亲杨某道歉。至此，持续一年多时间的网络侵权纠纷尘埃落定。

舆情点评

从4月作家陈某发布微博"王某疑似被亲生父母虐待至死"开始，这个事件就被贴上"骗捐""虐待"的标签，王某母亲"恶毒"的形象被迅速地构建出来。此后，又经过微博账号@明白漫画和微信文章《王某小朋友之死》的煽动，以及所谓的公益志愿者爆料"王某众筹所得并未治病，而是给其弟弟治疗兔唇"之类的言论，网民的情绪被带偏。在该事件中，有很多"不理智"的公众表达：不明缘由、捕风捉影地任意表达，断章取义地"开喷"，舆论迅速转向"诈捐""重男轻女""父母不是人"等，瞬间在微博言论场上形成了一阵舆论旋风。随后，大多数网民开始发表对该事件的主观评价和议论，舆论开始出现一边倒的现象，对王某母亲和家庭进行了强烈的道德质疑和谴责。在该事件中，某些意见领袖看似并未从中渔利。然而，据网友揭露，翻开此前"无肛女婴事件""江某遇害事件"的炒作中不乏某大V的许多带节奏文章，无法掩盖其圈粉营销的私利。

第四节 线上线下联动化

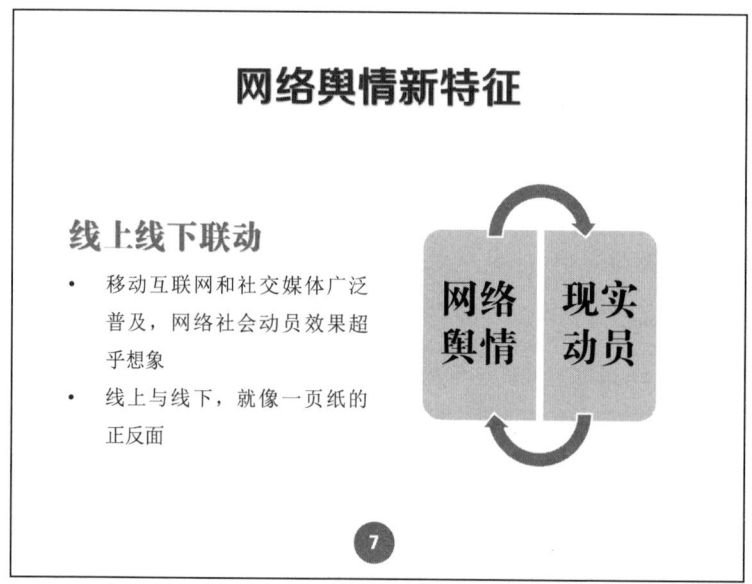

作为当代社会最重要的传播媒介,移动互联网,尤其是微信、微博、抖音、快手、论坛等社交媒体的广泛普及,对于传达信息、建构关系、维持社会秩序等产生了极其深远的影响。社会交往是社交媒体的核心理念,网民是社交媒体的主角,他们在社交的同时还进行信息传播和内容生产。社交媒体赋予网民更多主动权,搭建起了一个线上社群,不但使朋友知道彼此关心的议题,也可以看到朋友的动态。社交媒体因其内容生产的自发性和传播模式的人际互动性,具有明显去中心化的草根特质,不易控制。一些被传统媒体忽视的、有利于弱势群体却缺乏"新闻价值"的信息更容易通过其传播，引起社会关注。在移动互联网技术的支持下，"1对N""N对N"的传播模式，让越来越多持相同观点和具有类似爱好的人聚集在一起，"人际传播+网络"成为新的动员模式。相对于传统媒体，社交媒体可随意建群、转发，网络动员效果超乎想象。在移动互联网和社交媒体并不普及的年代，我们在茶余饭后热议的一些话题可能都是十天半个月以前发生过的事情。但是今天完全不一样了，我们见面闲聊、微信互动、微博关注的一些话题，可能是昨天发生，甚至是此刻正在发生的事情。因为有了社交媒体，某地刚刚发生的事情，可能一瞬间就在网上引发各种各样的讨论。

2011年9月，美国爆发"占领华尔街"运动，初期美国报刊、广播、电视等传统主流媒体报道很少且不客观，而发起者《广告克星》杂志以脸书、推特等社交媒体为平台进行网络动员，使占领运动蔓延全国。美国欧维希国际市场研究公司的调研结果显示："截至当年10月底，有全美人口总数一半以上的人听说过该运动，对认晓人群进行态度分析，赞同者占42%，反对者占27%，不置可否者占30%。"传统媒体不但没有密集报道，还对占领运动持怀疑态度，《纽约时报》嘲讽运动不团结，像童话剧一样。而占领运动在传统媒体缺席的情况下，在短短一个多月内就获得了如此高的知名度和支持率，不得不说，传统媒体不仅对占领运动影响有限，而且被边缘化，替代它掌握动员主动权的是社交媒体。

同样典型的案例还有举世闻名的"土耳其政变事件"。当地时间2016年7月15日晚间，土耳其武装部队总参谋部部分军官企图发动军事政变。政变伊始，发动政变的军队还是依照传统控制政府机构、公共电视台，企图实现威慑。军队冲进了土耳其的国家电视台，中断了节目。政变军队显然是利用现任政府总统埃尔多安休假不在首都的机会发动政变。但埃尔多安没有被电视台不能工作、机场被控制不能降落所限制，罕见地使用手机回应政变图谋。"我们会解决这次事件……我坚信，政变图谋者不会成功，"埃尔多安用手机在脸书上发布的视频中称："我呼吁土耳其人民到公共广场和机场集会，我从不认为有什么权力能高于人民的权力。"此外，埃尔多安通过手机上的视频聊天软件接受CNN土耳其语频道采访，他对着手机摄像头发表讲话。埃尔多安同时还在推特上发言，号召民众走上街头，抗议政变，"给予他们（叛变军人）答案""夺回民主的所有权和国家主权"。埃尔多安成功地迅速以总统身份回归大众视野。土耳其民众利用特殊的网络软件，把街头发生的一切通过社交媒体直播给了全世界大部分国家。7月16日凌晨，土耳其总统府网站发表声明，总统埃尔多安安然无恙，"一小撮士兵"的政变图谋没有成功。许多专家、学者认为，此次政变失败和总统埃尔多安对土耳其掌控之强的原因有很多，但是这个特别时刻更显示了社交媒体时代政治的本质。

社交媒体的网络动员效果，在公共突发事件的舆情传播中尤其明显。和早期网络舆论相比，今天的互联网已经升级。这种升级体现在两个方面：一是网民的态度升级，对曝光出来的负面事件从"说说而已"的简单围观，发展到如果相关政府部门不进行处理就绝不罢手；二是网民反应开始从舆论上升为行动，甚至酿成群体性事件。当前，很多群体性事件源于微信群、朋友圈、微博、抖音等社交媒体平台聚集和放大公众情绪，一旦相关政府部门处理不当，便可能蔓延和升级。

2018年6月，网上热传一条短视频，视频中某市的本地老年人正在怒骂外地送水的小伙子，本地老年人的语言低俗不堪。结果引发外地人与本地人网络隔空对骂，各种谩骂的短视频在网上热传，网络热度直线上升。不久，该市某地区发生数百人聚集的群体性事件。

面对这种情况，我们一方面要从理论上深入细致研究公众心理的规律与特点，把握好公众不满与负面情绪在什么情况下、面对哪类事情容易升级，公众情绪如何受到影响，公共舆论与行动的临界点大致在哪里等。不掌握这些规律，在突发公共事件的处理中就无从针对公众心理进行疏导，甚至容易激化。另一方面，要将事件处理的关头前移，不要等事态已经从舆论扩大到群体性事件再进行处理。而是要一旦发现了热点舆论的苗头，就要及时积极正面回应，信息公开透明，处理公平公正，这样公众的第一波情绪就会被很快化解。反之，如果遮遮掩掩，对当事人进行袒护，甚至编造各种虚假理由试图蒙混过去，就会激起公众更大的不满和第二波负面情绪，这时再予以纠正就会非常困难。在近年来发生的群体性事件中，相当多从舆论上升为现实行动的事件都是由公众第二波情绪引起的。进一步来说，处理好公共突发事件及群体性事件不要单单从事件本身加以考虑，而要把事件酝酿的过程，也就是前期的舆论考虑进来，争取把事件解决和化解在萌芽状态。

为加强对具有舆论属性或社会动员能力的互联网信息服务和相关新技术新应用的安全管理，规范互联网信息服务活动，维护国家安全、社会秩序和公共利益，国家互联网信息办公室于2018年11月发布了《具有舆论属性或社会动员能力的互联网信息服务安全评估规定》，明确规定对于开办论坛、博客、微博客、聊天室、通信群组、公众账号、短视频、网络直播、信息分享、小程序等互联网信息服务或者附设相应功能，以及开办提供公众舆论表达渠道或者具有发动社会公众从事特定活动能力的其他互联网信息服务等情形，必须开展安全评估。凡在安全评估中发现存在安全隐患的，应当及时整改，直至消除相关安全隐患。发现存在违法行为的，应当依法处理。

如何有效处置网络舆情

【案例】"江苏、湖北高考减招"事件

事件概况

2016年5月4日,教育部网站发布《关于做好2016年普通高等教育招生计划编制和管理工作的通知》,要求高等教育资源丰富、2016年升学压力较小的上海、江苏、浙江、福建等省(市),应在上年常规跨省生源计划和2016年协作计划的基础上,进一步增加面向部分中西部省(区、市)的生源计划。根据方案,江苏省协作计划调出19100人、生源计划调出3.8万人;湖北省协作计划调出13500人、生源计划调出4万人。方案发布后,引发社会关注。

出台这份文件是基于中西部各省(区、市)高考考生报名数量而决定的。数据显示,从报名人数来看,相较于往年,一些省份2016年的高考报名人数出现不同程度的下降,其中,北京、辽宁、江苏等地更是创下近年来的新低。而与此同时,河南、江西、贵州、内蒙古等省份高考报名人数较往年有明显增长。其中,贵州增加了4.3万人,达到37.38万;江西则继续保持近年来的增长势头,2016年增加至36.06万人。

舆情分析

消息一出现,江苏、湖北等地高考家长情绪极为激动。围绕"高考减招""教育公平"等相关话题,网民大量吐槽,新浪微博发言超过1.2亿条。根据中国教育舆情监测系统显示,5月10日至15日,关于"高考减招"的话题舆论发酵,成为舆情热点。围绕该事件设置的舆情,正面信息占5.62%,负面信息10.08%,中性信息84.3%。信息来源方面,微博来源以81.68%排第一位。

与此同时，考生家长线下聚集同步发生。尽管多省教育厅已发布声明解释此事，称预计录取率不会降，但大量高考考生家长并不满意，依然到当地省、市级教育部门表达诉求。

江苏省教育厅官方微博发布称，今年普通高校在我省招收统考生计划超过32.2万人（去年31.8万人），其中本科20.4万人（去年20.3万人）。据此，江苏今年在生源减少3.25万人的情况下，统考生计划总数和本科计划数均有增加，不存在"减招"问题。湖北省教育厅厅长也对此做出回应，在执行国家专项计划的同时，湖北省能够做到"四个不低于去年"——"在湖北的7所部属高校，在湖北的招生计划总量不低于去年""本科录取率不低于去年""一本录取率绝对不低于去年""全省总录取率绝对不低于去年"。

舆情点评

此次江苏、湖北高考减招事件，由于时间节点正值高考前夕，家长、学生的关注带动了舆论的发酵。这也提醒决策机构，当下移动互联网和社交平台发展迅猛，网民线上线下联动化特征明显，有关部门在出台关乎民生的公共政策前，应做足文章，多做调研，把工作做在前面，减少被群众误读的可能。比如，针对可能存疑的问题点，罗列相关解读，拿出精准的数据研判，遵循公平合理的程序正义，也许就能平息舆论，疏导民意。

第五节　舆情处置传统化

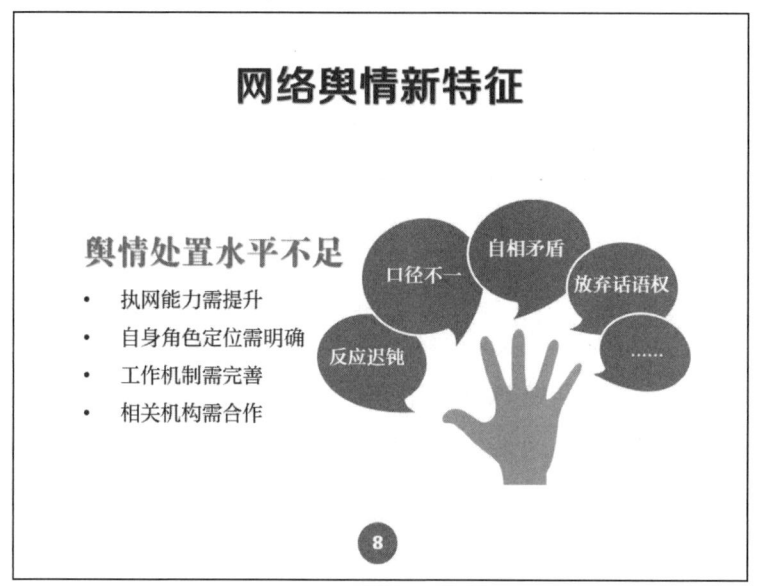

近几年来,舆情热点事件频发,其传播规律和产生原因显露出一些新的特点,对舆论引导和社会治理提出了更高的要求。从许多起热点事件的处置来看,当地一些部门舆情素养的缺失,是激起公众愤怒情绪的导火索。面对汹涌的舆情,个别部门仍然存在"封""堵""删"等传统舆情处理思维,暴露了执网能力的短板。地方政府或企业执网能力不足,会导致舆情事件被不断地放大。

现实中也有不少公务人员对于自身角色定位认识不足,重管理而轻服务,甚至带有官僚主义作风,由此引发公众不满。部分公务人员非但没有认清自身服务者的角色，反而贴上高高在上的标签，脱离群众，置群众利益于不顾。"南京官员名烟名表事件"让公众再次质疑公款吃喝；"郑州官员'替谁说话'事件"令公众搞不懂谁才是自己的代言人；广东政协常委当街拳打女记者的行为遭人唾弃……这些舆情事件在全国范围内产生了很大震动，影响恶劣，也为领导干部从政和舆情处置学习提供了反面教材。

一些部门和领导对网络舆情认识不足，缺乏相应的工作机制和有效的分析研判手段。众多网络舆情危机案例佐证了舆情监测分析的重要性，舆情危机的产生一般会经历起源（酝酿）、发展（升温）、高潮（演化）和衰微（消退）四个阶段，具有一定的规律可循。从某种程度上说，舆情危机事件本身是可控、可预测的。由于不少地方政府缺乏有效的舆情监测手段，缺乏危机预警机制，对舆情事态发展把握不准，导致舆情处置不当。

在舆情处置过程中，个体事件在发酵过程中牵扯出多个领域或部门，把单一舆情推向复杂化，是近年来舆情表现较为突出的一个特点。相比于单一的舆情事件，跨领域、跨部门、跨行业的舆情热点，会吸引不同媒体、不同群体从不同视角深挖。舆论靶向多元，议题多变，表现在舆论场上就是多点爆发、言论过激，很容易使相关机构陷入左支右绌的困境。而在实际舆情处置中，因涉事主体的复杂性，相关机构又难以形成一个统一的发布渠道。口径不一、各自为战，甚至相互推诿、相互矛盾，不当的处置方式增加各方的压力和难度。此外，有些部门"只做不说"，主动放弃话语权，也会导致舆情愈演愈烈。

舆情处置水平不足和治理能力欠缺，易使热点事件演变成线下群体行动的情绪铺垫。舆情处置理念不足的地方政府，很容易在舆情事件中处于被动地位，从而引发一系列次生舆情。2017年，在四川泸县某学生死亡事件中，网络也出现了"被殴打致死""公职人员子女参与""政府包庇"等诸多传言。尽管这些消息已经被证实是虚假信息，很多传言也经不起推敲，但当地政府发布的信息还是遭到了很多网民的质疑，陷入了"越描越黑""说什么也不信"的尴尬境地。有评论分析指出，主要原因在于当地政府没有秉持公开公正透明原则，遇事总想大事化小，而不是第一时间向外界公布细节。整个事件的初期，当地政府几无恰当的回应动作，也未向社会释放及时可靠的信息，反而对媒体的采访处处设防。"侠客岛"发表文章《泸县事件，一堂值得深思的公开课》提道："新华社记者在采访泸县事件过程中，严密防范让记者感觉到无形压力，所到之处都有人'陪同'。当记者提出采访死者母亲时，县政法委书记表示找不到人，问手机问地址皆不知。记者好不容易突破制约跑了20多公里村道前去采访死者的爷爷奶奶和同学时，被跟随的镇村干部各种暗示威胁干扰，迫使采访对象不敢说真话。而当地的种种电话骚扰则更让记者到了无法忍受的地步。"

面对突发事件，最好的办法就是坚持公开公正透明原则，公布真相。"没有神秘就没有恐惧"，公开公正透明原则不但有利于地方政府在突发事件中迅速取得网络舆论话语权，及时树立阳光负责的公众形象，还可以防止网上各种不利猜测、质疑和炒作，最大限度地压缩流言、谣言的形成空间。

经验表明，舆情处置既要尊重受众的参与权、知情权，回应公众关切，又要善于因势利导，引导受众正确认识事物真相，确保取得最佳引导效果。

因此，有关部门应进一步提高舆情处置能力，始终保持与网民的顺畅沟通，凝聚共识，形成网上网下同心圆。正如《人民日报》评论《泸县中学生死亡案：权威声音如何才能掷地有声》称："在化解舆情危机中，管理部门既不能陷入清者自清式的沉默是金，更不能滑向先消极怠惰、后大动干戈的被动境地。掌握好时、度、效的统一，公断才能服众，权威声音才能掷地有声。"

企业舆情升温也是近年来舆论环境的一个明显表现，甚至在一些典型问题上开始向"标杆型"名企聚拢。归真堂"活熊取胆"、海底捞"后厨门"、五星级酒店不换床单、携程捆绑销售、顺丰延误"救命药"……这些行业内的"龙头企业",在典型性问题上的曝光具有"以点带面"的显著效应,放大了个案的影响力,将舆论引向"行业潜规则",引发公众对行业积弊的忧虑和恐慌。此外,互联网平台快速发展带来的管理滞后问题持续爆发,58同城简历泄露门、BOSS直聘和世纪佳缘的审核漏洞、水滴直播模糊监控与直播边界、顺丰和菜鸟的数据之争等,都指向了互联网平台用户信息安全与隐私保护存在风险的问题。

由此可见,企业和政府应在各自领域做好互补,填补工作"漏洞",提升政企舆情处置能力。

【案例】"某市地铁问题电缆"事件

事件概况

2017年3月,某市地铁三号线成为人们关注的焦点。起因是,一名自称陕西奥凯电缆有限公司员工的网友发布了名为《某市地铁你们还敢坐吗》的帖子,帖文称:某市地铁三号线存在安全事故隐患,整条线路所用电缆"偷工减料",奥凯电缆公司"以次充好"将70平方的电缆用95平方型号进行包装并提供给地铁施工方,会造成电缆电线的发热过大,不仅会损耗大量动力,还可能引发火灾。

3月15日,奥凯公司发表声明,网络文章无任何事实依据,已报案。3月16日,某市地铁官方微博回应:地铁公司高度关注网上舆情,已经成立调查组开展广泛的调查核查。同日,某市互联网信息办公室官方微博发布某市市政府回应:高度重视,一查到底。3月17日,某市政府召开关于地铁三号线有关情况的新闻发布会,某市质监局局长景六刚通报称:2015年10月12日至11月17日期间,某市质监局执法人员根据群众举报,先后四次赴地铁三号线工地进行执法检查，共抽检6个批次的电缆，其中三次检查结果为产品质量不合格，一次为伪造检验报告。3月20日，市政府再次召开新闻发布会，公布地铁三号线所使用5种规格的由陕西奥凯电缆有限公司生产的电缆，取样送检结果均不合格。3月21日，某市电视台报道，奥凯公司负责人王某在镜头前跪地道歉。同时表示，奥凯公司供应给地铁3号线的电缆总造价4000多万元，其中有超过3000万元的电缆是不合格产品。3月22日，陕西省工商局通报撤销陕西奥凯电缆有限公司"五胜及图"商标的陕西省著名商标，同时，对在该著名商标认定中，审核、把关不严的相关工作人员进行追责。3月23日，某市地铁办表示，对于某市地铁三号线上使用的已被证明是不合格的电缆，将在确保运营安全平稳前提下，通过采取"1+N"系列方案，在100天内对问题电缆进行彻底更换。6月，国务院决定依纪依法对某市地铁"问题电缆"事件严肃问责，依纪依法问责处理相关地方职能部门122名责任人，包括厅级16人、处级58人。

舆情点评

事件曝光后，某市市政府处置"问题电缆"的态度鲜明。不论是新闻发布会召开的时间节点，还是所通报的抽查结果，以及领导干部的表态，都让公众切身感受到了当地政府部门对"问题电缆"的重视。市政府常务副市长表示，送检样品均不合格，并代表市政府，向全市人民道歉，愿为此承担责任。某市市政府第一时间作出反应，表明要一查到底的态度，彰显了维护市民安全、严查质量问题的决心，获得了多数网民的肯定，相关舆情开始回落。有网友评价：虽然在地铁三号线出了这样的事，但政府的态度值得肯定，为监督政府的市民点赞，为这届政府的工作态度点赞。

第六节 情绪表达极端化

大家看微博、微信时经常会有这样的感觉：你转一些看似正面、正能量的东西少有人关注，而一旦你转发负面的信息，如官员贪腐、爆炸事故、抢劫事件、恶性杀人或者明星丑闻，通常会引发很多人关注和转发，网友会毫不吝啬地在后面给你点赞，甚至留言。这说明网民有一种负面传播倾向。少数网民和意见领袖言语偏激，加剧负面情绪传递，撕裂社会。

新华网舆情监测分析中心于2012年10月发布《我国地方政府重大工程项目民意及舆情分析制度体系建设报告》，其研究结果显示，大部分人更倾向在社交网络中表达其负面情绪。专家认为，网络中的群体传播范围更

如何有效处置网络舆情

广更快，产生的群体感染更强，一些带负面情绪的言论或者信息被认同后，会比现实更快地传播，让更多的人看到。因此，这种负面情绪的表达更容易，更易被激发出来，如微博评论中依据热度和点赞、评论的人数多少优先排列，一般被点赞的带有负面情绪的言论会被优先排在微博评论的首页。2021年，"清朗"系列专项行动重点整治网上历史虚无主义，整治春节网络环境，治理算法滥用，打击网络水军、流量造假、黑公关，整治未成年人网络环境，整治PUSH弹窗新闻信息突出问题，规范网站账号运营，整治网上文娱及热点排行乱象。

由于网络传播中的传播主体具有隐匿性，所以很多人都敢于在网络上表达日常生活中不便表达的观点和态度，负面情绪就是其中一种。网络媒介的多样化和自媒体平台的增加给网友表达负面情绪提供了便利。在现实生活中，面对的是自己的亲朋好友，口语传播为主要途径；在社交网络，我们可以在各种平台表达观点，与现实不同的一面就有了空间。

针对网民的负面传播倾向，一些商业媒体为了增加流量，就会投其所好，经常把负面信息推荐在网页显眼处。个别意见领袖也会利用这一特点，针对社会上一些不良现象发表一些极端言论吸引公众眼球。

有一位知名的意见领袖从日本买了一盒洗涤剂，感觉质量很好，于是发微博，美滋滋地把日本夸赞了一番："我能夸一夸日本吗？杯子上积了厚厚的茶垢，再好的茶叶泡起来也失去了香味，用醋泡了一夜效果也不理想，据说这差不多是最有效的办法了。从日本买了一盒洗涤剂，一洗茶垢尽除。我能夸一夸日本的技术吗？意识形态能解决吃喝问题吗？"洗一个杯子他都能上升到意识形态问题。该微博发出后，引发很多网友抵触。其中一位大V转发了这条微博，并加了三点评论："第一，网上搜这款产品都是澳洲代购，不像日本产的[①]；第二，看英文，这东西是给厨房、厕所设计的，腐

[①] 讽刺原博主不认识英文，澳大利亚和日本的英文都傻傻分不清——作者注。

蚀性应该比较强，中国产的洁厕灵洗茶杯应该效果也差不多；第三，意识形态虽然不能当饭吃，但能让某些人把饭说成屎。"原博主知道自己出丑了，就赶紧把自己的微博给删了。

极端化情绪表达包含了表达者对某种利益的不正常追求，需要警惕由此产生的两种现象。第一，盲目从众现象。很多案例证明，依靠情绪而不是理性支配的种种社会群体行为，会对社会秩序以及参与行为者本身带来各种伤害。在极端化情绪传播过程中，网民往往只是围观、起哄，仅凭个人好恶、感受做判断、下结论，少有深入思考。因此，转发的信息常充斥捕风捉影、耸人听闻之辞。由于部分作为个体的公众在现实生活中难免面临不少压力和困难，部分社会成员心理压力增大，特别是面对发展中出现的一些利益矛盾，会产生一些不同的看法和各种不满情绪。这种负面情绪往往会借助舆情事件飞速传播，很容易传染其他社会成员。第二，群体操纵现象。如果说社会从众现象更多地表现为参与者的自发行为，那么，受操纵或被别人利用而表现出的过度情绪化行为则是被动的。意见领袖因为粉丝众多，一旦言语偏激，必然加剧社会的负面情绪交叉感染，撕裂社会。有人开玩笑说：看了一天的新浪微博之后，需要刷无数温情、搞笑视频来疗伤。

围绕利益诉求而产生的过度情绪化表达，一般源于个人。但在真实社会和网络社会中，会出现由个人转变为人群集聚并产生过度情绪化。众多"非利益相关"的网民容易对不公平事件产生心理共鸣。在互联网及新媒体日益普及的今天，这种现象逐渐演变为一种社会问题。特别是受社会上"特权""炫富""贪腐"等不良事件的影响，不少公众心理发生变化，幸福感逐渐降低，被剥夺感日益增强，甚至自我归类为"弱势群体"。他们多数无权、无钱、无地位，有种被社会边缘化的危机感。因为他们怀有弱者心态，所以对于"弱者"更具同情心，对于"不公"更加痛斥。药家鑫案即属于此类，当网络出现药家鑫优越的家庭背景传言时，舆论几乎是一边倒地充斥着对死者的同情与对药家的指责。众多"非利益相关"网民内心产

如何有效处置网络舆情

生了强烈共鸣,怀疑司法不公、权力腐败,担心处于"弱势"的死者的利益得不到维护。这种弱者心态使网友产生了不安全感,于是他们选择支持"同类"来维护权益。

互联网极端化的情绪表达也容易使舆情研判失焦。更严重的是,涉事部门迫于非理性的舆论压力,可能在仓促间做出错误的处理决定,造成误伤。天津市社科院研究员王来华在《如何应对网络舆情过度情绪化表达》一文中写道,互联网以及新媒体的普遍使用,开拓了中国民主政治发展的积极局面。在民主健康发展的过程中,一定要形成两个不可偏废的"约束":一是要"约束"权力,防止过度的权力对合理民意的侵害;二是在政治民主不断发展的过程中,要高度重视对不合理或极端化"民意"的合理约束,其中包括反对网络舆情在内的过度情绪化表达,防止不正常民意的张狂给政府执政、社会治理等造成侵害,防止形成目前奉行西方政治制度的一些国家和地区已经出现的那种破坏社会和经济发展的"束缚性"的整体障碍。

【案例】"教师体罚小学生"事件

事件概况

2020年5月,某网友发博称,就读广州市某小学的女儿,在去年12月被班主任体罚至吐血抢救。这篇微博附有多张图片,沾满血迹的校服触目惊心,孩子输液的画面也让不少网友直呼心疼。很快,这起疑似教师体罚小学生的事件就冲上了热搜,网民的愤怒情绪被点燃。

正值六一前夕,按照该网友所描述的,事件比较恶劣,再加上该网友的炒作,该事件引发了网友的极大关注。这一条微博的转发量超过139万次,评论超过48.6万条,点赞更是超过405万次。一些明星、大V纷纷参与转发、评论,迅速推高舆情热度。一时间,"体罚""吐血""哮喘""急救""殴打"等热词刺痛网友善良的内心,愤怒的情绪恰如沸腾之水,喷涌而出。

但真相并非如此。@广州白云公安次日即发布了《警方通报》,指出该网友曝光内容"系其为扩大影响而故意编造的谎言",还"发现该网友涉嫌雇请人员进行网络炒作的相关证据"。该通报事实清楚,客观公正,同样引发了网民的极大关注,转发超30万次,评论超15万条,点赞超192万次。舆情反转之后,网民普遍对发微博的账号持质疑态度,并开始指责孩子家长,认为其消费了网民的善良和同情心。网友评论,"利用孩子去诬陷老师,太恶毒了""不知道说什么好,感觉大家当时都被欺骗了,几百万人都被她骗了,善良不应该被这样消费的""心疼孩子摊上这个妈"。

舆情点评

在此次事件中,网民被消费善良、被谣言带节奏,其根本原因在于少数网民和意见领袖言语偏激,加剧负面情绪交叉感染,撕裂社会。与此同时,涉事家长原发微博在短时间内便达到百万次转发,借助外部推手炒作的痕迹十分明显,包括利用"水军""营销号"炒作、微博大V助推信息实质性扩散、编造谎言扩大影响力等。此外,爆料微博下方还出现"@微博抽奖平台"发布的抽奖信息,奖品为30支某品牌口红,一定程度上增加了网民的转发"热情"。

庆幸的是,在此次事件中,广州公安部门既重视舆情,又不被网络极端情绪束缚,及时、冷静、独立开展了调查工作,并很快公布了事实真相。6月1日13时,"广州白云公安"通过微博平台发通报称:"目前警方已立案侦查,并依法对刘某采取刑事拘留强制措施。"

第七节 公信力质疑过度化

网络舆情新特征

为什么出现"习惯性质疑"

- 个别部门机构言行不当
- 媒体报道失信
- 公民意识觉醒

⑩

政府公信力缺失,易引发网民过度质疑。公信力是政府的"生命线",公信力瑕疵会以意想不到的方式、在意想不到的场合给社会带来伤害。

以习近平同志为核心的党中央十分重视提高政府执行力和公信力。党的十九届四中全会强调,以推进国家机构职能优化协同高效为着力点,优化行政决策、行政执行、行政组织、行政监督体制。健全部门协调配合机制,防止政出多门、政策效应相互抵消。深化行政执法体制改革,最大限度减少不必要的行政执法事项。进一步整合行政执法队伍,继续探索实行跨领域跨部门综合执法,推动执法重心下移,提高行政执法能力水平。落实行政执法责任制和责任追究制度。创新行政管理和服务方式,加快推进全国一体化政务服务平台建设,健全强有力的行政执行系统,提高政府执行力和公信力。

个别政府公信力不足引发质疑,已成为当下网络舆情整体态势中的新特征。

为什么每次发生公共事件,公众的第一反应就是不相信"已经看到的"?为什么官方郑重的信息发布会引来诸多质疑?为什么一件看似很简单的突发事件动辄会激起无尽波澜?最重要的原因就是民众和政府双方之间信息不对称,而不对称的根源则在于政府未及时公开、选择性公开或者干脆不公开。长此以往,就会产生累加效应,公众也就多了一些"习惯性质疑"——不论你说什么,我都不信。正如《人民日报》发表的《公信力缘何被削弱》一文中提出的问题:除了自己,我们还能相信谁?

公众缘何产生"习惯性质疑"?客观来说,这种"习惯性质疑"现象的产生原因是多方面的。

首先,公众的"习惯性质疑"源自政府、社会机构、企业自身的一些不当作为。个别部门、机构在一系列舆情事件中以"临时工"为借口的公式化回应,不仅无法让网民信服,更让人心生疑惑。而且,不少涉事机构最初对公众承诺在最后未能一一兑现,自食其言的做法也让网民不再信任。因此,当数据被"利益"绑架、理由成为"任人打扮的小姑娘""自说自话、自圆其说""公关之辞"与"危机管理"本末倒置之时,网民自然"一万个不相信"。

其次,公众的"习惯性质疑"也与一些媒体报道失信密切相关。这种失信一方面表现在片面追求眼球效应,夸大其词甚至违背事实,误导公众;另一方面,表现在没有把握好媒体引导力和公信力的辩证关系,最终失去公信力。

最后,公众的"习惯性质疑"还源于现代公民意识的觉醒。相较政府部门说什么就是什么、权威就是真理的年代，网民能够大声质疑，坚决地说"不信"，实际上是社会的一种进步。多元化的社会需要"反对的声音""质疑的声音"。因此，公众"习惯性质疑"并不全是坏事。

如何构建一个以真实、公开为基础的诚信社会？这就需要政府部门带头做出表率。仅就网络舆情的处置而言，政府部门不能简单地把质疑之声当作刁难，把"质疑的公众"当作"刁民"，只有认真审视群众对自己提出的意见和建议，将回应作为政府的基本义务和公众的基本权利，才能为社会信任打下坚实的基础。

当然，在"自媒体太多、记者太少、事实不够用"的当下，媒体更应坚守新闻真实性为第一的原则，客观、公正、全面地报道事件，网民也需要提升自身素养，以更理性的姿态参与公共事件的发声。

【案例】某市特大洪水灾害

事件概况

2016年7月19日至21日，某市发生连续强降雨，造成大范围受灾。灾情涉及该市全部21个县（市、区），据初步统计，截止到7月23日7时，全市受灾人口103.4万人，造成25人死亡，13人失踪，紧急转移安置88568人。其中，某河沿岸村民损失严重。水利专家称，注入该河的洪水有两路，两路汇合后在国道处形成大洪水。该河遇桥迅速收窄，造成洪水漫过河堤，使12个村进水。

自7月22日下午开始，互联网上大范围传播"因泄洪不通知"导致某村多人死亡的传言，多名村民围堵高速公路。村民称当地政府在抗洪期间隐瞒汛情，造成当地村民死亡。围堵造成京港澳高速公路某段全面中断，救灾物资无法运输。当地警方和政府部门数次对村民进行劝阻，希望大家离开。在劝解过程中，警方和政府部门多次细心给当地村民做解释工作，但都无济于事。

舆情处置

7月23日凌晨1时，该市委对外宣传办公室做出了回应。除气象原因外，该市水务局副局长澄清，某河上游的水库为小Ⅰ型水库，是开敞式水库，泄洪不能控制，也就是说洪水与19日晚人为泄洪的水库无关。他还介绍，两路洪水汇合达到流量580立方米/秒，在国道处形成大洪水，到某桥处迅速收窄，通过能力只有40立方米/秒左右。但是，官方解释并没得到民众认可，网上质疑政府的舆情继续发酵。

7月24日下午，河北省委省政府工作组宣布，经调查初步认定，7月19日晚某河决堤是由于局地强降雨形成的洪峰所致，非人为原因造成，"对预警通知、群众疏散等问题正在加紧核查中"。

另外，河北省委研究，为严肃工作纪律，促进工作落实，对此次防汛抗洪抢险救灾中工作不力的相关领导干部做出停职检查决定，进行调查，分清责任，依法追责。

舆情点评

此次洪灾事件，本应官民协力对抗的自然灾难，为何演变成了政府隐瞒汛情，警民对抗？为什么会出现民众盲目指责政府的结果？除了网上的某些大V带节奏外，政府公信力缺失也是一个重要原因。

信任就像一张纸，一旦皱了就很难恢复原状。政府部门的公信力来之不易，应当珍惜公众的信任。党的十九大报告明确指出，要创新监管方式，增强政府公信力和执行力，建设人民满意的服务型政府。党的十九届四中全会强调，落实行政执法责任制和责任追究制度。创新行政管理和服务方式，加快推进全国一体化政务服务平台建设，健全强有力的行政执行系统，提高政府执行力和公信力。

公众的质疑未得到及时合理的解释，就会严重影响政府公信力，加大社会沟通交流的成本。因此，尽管社会信任重建非一日一时之功，也需迎难而上。无论社会如何变化，只要初心不改，时刻把民意、民心、民众放在心上，公权运行以尊重民众知情权、参与权、表达权、监督权为准绳，就一定能够提升政府公信力。

第八节 热点事件泛政治化

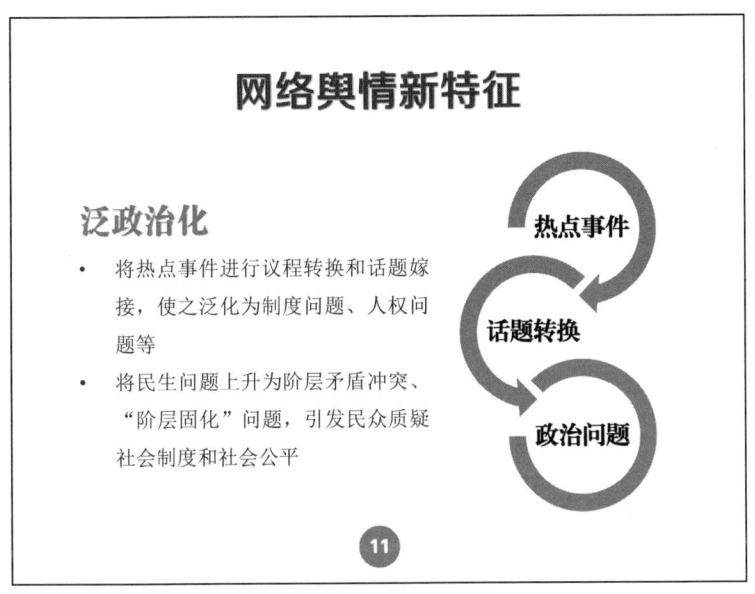

泛政治化,是指过分政治化,泛指政治的泛滥、滥用,把本来不是政治问题的社会事件上纲上线,提升到政治层次,强力搞成政治问题。近年来,网民对热点事件的讨论越来越具有泛政治化的倾向,各种问题在网络空间中都可能转化为政治问题,并且总是与政府、政党及政治体制关联在一起。许多网民习惯于把与政治毫不相关的领域,比如科学、经济、教育、艺术、体育等领域,人为地融入政治生活中。

舆论场泛政治化现象为何严重?这是因为现实社会中公众的焦虑感、不安全感和对权力的不信任感,在微博、微信等社交平台得到放大。在社

如何有效处置网络舆情

交媒体上,某个事件往往被有意无意引向官民对立、贫富对立、上层利益与底层立场对立,在对立中网友的立场意识被强化,从而导致弱者伦理蔓延,层级矛盾和体制问题被过度渲染,政府面临信任困境,公共价值观趋于紊乱。在微博上,官员丑闻、恶性事件容易被转发,对现实的不满情绪在负面信息的作用下被引向对政府和制度的不满,政府几乎成为所有负面现象的"总承包人"。一些并不严重的舆论事件也被无限放大,并被扭曲解读。政府所代表的公信力被不断地解构,现有价值体系不断被冲击,对现行制度的不满不断积累。在这种情况下,个案被视为普遍,任何负面现象容易被上纲上线。于是,个别官员腐败堕落、社会道德败坏的事件,总被归结为体制问题所导致的"普遍现象"。

热点事件中泛政治化的关涉对象主要是政府、政党和政治体制,网民通常以怀疑、否定、恶搞等思维,通过不断质疑、恶意拷问等方式对政府公信力、执政党权威性和政治体制适宜度等问题进行敏感泛议、逆向解读,甚至造谣污蔑;将热点事件进行议程转换和话题嫁接,使之泛化为制度问题、人权问题;将民生问题上升为阶层矛盾冲突、"阶层固化"问题,引发民众质疑社会制度和社会公平,并形成舆论。这种泛政治化现象普遍存在于国内的舆论场中,并具有以下三种表现形式。

第一,政治信任缺失,甚至反向认知政治主体。对于一些关涉政治人物、政府等政治因素的部分议题及其内涵、舆情事件发生过程及其细节,当公众获得足够全面的了解与认识之前,一旦出现政策解读缺位或政府信息公开缺失等问题,普通民众很容易对政府活动、官员行为形成相对武断的负面认知或做出否定判断,从而引发误解,甚至主观上不信任政府,泛政治化的讨论由此产生甚至扩大。在"老不信"眼里,凡是政府辟谣的就一定是事实,凡是官方发布的就一定有黑幕,凡是社会矛盾就一定是体制问题;"凡事宁信其错,不信其对,宁信其坏,不信其好""逢中必呲,凡是美国的所作所为叫作民主,凡是中国的所作所为叫作专制"。近年来,个别城市管理问题被推上风口浪尖。城管极端执法事件容易导致城管"妖魔化"的问题,我们不得不反躬自问,这难道仅仅是"城管制度"和"网络舆论"的问题吗?导致城管"妖魔化"现象的社会根源又是什么呢?从更深层次的角度来看,这是社会矛盾冲突表达、暴戾情绪宣泄的一种典型表现,其本质是公众政治信任不断缺失的过程。与此同时,对于政府颁布的一些旨在为社会整体服务的良性公共政策,部分网民也常常将其认定为政府为了满足局部群体,甚至少数个人私欲而罔顾社会大众的举措。例如,为缓解交通拥堵和提高行政效能,交通运输部决定自2020年1月1日起取消高速公路省界收费站,对全国所有收费站、收费车道的ETC软硬件系统进行全面升级改造,实现互联、互通、互认。自1月1日取消高速公路省界收费站、新的不停车快捷收费系统并网启用以来,系统运行总体稳定,但也出现了一些新情况、新问题。一时间,关于ETC的吐槽比比皆是:银行"轰炸式"推销ETC、高速收费暴涨、不显示余额、ETC瘫痪大堵车、ETC识别不了、栏杆失灵等,一些网民甚至认为政府此举纯粹就是为某些利益集团谋福利。

第二,历史虚无主义,任意解构主流意识形态。近年来,历史虚无主义沉渣泛起,借助互联网媒介明目张胆地宣扬其错误言论和历史观、价值观,企图达到误导舆论、扰乱视听的险恶目的。"丑化革命先烈,抹黑党史军史"是近年来我国网络舆论场上吹起的一股妖风,通常用揶揄、影射、戏谑的手段诱导网民自我联想、自我推断,对政治团体、执政党、英雄人物进行造谣污蔑、诽谤攻击,散布政治谎言。例如,上海某公司为追求商业效应和经济利益,非法制作并传播含有明显戏谑色彩的"慰安妇"老人表情图像,公然践踏道德底线,罔顾民族情感和民族记忆,将那段苦难和屈辱的民族历史娱乐化。在消费这段痛苦历史的同时,让更多人陷入历史虚无主义之中,开始忽略历史,甚至忘记历史,这无疑是对历史和民族的背叛。2017年,在刘胡兰英勇就义70周年之际,一封《请刘胡兰离我的孩子远点》的家长信在各大知名网络媒体、朋友圈广泛热传。这封信其实

如何有效处置网络舆情

早在2014年就出现在网上,却被历史虚无主义者再次翻出来炒作,意图歪曲英雄主义教育。而在关于这些内容的后续评论中,尤其以青年群体的虚无化倾向最为明显,这类多属盲目跟风,主观臆测教科书中的历史为"伪史",夹杂着凸显个性与宣扬"正义"的自我展示心理,让我们不得不警惕任意解构主流意识形态的严重性。

第三,借势造势,煽动网民泛政治化情绪。当敏感事件发生时,某些人为了迎合网民的猎奇心理,将热点事件和网民泛政治化情绪巧妙地结合起来,通过"政治借势"和"政治造势"来获得网民的认同,从而提高文章点击率和顶帖率。在网友普遍带有愤恨的情绪下,夸大事实,恶意中伤社会和体制。消极的网络舆论戾气弥漫,一些商业媒体也推波助澜,制造新的舆论。公众在泛政治化的影响下,很容易形成认知偏差,最后会把矛头对准政府和体制。此外,一些带节奏的网络大V故意误导公众,将泛政治化与爱国主义和民族主义画等号。当前,一些人狭隘地将极端民族主义当成爱国主义,然后将其与政治挂钩,大肆渲染民族主义和爱国主义。例如,钓鱼岛问题曾多次引发抵制日货的示威活动,在网络上也得到广泛支持,一些网民呼吁,对与日本有关的店铺、车辆等进行"打砸抢",认为这就是爱国主义。更有甚者,一些异见分子常常以"公共利益"为幌子,利用公众对具体问题的不满,"义正词严"地挑唆官民对立,魅惑公众,把具体利益问题泛政治化。他们一有机会就炒作热点事件,把矛头指向党和政府,诋毁党的路线、方针、政策,煽动闹事,制造谎言。

西安交通大学新闻与新媒体学院教授李明德在《网络舆情中泛政治化现象的动力机制与因应策略研究》一文中,指出网络舆情泛政治化现象形成的正向动力因素是传播权力转移、信息碎片化传播、官方回应能力不足以及公众对政治议题的认识失当与表达的非理性;而对网络舆情"泛政治化"现象起消解作用的逆向阻力因素是政府科学性的网络监管、媒体合理化的议程设置和公众媒介素养的提高。

【案例】钟美美视频"下架"

事件概况

2020年5月,来自东北鹤岗的一名初中学生在快手等网络平台以乌拉夵旯·钟美美为用户名发布一些模仿老师的短视频,引发了网友的广泛关注,粉丝从10万飙升到100万,他成为全网现象级人物。由于钟美美的表演抓住了老师的气质精髓,举手投足,都很符合大多数人印象中的老师形象,所以,他也被网友称为"国民教师"。也正因为如此,他才能迅速蹿红。自5月29日开始,在某论坛中出现了"模仿老师的东北小孩被约谈了,视频已经删掉了"的相关信息,关于钟美美被约谈,模仿老师视频大量被删的消息开始在网络上蔓延。到5月30日,"钟美美被约谈"的网传消息进一步蔓延,微博等社交平台上出现了"影后钟美美被约谈了"的消息,并引发不少网友的参与讨论,其传播热度呈现不断上升的趋势。5月31日,伴随着网传被约谈的消息以及钟美美模仿视频合集的流传,传播热度出现了一个小峰值。6月1日至2日,有部分媒体,如新京报、头条新闻等介入传播,传播内容主要为钟美美对视频下架的相关回应,钟美美班主任回应称"担心对孩子心理有影响,没要求下架视频",钟美美母亲发声称,"视频是我让隐藏的,怕网络上不良评论影响他"。但这些说法并没得到网民认可。"钟美美被约谈"的消息出现后,网络舆情不断蔓延。6月3日上午,新京报等媒体报道了"当地教育局承认学校接触过钟美美,并表示希望从正面引导孩子,多拍一些正能量作品"的相关新闻。随后这一消息也被大量专业媒体跟踪报道,网络舆情被迅速引爆。

6月8日,中央广播电视总台央视新闻记者采访了钟美美的班主任田广霄、母亲吴琼以及钟美美本人。班主任田广霄是一位男老师,对于身边是否有人误以为钟同学模仿的是他时,田老师表示并没有这样的困扰。田老师表示,校方没有约谈钟美美的家长,但他个人曾与家长有过沟通,目的不是为了限制孩子的发展,而是对孩子的身心健康进行保护。钟美美的母亲吴女士表示,视频评论有好有坏,害怕对孩子有影响,所以就将视频先隐藏了起来,只留给自己观看。钟美美本人表示,模仿老师只是出于娱乐,没有针对老师、丑化老师的意思。对于"被约谈""要求下架视频"等说法,他表示更是无稽之谈。

至此,这一事件算是告一段落。

此事件从5月29日开始传播,直至6月9日网络舆情才逐渐平息,经历了自媒体爆料的舆情发端、各方持续回应的关键传播节点,"约谈"与"教育制度"等话题嫁接,大大延长了该事件舆情演进的生命周期。

舆情点评

钟美美事件在舆论场掀起巨大波澜,微博相关话题逾30个,累计阅读量超15亿次,形成现象级传播。回溯事件发酵过程,令钟美美走进舆论视野中心的已不仅仅是一名13岁初中生对老师拿捏到位的神模仿视频,更是在"视频下架""疑似约谈"风波后,舆论对当前教育生态包容、多元态度有所欠缺的反思,也折射出自媒体时代大众重视创造性价值,推崇真实表达所带来的生命力。在当地教育局疑似"插手"钟美美事件的背景下,舆论讨论的焦点多集中在教育领域,涉及教育价值取向、师生关系、教师职业素养等多个话题。部分网民(其中包括一些大V)的观点比较偏激并开始上纲上线,批评当下的教育制度,具有明显的泛政治化特征。

第三章
网络舆情主要类型

第一节　涉公共财政

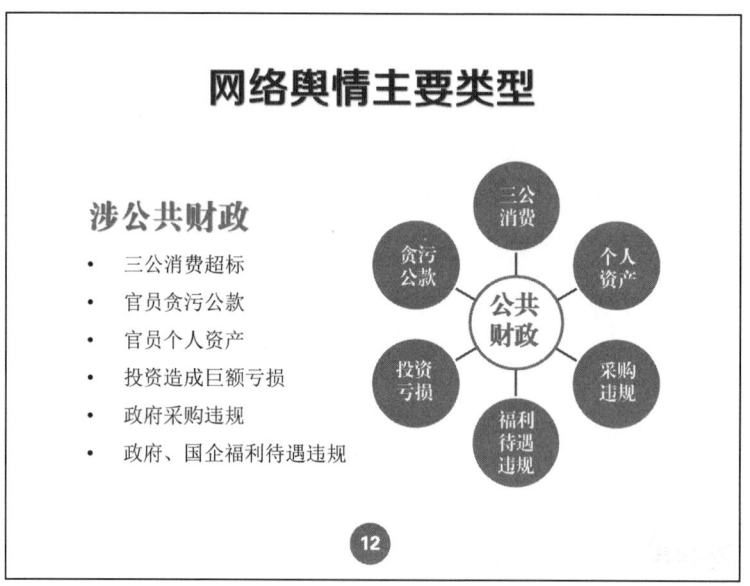

党的十八大以来，以习近平同志为核心的党中央高度重视、全面推进党风廉政建设，使党风、政风为之一新。在十九届中央纪委五次全会上，习近平总书记发表重要讲话，充分肯定过去一年全面从严治党取得的重大成果，深刻阐述全面从严治党新形势新任务，强调全面从严治党首先要从政治上看，不断提高政治判断力、政治领悟力、政治执行力，一刻不停推进党风廉政建设和反腐败斗争，以强有力的政治监督，确保"十四五"时期目标任务落到实处。

中央八项规定及其实施细则出台实施以来，刹住了一些过去被认为不可能刹住的歪风邪气，解决了一些长期想解决而没能解决的顽瘴痼疾，党风政风焕然一新。这一切，得到了全国人民的衷心拥护和高度评价。

2021年6月28日，庆祝中国共产党成立100周年活动新闻中心举行第二场新闻发布会。对于当前反腐败斗争，中央纪委副书记、国家监委副主任肖培在发布会上表示，反腐败在党中央领导下，已经形成了无禁区、全覆盖、零容忍的战略态势，已经形成了利剑高悬、震慑常在，发现一起、查处一起的常态，已经形成了不敢腐、不能腐、不想腐的体制机制。在党中央领导下，党的十八大以来，全国纪检监察机关立案审查案件380.5万件，查处了408.9万人，反腐败力度相当大。我们党给予党纪政务处分的是374.2万人。党的十九大以来，在惩治腐败的震慑下，在党的政策的感召下，主动找党组织、找纪检监察机关投案的4.2万人。2014年，开展反腐败国际追逃追赃"天网行动"以来，从120个国家和地区追回外逃人员9165人，其中党员和国家工作人员2408人，追回赃款217.39亿元，"百名红通人员"已有60名归案。

在这些违反八项规定的案件当中，涉公共财政支出的最易引发舆论关注。

在涉公共财政的领域中，"三公消费"、官员贪污公款、官员个人资产、投资造成巨额亏损、政府采购违规、政府国企福利待遇等话题，往往是舆情高发区。

"三公消费"指政府部门人员因公出国（境）经费、公务车购置及运行费、公务招待费产生的消费。越来越庞大的"三公消费"支出引发民众的不满，损害了政府的形象，是当前行政管理领域亟待解决的问题之一。"三公消费"的不透明成为社会矛盾之一，由此导致的公款吃喝、财政浪费和腐败行为引起舆论的极大非议。

河南省沈丘县公安局民警餐馆吃饭赊账3万余元，十多年时间不予偿还。2014年12月，餐馆老板赵明东一气之下将沈丘县公安局告上法庭。

2015年4月13日，沈丘县人民法院做出判决：责令沈丘县公安局十日内偿还原告赵明东33250元，并支付相应的利息。但在判决下达3个月后，沈丘县公安局依旧没有偿还欠款。后该事件经媒体曝光，当地警方7月6日回应，已履行法律判决，在媒体的见证下于5日已将欠款偿还当事餐馆老板。

该新闻由中新网曝出，经人民网、央视网等多家媒体转载，因涉及公务消费而受到广大网友关注。餐馆老板历经十年讨债，最终用诉诸法律和媒体曝光的途径讨回了欠款。然而，这种拖欠公务消费款的情况并非个例。

前几年，违规公款吃喝由明转暗，花样翻新，少数领导干部把中央禁令当"耳旁风"，有的还费尽心思、想尽歪招，试图逃避监督。

吉林省原副省长谷春立半年时间接受公款宴请次数达三四十次之多，中石化原总经理王天普公款宴请同学，喝了8瓶茅台酒、7瓶红酒，一顿饭就消费了4万多元，天津市医药集团原党委书记、董事长张建津，把年份茅台酒装进矿泉水瓶，吃1米长的鳄鱼尾……电视专题片《永远在路上》里这些公款吃喝、铺张浪费的镜头十分打眼，由此衍生、引发或隐藏的腐败问题更为公众所痛恨。

当然，从中纪委通报情况和数据分析看，公款吃喝现象已得到有效遏制。这说明，随着全国纪检监察系统查处公款吃喝越来越严，成效逐渐显现。

在涉公共财政领域中，"官员贪腐"和"官员巨额财产"也是舆情领域的热搜词，相关事件一旦走进公众视野，瞬间就会发酵升温。

2014年11月12日，新华社以《河北强力惩治腐败：10个月立案14808起查处县处级以上干部238人》为题，报道了河北省纪检监察机关的反腐情况，其中提到"某市一涉嫌受贿、贪污、挪用公款的官员家中搜出现金上亿元，黄金37公斤，房产手续68套"。文中的"官员"是河北秦皇岛市北戴河区供水总公司原党委书记总经理马某，官方定性其为"小官巨贪"。秦皇岛市人民检察院指控：被告人马某于 1998 年至 2014 年 2 月，利用职务之便，索取或非法收受他人给予的财物，折合人民币共计 8273 万元；通过虚开发票、虚列支出、收入不入账等手段非法占有公共财物，共计人民币 2407 万元；个人决定挪用本单位公款人民币 500 万元给他人使用，谋取个人利益；同时，被告人马某对折合人民币 7196 万元的财产不能说明来源；等等。马某"小官巨贪"案被媒体曝光后，迅速引爆舆论。2014 年 12 月 2 日，中国青年报中青舆情监测室发布 2014 年 11 月"中青月度舆情指数"（总第 17 期），数据显示，河北省纪委通报的秦皇岛市北戴河区供水总公司原党委书记、总经理马某案件，因"小官巨贪"，击垮当月所有的厅官落马案件，成为互联网舆论场谴责和争议的焦点。

2020 年 5 月 11 日，杭州市临安区人民法院公开宣判一起"小官巨贪"的典型案件，这是该区当时查处的涉案金额最大的职务犯罪案件。被告人临安区审计局行政事业审计科原科长杨某利用职务便利，犯受贿罪，非法收受他人巨额财物 1130 余万元，被判处有期徒刑十一年，并处罚金 100 万元，没收全部涉案赃款。此起"小官巨贪"案件暴露出的制度问题值得深思，处于关键岗位的干部，要实行定期轮岗，同时对自由裁量权要加强监督和制衡。此类话题又一次引起了网络热议。

【案例】彬州被举报欠 850 万吃喝款

事件概况

2019 年 5 月，媒体曝光了一份河北省邢台市人民政府国有资产监督管理委员会《关于彬县县委县政府违反中央八项规定违规接待长期拖欠彬州花园酒店巨额招待费的举报信》。举报信称，2013 年初至 2018 年 2 月，陕西省彬州市委市政府拖欠其下属酒店850多万元,据查部分是政府超标接待所积累形成的账款。公开资料显示,彬州国际花园酒店由邢台市政府国有资产监督管理委员会下属企业河北中达集团下属公司投资。

6月22日,中央纪委国家监委网站微信公众号发表了一篇很"皮"的文章,评论"政府拖欠800万吃喝款被跨省举报"事件。文章表示,某些党员干部,把自己的身份当支付宝,吃饭住宿扫一扫,霸王餐吃得很"六",以为只要有点权力,全天下都得给他签单消费。这恐怖的特权思想,得治。还个饭钱,还要靠纪委监委左督促右督促,这种"公家老赖",丢人!

舆情处置

2019年6月19日,中共陕西省纪律检查委员会、陕西省监察委员会通过"秦风网"发布《关于"河北邢台国资委举报陕西彬州市委市政府拖欠其下属企业吃喝款850万元"问题核查进展情况》。这份《情况》披露了三个细节:

第一,彬州方面确实拖欠了近900万招待费。陕西省纪委监委通报,从2012年1月至2018年2月,彬州市委市政府及43个市级部门共拖欠彬州国际花园酒店893.9727万元接待费。

第二,相关欠款已分两次结清。2018年4月和5月,陕西省纪委收到有关问题反映后,督促彬州市结清欠款210.3605万元。

第三,部分招待违反八项规定,将追责。上述893万接待费主要用于招商引资商务接待、各类会议、一般公务接待等,但其中部分接待存在违反中央八项规定精神问题。陕西省纪委监委正在逐笔逐项进行深入核查,待核查结束后,将对有关违纪问题作出严肃处理。

舆情点评

笔者认为,这是一个很"魔性"的舆情案例。白条吃喝上了"瘾",这是"作风病"。有个细节值得一提，举报信指出，近900万元欠款是时任彬县县委书记在历任该县常务副县长、县长、书记期间，违规招待、恶意拖欠所造成的，指责其"丧失党性原则"。对此显然该一查到底。在全党贯彻落实中央八项规定精神，全面从严治党向纵深发展的当下，容不下这种公款大吃大喝还赖账不还的乱象。

第二节 涉公权力

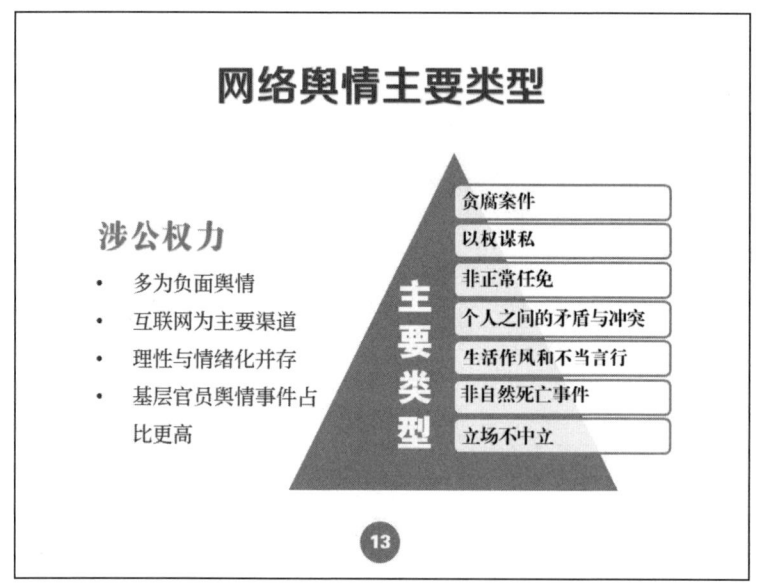

官员和公权力始终是舆论关注的焦点。因此有人说,被聚光灯照射的公职人员,是舆论场的焦点。与公权力相关的公职人员炫富、公职人员权钱交易、公职人员的生活作风腐化、公职人员言行失当或者不作为、乱作为等引发的舆情,一直占据较高的比例。

近年来,随着媒介技术的发展,舆情事件频发,其关注度也进一步提高。众多官员的言行在网络被曝光,成为热点网络舆情事件。这些事件数量众多,性质各异,关注热度不一,但仔细梳理一番,还是可以总结出其基本类型、特点和趋势,进而窥见官员执政乃至政府自身建设的得与失。

一、涉官员和公权力舆情事件的主要特点

第一，官员舆情事件大部分为负面舆情。随着媒体监督职能的加强和公众舆论监督意识的提高，社会对官员不正当履行职能的问题高度敏感，对其负面言行广泛关注，并对被媒体和网民曝光的事件保持高度关注。众多官员负面信息被曝光后，皆受到调查或问责，这也进一步激励了媒体和网民的监督积极性。

第二，网络成为官员舆情事件曝光和传播的主力渠道。众多官员舆情事件先由网络曝光并发酵，再引起传统媒体介入，如江苏溧阳卫生局局长微博约情人开房被围观、浙江三门县药监局局长儿媳"微博炫富"引网友质疑、"严书记"因其女儿事件被网络曝光等。过去，很多官员舆情事件由传统媒体率先报道，但现在，这类新闻被网络媒体和微博、微信、论坛等网络互动平台广泛传播，引起网民热议，随后传统媒体进行深入报道，推动舆情发展。[①]

第三，网民对官员舆情事件的解读理性和情绪化并存。随着社交媒体的发展和普及，人人皆可对舆情事件进行评价和热议，社会多元群体的声音混杂在网络中，网络意见理性和情绪化并存。总体来看，意见领袖、媒体评论员、专家学者及部分网民对官员舆情事件的解读较为理性，能够从主客观原因、对策建议、事件警示意义等多个角度进行客观分析，而部分网民，特别是自媒体平台的部分网民对官员舆情事件的解读较为情绪化，对整个官员群体乃至政府机关充满了不信任。

第四，基层官员舆情事件成为官员舆情热点。新华网舆情监测分析中心曾对此做过专题研究统计，[②] 在100件官员舆情事件中，部委级别官员舆

---

① 李妍. 微博反腐 理性回归与顶层设计 [J]. 中国经济周刊，2012（48）：24-33.
② 新华网舆情监测分析中心. 追踪与剖析：网络舆情管理60例 [M]. 北京：电子工业出版社，2015.

情事件有 5 件，省、自治区、直辖市官员舆情事件有 9 件，地级市、州级官员舆情事件有 25 件，县、县级市官员舆情事件有 42 件，区、乡、镇官员舆情事件有 19 件。涉及县级市、县、区、乡、镇几级基层官员的舆情事件总和占到所有统计官员舆情事件的 61%。

二、涉官员和公权力舆情事件的主要类型

对近年来的典型官员舆情事件进行分析，发现主要有以下七个类型。

第一，部分特殊官员贪腐案件引网民关注。值得一提的是，由于众多率先从网络暴露出来的官员贪腐案件被成功立案调查，网民的网络反腐热情受到鼓舞，对官员及亲属财富状况高度敏感，发生了一系列质疑事件，如局长儿媳"炫富"事件、副县长女儿"炫富"事件等。

第二，隐蔽性较强的官员以权谋私案件被曝光后引热议。这类案件的主要特点是隐蔽性较强，要么已存在较长时间，其监督失灵的状况令人惊愕，要么当事人以权谋私操作隐蔽，不容易被人察觉。

第三，官员非正常任免事件引起舆论质疑。近年来，各类非正常升迁事件和被问责官员复出事件受到舆论广泛关注。

第四，官员之间的矛盾和冲突事件受关注。部分网民对官员之间的监督、反对等表示支持，认为这有助于促进决策民主、推动反腐倡廉；但也有网民对这背后反映出来的决策"一言堂"、体制内正常监督缺失、政治生态不良等状况感到担忧。

第五，官员个人生活作风和"雷人雷语"受到关注。官员作为治理一方的国家工作人员，不管是国家还是公众皆对其品行、道德、个人文化素养抱有极高的期望。当一些官员在回应公众质疑时发表不当言论，如吉林一局长口出"老百姓想要公平是臭不要脸"、云南赌博官员称赌博"是陪单位女同胞安全渡过更年期"，甚至某校长在公开场合念出错别字等，都会引发极度关注。

第六，官员自杀事件引起舆论关注。近年来官员自杀事件中，一些自杀方式特别和自杀原因涉及腐败嫌疑的事件，更容易引起舆论的质疑。

第七，政府部门或官员个人在公共问题上立场不中立也会引发舆情。在网民情绪对立的胶着状态中，一根稻草就可能引发天平向另一侧倾斜。如果政府部门或官员个人发表明显有倾向性的观点和意见，则可能造成舆论场出现大量争议。

例如，某市公安在微博发布与"山东辱母案"相关的不当言论，就属于典型的公共问题立场不中立。2017年初，"山东辱母案"引起广泛关注，网友和媒体纷纷谴责"警察失职""判案不公"。某市公安官微发表"情感归情感，法律归法律，这是正道！"的微博。该微博引起网友争议后，某市公安官微又发微博称："世事多奇葩，毛驴对大巴。毛驴：不服来战！大巴：容你战我千百回，受伤的驴总是你啊！"同时配发一张"毛驴撞大巴"的图片，大家都看得出来这是在暗讽网友是驴。后来，某市公安回应称：这两条微博没有任何含义，不代表单位的任何观点，是值班人员未经请示的个人行为，且值班人员也并非民警，而发布的初衷应该是希望大家理智地去看待这个事件。该工作人员还表示：希望大家把关注的目光回到案子上，虽然杀人者情有可原，但他毕竟已经违反法律，法律考量的主要标准是后果。希望大家继续关注这个案件本身。但是，客观来看，既然发微博的是"值班人员"而非"黑客"，无论其身份究竟是"民警"还是"临时工"，都是该单位安排他处理官微事项的，所发微博无疑"代表某市公安的观点"，怎么可能只是"个人行为"，又怎么可能"没有任何意义""不代表某市公安的任何观点"？网友质疑：如果所发微博真的"没有任何意义"，只是"驴说八道"，为什么又要说"发布者的初衷应该是希望大家理智地去看待这个事件"呢？这不是在强调其"有意义"吗？如此自相矛盾，岂不是"驴唇不对马嘴"？至于说"希望大家把关注的目光回到案子上，虽然杀人者情有可原，但他毕竟已经违反法律，法律考量的主要标准是后果"，这分明是代表某市公安表明立场，而这立场显然又与"情感归情感，法律归法律，这是正道！"的立场一致，如此看来，所发微博并非"未经请示的个人行为"，而是"商量好的集体行为"；更不是"不代表某市公安的任何观点"，而是正好"代表某市公安的官方立场"。

针对某市公安微博的这一不当行为，人民日报官方微博发表文章《人民微评：别把官微当成个人菜园子》，文章指出，官微不是某个人的菜园子，想种什么菜就种什么菜，想施什么"肥"就施什么"肥"。面对舆论关切，不能不说话，更不能乱说话。不说话就是尸位素餐，乱说话则会添乱。当前，越来越多机构开通了微博微信，守住权力边界，按捺住个体冲动，才能少生事端。国务院新闻办原主任赵启正同志在接受媒体采访时点评了某市公安"毛驴怼大巴"事件，他说："政府的公共微博、微信公众号，都是政府发言人的表达渠道，是严肃的、认真的、负责的。忽视乃至嘲弄、顶撞公众意见，也就是所谓的互怼，绝不妥当。有道理就讲道理，'怼'不仅不能引导民意，反而会挑动公众情绪。"

未来，涉及官员和公权力的舆情事件仍可能会出现。这主要有两个方面的原因：第一，在行政管理、人事管理、官员选拔任命、官员监督等方面的制度建设有待完善的情况下，涉及官员的舆情事件将逐渐增多；第二，随着移动互联网的发展和自媒体的崛起，官员舆情事件被曝光数量可能逐渐增多。从硬件层面看，各种移动终端，如智能手机、平板电脑等不断升级和普及，提高了个人上网的便捷性；从软件层面看，随着各种社交媒体平台的崛起，特别是随着微博、微信等社交平台的广泛普及，舆情传播的空间进一步增大。

面对公权力引发的舆情事件，各级领导干部应注意以下两点：第一，鼓励领导干部使用各类自媒体，利用各类平台接收新鲜资讯，特别要经常接触社交媒体，更好地了解社情民意；第二，领导干部需要谨慎"加V"认证，尽管领导干部应该在公共场合敢于讲话、敢于面对话筒、敢于面对镜头，但是要保证每一句话都应做到真实负责、掷地有声，避免"因言惹祸"。在广大网友心中，领导干部的政策水平、文化程度、道德标准等方方面面，都应该保持高水准，不能犯任何错误。但事实上，官员的口才再好，也有词不达意的时候，因此"加 V"需谨慎。

【案例】"某市高院法官夜总会娱乐"事件

事件概况

2013 年 8 月 1 日，有网友通过微博公布一段视频，举报某市高院赵某、陈某等法官接受吃请、去夜总会娱乐，并集体招嫖。

爆料者称，发布视频是由于他认为一起涉及自己的合同纠纷案有人为因素干预，未得到公正判决，干预判案者为视频中的法官之一赵某。6 月 9 日，他在赵某等人去某度假村娱乐时，拍到了部分视频。为获得清晰的监控视频，6 月 13 日，他以自己在度假村消费时丢失物品为由，调取相关监控录像。他还称，为取得赵某违纪的相关证据，他已经持续一年，运用各种方式，掌握了一系列视频资料，在度假村拍摄的视频只是其中之一。

事件被曝光后，媒体高度关注，涉事法官的职务、某市高院和纪委的回应及调查情况、事发地为"机关定点饭店"的性质、爆料人的安全、涉事法官是否有职务犯罪等均成为媒体关注的焦点。例如，8 月 3 日，《京华时报》报道称，视频发出后，爆料人接到威胁电话"小心一点"。央视网报道称，事发酒店悬挂"党政机关出差（会议）定点饭店"铭牌，号称"某市人民政府的重要接待基地"。《南京晨报》报道称，经爆料者调查，法官赵某在某市共有 4 套房产。

如何有效处置网络舆情

舆情处置

8月2日,某市高院的工作人员向《南方都市报》记者否认"集体招嫖",引发一定的负面报道,但某市高院和纪委当天正式发微博回应,使舆情危机形势并未恶化。

8月2日当晚,某市市委召开专题会议,市委主要领导要求立即成立联合调查组,迅速查清事实,依纪依法严肃查处、严惩不贷,坚决惩处干部队伍中的腐败分子,相关调查和处理结果要向社会公开。由市纪委牵头,会同市高院相关部门组成联合调查组,开展调查取证工作。

某市纪委官方微博发布消息称:纪委看到网民举报信息后,立即会同市高级人民法院党组,对事件情况开展调查,将根据查清的事实依纪依法进行处理并向社会公布结果。

8月3日,爆料者倪某向某市纪委提交了6月9日涉事法官吃请和其拥有的住房等没有经过剪辑的视频。

8月5日,某市纪委针对此事发表"微评"称,事件令法律失去尊严、司法蒙羞、正义受损。

8月6日,某市纪委、某市高院通报事件调查结果:6月9日,市高院民一庭副庭长赵某等5人接受某公司综合管理部副总经理郭某邀请,前往某农家饭店就餐。晚餐后,前往夜总会包房娱乐。当晚,赵某等4人参与嫖娼活动。依照相关法纪规定,决定对涉事的3人开除党籍、提请开除公职;1人留党察看、提请撤职。责令度假村停业整顿。

8月7日,某市市委书记在全市法院系统领导干部大会强调,要深刻认识这起案件极其严重的性质和极为恶劣的影响,依法依纪、从重从严惩处,一追到底,绝不手软,坚决清除腐败分子。

根据《中华人民共和国治安管理处罚法》,对赵某等4名法官做出行政拘留10天的行政处罚。

8月7日，某市举行全市法院系统领导干部大会，通报事件处理情况。

最高人民法院发出《关于某市高级人民法院赵某、陈某等法官违纪违法案件的情况通报》，要求各级人民法院整顿作风，严肃纪律，坚决清除队伍中的腐败分子和害群之马，坚决防止类似事件再次发生。

舆情点评

本次舆情事件属于有违法情节类事件，引起网民关注的原因主要有：第一，法官作为法律的执行者，集体嫖娼的行为严重冲击了网民对法官形象的既有认知，引起网民震惊；第二，举报材料为视频影像，具有较强的传播力，引发网民大量转载和热议；第三，"集体嫖娼"折射出一定的整体环境，比单人行为的负面影响更大。

从舆情观点的层面看，媒体评论员大多谴责法官的堕落行为，要求严查。微博出现多种声音，有网民为中国司法环境及法官的作风感到失望，有网民认为爆料者跟踪偷拍视频的行为涉嫌侵犯公民的个人隐私。

从舆情处置的层面看，某市高院工作人员在接受南都记者采访时矢口否认，造成了一定的负面影响，但某市高院、纪委及时发布微博做出正式回应，表示将展开调查，使这种负面影响得到遏制。总体上看，本次舆情事件损害了法官的公信力，相关部门须为重塑法官群体正面形象付出努力。

相关部门应认真研究爆料人跟踪偷拍的行为是否合法的问题，并提出相应对策，避免这种偷拍风气日盛，对公民隐私权造成伤害。此外，相关部门需畅通正规的举报渠道，并对举报人给予及时的反馈。

第三节 涉人事任免

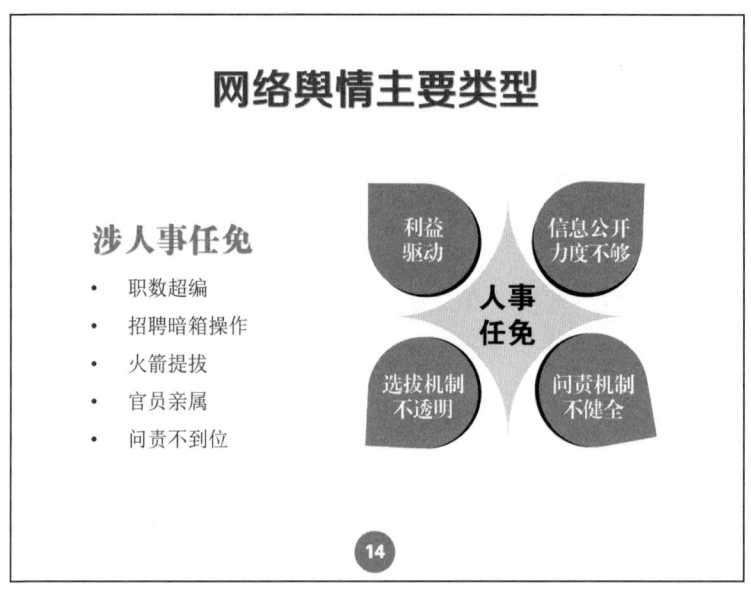

从传播的角度来看,干部任免这个领域十分敏感,但越是敏感,越容易拨动网友的心弦。某网站的"人事"频道并没在重要位置展示,然而该频道的流量却一直稳居全网所有频道流量排名前五,足以说明网民对干部任免有极高的关注度。领导干部职数超编、招聘暗箱操作、火箭提拔、"官二代、三代"、问责不到位等,这些问题很容易受到舆论的关注,其中年轻干部破格提拔更甚。近年来,年轻干部担任要职的信息引发了诸多的舆情。23岁的王某被任命为某县级市国有资产管理局副局长、25岁的孙某某出任共青团某地级市委副书记、28岁的张某出任共青团省委副书记等任用信息一经公布,就在网络上引起轩然大波,造成了消极的社会影响。如果政府有效处置网络舆情中反映的信息需求并做出回应,就可以把控事态发展的主动权。但多数情况下,相关事件的负责人及部门多采取回避的态度,拒绝或消极回应公众的质疑和信息需求,使其代表的部门及政府机构处于媒体和公众口诛笔伐的不利地位。选拔和任用干部,自然应该有一套公开、严格的程序,程序如果都不能保证公平,那么结果公平更无从谈起。因此,掌握网络舆情的特点和处理技巧,有利于包括干部任用信息在内的政务公开,也是创新社会管理的基础工作之一。

年轻干部之所以更易引起争议,主要是因为三种情况。

一是"透明"因素。随着干部任免公示制度的实行,越来越多的年轻干部通过公示渠道进入公众视野。由于公众对干部任免的新鲜感和好奇心,年轻干部任免很自然地会成为公众热议和争议的焦点,这有利于对干部选拔任用的舆论监督。不过,也有个别干部因为年龄造假而被推上风口浪尖。一个有趣的案例是"云南80后白发干部事件"。2018年11月,在云南省楚雄州委组织部发布的干部任前公示照片里,一位"80"后基层干部——楚雄州大姚县湾碧乡党委书记李忠凯因长得"太不80后"在网上走红。李忠凯的白发引起众多网友对其公示年龄的质疑,部分网友认为李忠凯同志的照片和年龄差距较大,质疑其年龄造假。当地政府发现此次舆情后,高度重视,迅速介入调查,核实了该名干部的人事档案和身份证、结婚证等有关资料,在第一时间公之于众,既还了干部一个清白,也给了群众一个明白,成功化解了一次潜在的舆情危机。此后,媒体也紧密跟进,多方调查采访,发现不仅李忠凯如此,他所在乡的乡长比他还小几岁,鬓角也已泛白。据李忠凯本人解释,可能是因为基层工作作息不规律,经查熬夜加班导致的白发和肥胖。媒体呼吁,舆论要多关注基层工作,关注基层干部的工作生活状态。《中国纪检监察报》也发文"华发虽早生,幸不负青春"。文章写道:"早生华发,素来是件伤感的事。而云南楚雄80后干部李忠凯却因为一头白发意外走红了。他'圈粉'的过程很有意思：任前公示照片上的面容与简历年龄出入太大，触动了社会公众对干部年龄的敏感神经，而官方及时澄清——干部年龄没错，头发是被工作'苦白的'，则让网友的心一下子软了。基层干部的工作生活状态，就这样以一种生动、具象的形式呈现在公众眼前。"

二是"出格"因素。在干部任免的实践中，虽然强调要"不拘一格降人才"，但是"不拘一格降人才"并不是没有"格"，更不是为了"破格"而任意"出格"，否则自然受到舆论质疑。现实生活中，确实存在个别年轻干部任免"出格"的问题。2012年4月18日，湖南省湘潭市岳塘区公示干部任职，其中一名1991年出生的女性被任命为区发展改革局副局长，上派至国家发改委办公厅跟班学习。该女性干部的任免情况在网上公示后，引起了网友的争议。之后，事实证明该官员任免是"出格"的，并被取消了任免资格。

三是"偏见"因素，这主要是针对年轻女干部。长期以来，国家一再强调男女之间一律平等，但不可否认，在干部选拔任用中，对女干部的选拔任用，尤其是对年轻女性干部的选拔任用，社会上还是存在一些人为偏见。在一些偏见的作用之下，"年龄过轻"往往成为公众质疑的理由，潜规则、违规提拔、家世背景等揣测不断。在这种偏见造成的舆论影响下，个别地方在正常的年轻女干部任免问题上也开始犹豫、担心，这势必导致那些真正优秀的年轻女干部难以脱颖而出。

当然，我们没必要把年轻官员更易引发争议的现实舆情当作坏事。因为无论是热议还是争议，都有利于对干部选拔任用的监督。实践证明，只有通过热议和争议，才能更好地发现年轻有为的干部，也能及时发现违规提拔年轻官员的问题。因此，各级党委组织部门要按照德才兼备的原则把好选拔任用关，保证选拔任用的年轻官员能经得起公众的热议和争议；同时，公众也应该消除对年轻官员的偏见，克服对年轻官员尤其是女性年轻官员的偏见和不健康心理。只有这样，才能让更多年轻有为的官员脱颖而出，为干部队伍增添活力。

2021年1月，云南省委组织部发布省管干部任前公示公告，21人拟任新职，其中包括1982年10月出生、现任共青团云南省委副书记的女干部段颖拟任省直单位正厅级领导职务。媒体报道称，如果段颖通过任前公示，她将是全国最年轻的正厅级干部。此事经新闻媒体报道后，并未引发过多争议，网民对待段颖的提拔，大多是正面、支持的声音，还有网友明确表示"80后也已经30多岁，并不年轻了"。可见，只要履历足够让人信服，网友还是很赞同提拔年轻女干部的。

【案例】某县提拔27岁副县长

事件概况

2013年3月21日，网友发帖爆料，1985年出生的某县政府党组成员、副县长徐某在2007年考取选调生后，工作5年历经9个职务，从正科级升至副县级仅用一年半的时间，27岁就当上了副县长，堪称"火箭提拔"。同时，徐某在担任公职期间，还在某大学脱产读研，而其父母均是当地官员。该网友怀疑其借家庭背景上位。上述爆料迅速引发舆论质疑。舆情监测平台数据显示，短短数日，新浪微博关于"火箭提拔副县长"相关话题阅读数就突破1亿，讨论数近30万，网民情绪绝大多数偏负面。有网友评论，一边全日制读书，一边在岗工作，为何还能提拔如此之快？还有网友调侃道，继某市"神女"之后，又出现了一位年轻的某市"神哥"。随后，有媒体披露，徐某在某县参加公选，却在某市被录用，这更加引起了舆论的质疑。对此，湖南省有关部门组成调查组进行了调查。

该市市委组织部研究室负责人对记者表示,对徐某的选拔程序没有问题。依据《公开选拔党政领导干部工作暂行规定》第十一条,"根据选拔职位对人才的需求和选拔优秀年轻干部的需要",可对报名人的任职资格适当放宽,"报上一级职位的,需在本级职位任满一年",而徐某报名时符合规定。徐某在选拔笔试、面试过程中,名次一直排在前列,"其平时的工作成绩也非常优秀"。徐某确实出生于干部家庭,但徐父退休前只在某区任职,怎么能影响到上一级别?不存在其家长对公选施加影响的情况。对于徐某被指"读全日制研究生"的情况,目前组织部门认定徐某的学历还是本科,至于其如何考取的研究生则不了解。对于考核方式,该负责人称,"组织部门有一套成熟的考核干部的方式方法"。经调查,湖南省有关部门对涉案的6名官员做出相应处理。某市市委常委会2013年5月7日研究决定,提名免去"火箭提拔"的徐某副县长职务,按有关法律规定办理,按科级职务重新安排工作。

媒体报道

新华社:湖南27岁副县长爆料人:背后有"深喉"指点

新华社:"破格"提拔干部信息更需公开

新华社:某市"27岁副县长"调查为何总不"见光"

新京报:湖南某市提拔27岁副县长疑暗箱操作内定人选

央广网:某市提拔27岁副县长遭质疑 省委组织部介入调查

人民网:谁能证明27岁副县长"非常优秀"?

第一财经日报:六问"27岁副县长"事件

中国江西网:27岁副县长提拔之路因何"云山雾绕"?

舆情点评

程序透明是防止此类舆情发生的前提。

从3月中旬网友微博发帖质疑副县长被"火箭提拔"到5月7日27岁副县长被提名免职，客观地说，此事件处理给了广大民众一个比较满意的答复，虽然不算完美，但还是有可贵之处。

湖南省有关部门听取了民意。信息时代，对于热点事件，有人发现事实，有人寻找法律，有人展开论证。干部选拔，最重要的是程序透明。要让人们信任年轻干部，关键是要信任干部选拔机制。

第四节　涉司法诉讼

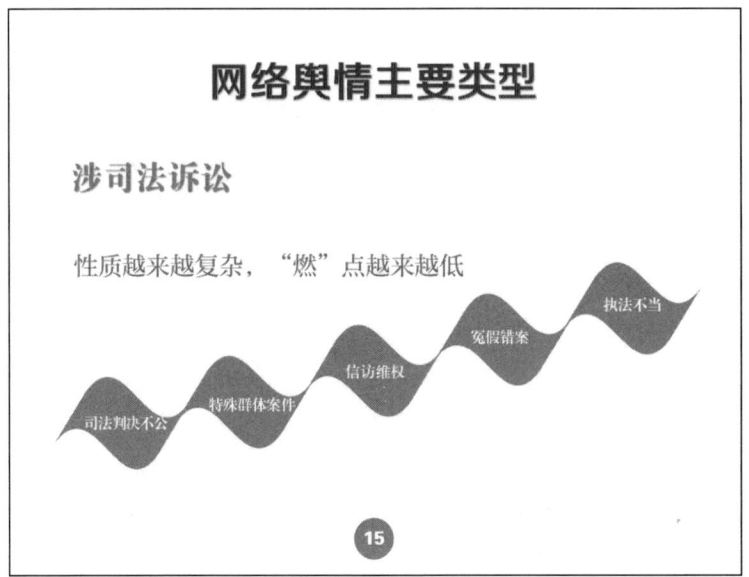

　　司法诉讼、司法判决不公，特殊群体案件，信访维权，冤假错案，执法不当等司法舆情，容易成为热点。近年来，一批涉及司法诉讼的事件在网上曝光，引发舆论对司法公正和司法改革的讨论。在此背景下，司法机关也被推到舆论的风口浪尖。面对不断出现的司法舆情，司法部门如何做好处置和引导是当前司法工作的重要课题。

　　自媒体时代，舆论与法治发展的关系越来越紧密，一些重要的案件因为网络曝光往往容易成为舆论关注的焦点。互联网技术的创新和自媒体的发展，大大提升了公众参与司法监督的便利性；互联网用户大多使用虚拟的网名，隐去了真实身份，保证了公众实名举报的安全性；而公众个体意识的不断强化，使公众参与司法监督的积极性增强。目前，暗箱操作、司法腐败等现象成为公众司法监督的核心区域，特别是涉及重大事故的司法案件和冤假错案，一旦曝光上网，形成的舆情风暴是难以抵挡的。这就要求司法部门能够做好司法舆情预警，提高司法舆情风险防范能力。

随着法治建设持续发展，舆论与司法之间的关系越来越紧密。现实中，民众对司法腐败深恶痛绝，对公权力不当介入的担心，对弱势群体普遍同情，"公众意见"对具体案件的办理形成了强大的舆论压力，以至常常产生"舆论审判"的局面。药家鑫案、李天一案、大学投毒案等案件都曾因网上曝光而引发全民热议。因此，司法部门在审判重大案件时，应提前了解和掌握舆论背后的民意走向，在民意和司法独立中寻求司法审判公平，避免不必要的司法舆情危机。

目前，司法舆情的性质越来越复杂，燃点越来越低，一旦司法部门处置不当，或不及时，舆论就可能干扰司法部门正常工作，影响正常的司法审判结果，甚至破坏司法公信力。司法事件通过新闻媒体或自媒体披露演化为网络舆情后，既能给司法带来一系列正面影响，也会带来负面影响。正确处置网络舆情、消除网络舆情给司法带来的负面影响已经成为司法机关面临的重要任务之一。这就要求司法部门依法行事，慎重出手，在充分认识网络舆情的基础上对症下药，回应群众需求和呼声，平息质疑，引导、凝聚社会共识，不断提升司法公信力。

如何有效处置网络舆情

【案例】"张玉环杀人案" 26 年后再审改判无罪

事件概述

2020 年 8 月 4 日,江西省高级人民法院依法对原审被告人张玉环 26 年前故意杀人再审一案进行公开宣判,撤销原审裁判,宣告张玉环无罪。宣判后,江西省高级人民法院有关负责人代表该院向张玉环赔礼道歉,并告知其有申请国家赔偿的权利。

媒体报道后,张玉环案引发舆论高度关注。截至 2020 年 8 月 7 日,微博话题"张玉环杀人案 26 年后再审改判无罪"阅读量高达 9 亿,讨论量达 5 万;"张玉环改判无罪后和前妻相见"阅读量达 3.6 亿,讨论量达 1.7 万。舆情监测数据显示,2020 年 8 月 3 日 0 时至 2020 年 8 月 7 日 15 时,江西高院宣告张玉环无罪的相关信息全面覆盖了互联网新闻、微博和视频等多类型站点。在上述监测时间范围内,网上共计发布相关信息 11957 篇,其中新闻类信息共 3120 篇、微博 3624 篇、微信 3226 篇,其他平台 1987 篇。

媒体报道

人民日报官方微博发文称,张玉环案代理律师表示,将帮助其申请约 700 万国家赔偿。再多的赔偿,都无法换回"丢失"的 26 年。但是,以国家名义赔偿,不仅是恢复正义的必要一环,也是对张玉环的慰藉。有权必有责,用权受监督,把每一项司法权力都关进制度的笼子里,更有力地减少冤假错案,才能让正义温润人心,塑造公民的法治信仰。

新华社发表文章《希望悲剧不再重演——张玉环案留下的警示》,文章认为,从一审到 2019 年决定再审并最终在 2020 年得以改判,张玉环案前后历时近 27 年。张玉环说,法律最终还了自己清白,但是否能更早、更快一些?相关部门做好国家赔偿的同时,更应尽早启动追责程序,查补漏洞,推动疑罪从无、证据裁判等依法办案理念得到贯彻执行。

《现代快报》刊发评论员曹玉兵的文章,评论指出,如果说此前舆论呼吁对造成冤案的相关人员进行追责,是司法正义拼图上的一块,那么追查真凶同样不可或缺。是否追责,至今未得到明确回应,这不是司法机关应有的态度。一起牵涉两条人命的杀人案,不该被"屏蔽"。

光明网发表法律学者欧阳晨雨的文章,其中写道,未经反思的冤案,不能称之为正义。张玉环杀童案改判无罪,是近年来冤案平反的一个缩影,为惩前毖后、牢记教训,亟须来一次回炉检视,修正偏差、挖根除弊,让司法正义伴随每个公民。

舆论观点

张玉环案引发舆论关注后,与其他热点事件一样,难逃"舆论狂欢"魔咒。当舆论从一开始的唏嘘感慨逐渐转向各类讨论,一些"蹭热度""博眼球"的不和谐的声音使舆论场变得复杂,引发舆论失焦。张玉环的家人,一个接着一个被无数媒体聚焦、送上了热搜。"中国好前妻"宋小女刷屏,引发舆论失焦,至于造成张玉环"冤案"的原因,却没人关注,即使提了,也是一笔带过。从相关媒体报道和自媒体文章发布的信息来看,张玉环前妻宋小女曾一度成为事件主角。8月5日,此前各大媒体对前妻宋小女的聚焦在网络上引发争议,张玉环被判刑后,宋小女改嫁,儿子19年从未探监。而自从张玉环被改判后,满屏都是对这位前妻的报道。某报文章《宋小女:最终没能等到期待中的那个拥抱,内心有点委屈》,称这是一段感人至深的冤案期间的爱情。"1993年那场变故之前,宋小女一直都被宠爱着。"宋小女接受媒体采访时,也不止一次说"我以前好幸福"。在某媒体的报道中,有这么一段话:"宋小女向现任丈夫道歉:'以前不分场合经常把你错叫成张玉环,让你受了很多委屈。你说只有张玉环回来了,我宋小女才会放

如何有效处置网络舆情

下担子,才会做一个(完整的)人。'"

舆情点评

舆论的力量可以彰显正义,也可能带偏导向。在"张玉环杀人案改判无罪"的整个事件过程中,前期媒体自然而然地将关注点聚焦在张玉环及其家人身上。然而在铺天盖地的感动和赞美中,张玉环和他的冤案本身,以及当时被杀的两个儿童的家庭似乎被忽略。悲情文章的渲染十分吸引眼球,但也可能带来舆论导向的偏离。在媒体对张玉环冤案众多推动者的细节进行报道的同时,揣测"申冤动机",抨击"宋小女高调",质疑张玉环"嫌疑仍在",甚至"张玉环不亏"等怪论充斥网络平台,引发舆论狂欢。这种舆论失焦不仅冲淡了涉法涉诉事件本身的严肃性,也带偏了舆论导向。

舆情纠偏要依靠主流媒体的力量。本次事件中,人民日报、新华社、光明网等主流媒体在舆论短暂失焦后及时引领报道方向,开始讨论追责和程序正义等问题,将一度陷入悲情的情绪化舆论及时拉回正轨。在整个事件的报道中,主流媒体聚焦事件核心,即案件本身的真相。对事件真相的追踪、对冤假错案的反思以及对司法公正的呼吁,是涉法涉诉类事件舆论引导的正确导向。

第五节　涉社会安全

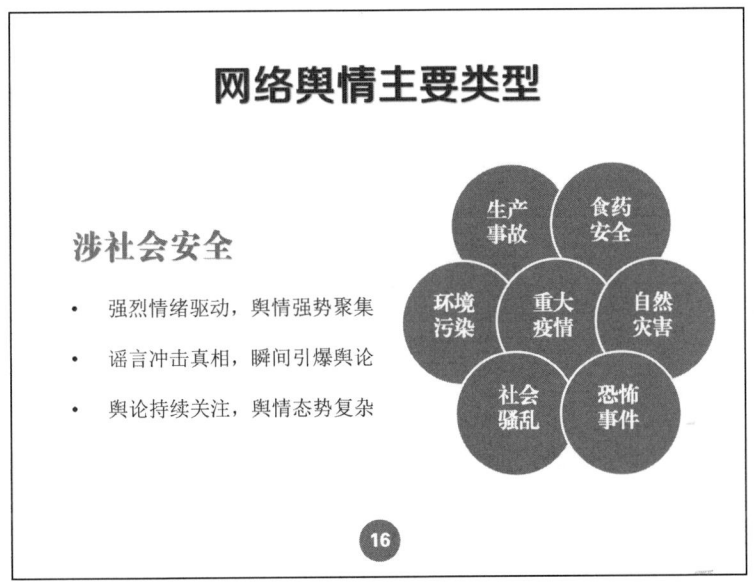

党的十九大报告强调，中国特色社会主义进入新时代，我国社会主要矛盾已经转化为人民日益增长的美好生活需要和不平衡不充分的发展之间的矛盾。我国稳定解决了十几亿人的温饱问题，总体上实现了小康，不久将全面建成小康社会，人民美好生活需要日益广泛，不仅对物质文化生活提出了更高要求，而且在民主、法治、公平、正义、安全、环境等方面的要求日益增长。2021年7月1日，习近平总书记在庆祝中国共产党成立100周年大会上代表党和人民庄严宣告，经过全党全国各族人民持续奋斗，我们实现了第一个百年奋斗目标，在中华大地上全面建成了小康社会，历史性地解决了绝对贫困问题，正在意气风发向着全面建成社会主义现代化强国的第二个百年奋斗目标迈进。

统筹发展和安全，增强忧患意识，做到居安思危，是我们党治国理政的一个重大原则。必须坚持国家利益至上，以人民安全为宗旨，以政治安全为根本，统筹外部安全和内部安全、国土安全和国民安全、传统安全和非传统安全、自身安全和共同安全，完善国家安全制度体系，加强国家安全能力建设，坚决维护国家主权、安全、发展利益。

保障和改善民生要抓住人民最关心最直接最现实的利益问题，既尽力而为，又量力而行，一件事情接着一件事情办，一年接着一年干。坚持人人尽责、人人享有，坚守底线、突出重点、完善制度、引导预期，完善公共服务体系，保障群众基本生活，不断满足人民日益增长的美好生活需要，不断促进社会公平正义，形成有效的社会治理、良好的社会秩序，使人民获得感、幸福感、安全感更加充实、更有保障、更可持续。[①]

现实生活中，凡是涉及社会安全，如生产事故、食品质量、环境污染、重大疫情、自然灾害、社会骚乱、恐怖事件等，这些都容易爆发成为舆情热点。

由于社会安全事件牵涉面广、破坏性大，往往导致舆论火速聚焦，在传播演变过程中具有以下三个特征。

第一，强烈情绪驱动，舆情强势聚集。社会安全事件通常造成较大安全威胁或破坏，公众情绪带有强烈的负面倾向，并在整个舆情发展过程中起到关键推动作用。大量网民在强烈的愤怒和"正义感"驱使下，通常会发出许多极端的网络言论。在负面情绪的强势催动下，舆情热度迅速攀升触顶。

社会安全事件上升为热点舆情需要一个集聚的过程，而网络平台开放、

---

① 习近平. 决胜全面建成小康社会 夺取新时代中国特色社会主义伟大胜利[M]. 北京: 人民出版社，2018.

包容、互动性强的特性,给网民和网络媒体信息快速传播提供了可能。在集群式的信息交流后,网民自发将社会安全事件通过新媒体传播共享。而标签化的信息聚类,形成信息的新能量,网络媒体凭借其强大的技术、市场、受众,推动舆情发展的集聚效果一般更为强劲。

第二,谣言冲击真相,瞬间引爆舆论。社会安全事件触及公众的利益,容易引起网友广泛关注,从而使他们参与评论转发。此类事件发生后,公众第一反应就是追问"怎么回事""谁干的"。然而随着近年来新媒体技术的发展,传播环境发生巨大变化,加之在舆情应对过程中,相关部门未全面公开信息或者信息公开迟缓,网络谣言便有了可乘之机,呈现病毒式扩散态势。谣言和不实信息基本成为舆情事件的"标配",伴随着事件的发生、发展,甚至在官方通报调查结果之后,仍然没有被完全清除。究其原因,公众与政府之间信息的不对称为谣言滋生提供了空间。而当谣言盛行时,会发生"劣币驱逐良币效应",致使真实信息和官方调查结果被隐匿、受冲击。此外,谣言一旦成为主流人群的意识和观念,势必扰乱整个舆论场的视听,从而令有关部门陷入"越是官方通报,越是不被相信"的困境。而从舆情走势看,这种情况通常将舆论场中的愤怒、批评、指责、反思等种种负面情绪瞬间点燃,成为舆情陡然升温的关键因素,并对后续舆情态势产生了关键作用。

第三,舆论持续关注,舆情态势复杂。重大突发社会事件的发生往往令人猝不及防,这也决定了其在舆情发展过程中的不可控性。任何一则消息、一个进展可能都对舆情的走向产生影响,衍生出舆情风波。在舆情早期,某些片面的、未经证实的消息在网络疯传,致使舆论关注点一度失焦;随着事态的发展和新话题的出现,舆论矛头转向,舆情讨论热度高涨。在此过程中,不实信息、网络暴力、类案曝光等次生舆情通常会多次出现,在一定程度上增加了舆情态势的曲折性和复杂性。

如何有效处置网络舆情

【案例】某市高架桥侧翻事故

事件概况

2019年10月10日18时10分许,某市发生桥面侧翻事故。桥下共有3辆小车被压,其中一辆系停放车辆(无人),事故共造成3人死亡,2人受伤。经初步分析,上跨桥侧翻系运输车辆超载所致。

舆情分析

该事件发生后,引起广大民众强烈关注,舆情热度呈现爆发式增长。据大数据舆情监测系统显示,事件发生第二天,舆论达到高潮。在事件传播中,微博平台最为突出,成为该事件信息的主要传播载体。相关话题#无锡高架坍塌#迅速登顶微博热搜,话题阅读量高达32亿。讨论中提及频率较高的词语为"事故""超载""坍塌""平安""垮塌"等,网民观点主要集中在三个方面。

第一,政府回应滞后引网民调侃。事故发生后,市政府迟迟未对事故情况做任何通报,其新闻办官方微博却先后发了两条无关的信息,引发网友调侃:"是外包了吗?"

第二,对高架桥质量引发讨论。事发当日19时,有网友发布现场视频,并认为"豆腐渣工程害死人",引发网民对事故发生原因的议论。

第三,大量网民对遇难者祈福。事故发生后,出现大量"愿逝者安息""能活下来的都是福大命大啊""希望大家都平安"等的话语,为幸存者庆幸,为遇难者祈福。

媒体报道

第一，政府回应欠缺遭质疑。媒体认为，无锡官方信息发布明显滞后。事故发生后，无锡市政府迟迟未对事故情况做任何通报，其新闻办官方微博却先后发了两条无关博文，引发舆论质疑。随后，中央广播电视总台等多家媒体以"值班热线表示不知详情 市政府新闻办微博只字未提"为题对事件进行报道，再次点燃网民的负面情绪，导致舆情进一步恶化。

第二，货车是否超载成舆论关注核心点。微博成为各家媒体集中关注事故原因的核心平台。中国交通报官方微博率先将事故原因指向货车超载，成为人民日报、央视新闻等媒体官微信息的重要信息源，亦成为媒体对此次事故跟进报道的重要新闻素材。人民网评指出事故的诸多问号亟待拉直，让真相浮出水面。央视网、光明网、澎湃新闻、新民周刊等媒体在追问事故原因的同时，还对其他高架桥的安全隐患有所担忧。

舆情点评

在本次舆情处置过程中，无锡官方政务新媒体信息发布明显滞后。尽管江苏省、无锡市均在事故发生后的第一时间启动了应急响应机制，并全力开展事故救援处置工作。但由于信息发布不及时，严重阻碍了本次事故的信息畅通和公众知情，以至各类负面信息在舆论场中涌动不止，对相关部门公信力造成一定的负面影响。从此次舆情处理中总结经验可知，舆情应对须注意以下三点。

第一，重大突发事件发生后，官方要掌握对外发布信息的主动权。很显然无锡官方的回应缺乏主动性。

第二，官方回应要妥当，防止发生次生舆情。10月13日晚9点，官方发表了一篇题为《在重大事故面前，我们该做的是关爱与理性》的短评，指责公众不理性、不包容，引发了次生舆情。媒体认为，网民不应是政府处理事故的"假想敌",政府不该用刻薄话来奚落网民对事故的关注。

第三,与其外行说,不如内行专家说。安全突发事件往往涉及很多专业领域,比如此次事件中对于桥梁建造到底有没有问题,公众缺乏专业认知,对事故原因存在困惑在很大程度上源于对专业问题的不解和陌生,因此谣言更易乘虚而入。对于事故原因,官方可以请专业机构和业内专家回应公众质疑。社交媒体时代,信息公开不能慢,不能拖,不能躲。拖延和掩盖,错过了时机,损坏了公信,丢掉了人心。

第六节　其他类型

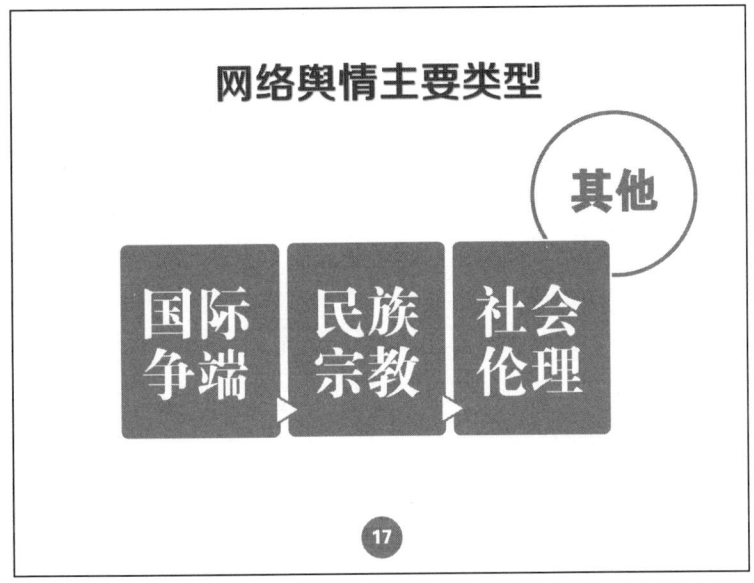

人类的历史，总是在一个又一个、偶然又必然的事件中向前推进的。但是，要想在纷繁复杂、此起彼伏的点状事件中观大局、察大势、寻规律，读懂时局，悟透世界，把脉未来，又绝非易事。正所谓，察势者明，趋势者智。

新一轮科技革命和产业革命的大规模快速发展，加上全球化进程深刻的传播、扩散、冲刷作用，使世界正在形成新的政治、经济、社会、文化生态。国际形势复杂深刻演变，全球性挑战日益增多，加强全球治理的任务更加艰巨，国际争端日益受到舆论关注。

当今世界正经历新一轮大发展大变革大调整，大国战略博弈全面加剧，国际体系和国际秩序深度调整，人类文明发展面临的新机遇新挑战层出不穷，不确定不稳定因素明显增多。

2018年6月，习近平总书记在中央外事工作会议上深刻指出，我国处于近代以来最好的发展时期，世界处于百年未有之大变局，两者同步交织、相互激荡。

2019年8月22日，新华社党组成员、副社长严文斌在《参考消息》撰文称，"百年未有之大变局"，是习近平总书记站在人类历史进程的高度、以大国领袖的担当，对世界发展大势、历史演进趋势、时代变化态势和中国自身优势做出的重大判断。变局之"变"，变在国际地缘政治的对比，变在国际经济实力的对比，变在对国际价值体系的认同；变局之"局"，诠释了当今世界风雷激荡、变幻无常的"乱局"，点破了当今世界层出不穷、光怪陆离的"迷局"，也要求我们建立起宽广的历史视野和全局的战略高度。在百年大变局之中，中国的大发展已然成为最活跃的因子，带动一批致力于和平与发展的国家全面追求发展与复兴，推动全球治理的主体和议题更加多元，促进全球治理规则和理念加速转变，引发世界范围的思想、观念、制度、模式乃至人类文明交往出现诸多积极的变化。

当今世界正经历百年未有之大变局，世界多极化、经济全球化处于深刻变化之中，各国相互联系、相互依存、相互影响更加密切。境外舆论环境错综复杂，当前国际舆论格局中"西强我弱"的现象并没有改变，西方意识形态的渗透严重损害和威胁着我国意识形态安全。加之，我国已经进入发展关键期、改革攻坚期、矛盾凸显期，我们面临的矛盾更加复杂，既有过去长期积累而成的矛盾，也有在解决旧矛盾过程中新产生的矛盾，大量还是随着形势环境变化新出现的矛盾。以经济差异、文化差异和宗教信仰差异为背景的民族矛盾和民族问题叠合积聚。这些问题在边疆民族地区更为凸显，舆情处置、疏导管理工作更加艰巨。在重大热点舆情事件中，媒体不仅是大众获取信息的传播平台，也对公众起到很重要的舆论引导作用,甚至影响涉事主体如何回应此舆情事件。

此外,与社会道德相关的舆情事件,一直处于高发状态。"老人摔倒要不要扶""小学生该不该给老师撑伞""拾荒老人救起小悦悦""大学教授潜规则女博士""年轻妈妈地铁内袒胸给孩子喂奶"等与社会伦理相关的话题、事件一直在高热度地吸引舆论关注。

2017年3月26日,中国伦理学会网络伦理专业委员会主办的首届网络伦理论坛在北京举行。论坛以"网络时代伦理价值体系重建"为主题,发布了《中国社会伦理舆情年度报告(2015—2016)》,该报告以权威数据源作为研究基础,力图尽可能全面地呈现当下中国社会伦理舆情的状况,并为进一步探讨解决社会问题的有效对策提供基础。

报告提出,当代伦理秩序的重建,以社会结构的变革——从家族到家庭、从熟人到陌生人、从现实到虚拟的变化为背景。对此,重建伦理价值体系,第一,需要借助大数据等量化研究方法呈现网络伦理舆情状况,结合质化研究方法,探究伦理失范的症结所在;第二,深入剖析传统伦理价值体系中具有活力的文化资源,探讨创造性转化和创新性发展的有效路径;第三,借助传统媒体和新媒体,以理性的态度加以客观解读,引导公众在讨论中逐渐达成社会共识,实现构建和谐有序社会伦理价值生态的目标。

社会伦理涉及社会生活的方方面面,在社会转型的时代背景下,围绕家庭、人际、企业、市场、环境等子领域,出现了很多值得关注的网络舆情事件。

制度伦理、职业伦理、企业伦理、人际伦理的舆情热度长期处于前列。制度伦理舆情事件主要集中于行政权力和私权之间的冲突;职业伦理中,警民关系、医患关系是热点;企业伦理舆情集中在企业提供产品服务的安全性方面;人际伦理方面,与老人、儿童、青少年、孕妇等相关的舆情词汇成为高频热词;此外,在家庭伦理领域,与"一老一小"相关的伦理舆情能在很大程度上代表当下的社会伦理现状。

如何有效处置网络舆情

《中国社会舆情年度报告（2020）》对2017—2019年舆情事件的集中领域进行分类，主要分为社会民生、法治、公共安全、文体娱乐、教育、医疗卫生、科学技术、经济、政策法规、时政、体育和其他等12类。2017—2019年，社会民生、法治、公共安全是社会关注的核心领域。社会民生领域的话语，如房价、医疗、保险等依然是民众关注的焦点，民生话题舆情"多点串爆"趋势愈加明显。

将舆情事件发生的范围界定为一线大城市、区县级及以下、地级市、省会城市及副省级计划单列市、港澳台五个行政级别，2017—2019年舆情事件分布呈现出哑铃型分布，即多出现在一线大城市和区县级及以下范围，这是中国社会治理的两端，一个是顶端一个是末端。一线大城市的互联网普及率高，民众的文化水平普遍偏高，一些与现代化进程不相适配的社会现象和社会事件很容易引起民众的关注与讨论，成为热点事件；一些区县级及以下范围内的社会治理水平有待提高，存在社会结构性的矛盾，很容易成为社会不公事件频发的区域，一部分事件被"捅"到互联网上，就容易成为民众关注的焦点。

伦理舆情与当地人口数量、人员构成复杂程度有很强的正相关关系。此外，如果当地媒体数量众多，用户就可借助自媒体积极参与信息传播，为伦理舆情的发酵和传播提供合适的土壤。

【案例】"某大学'学伴'"事件

事件概况

2019年7月6日，微博网友曝光某大学的"学伴"计划——为每个留学生选三个学伴，形成"学伴"小组。本起舆情之所以引起舆论的强烈关注，正是源于报名表中对"学伴"性别的强调，尤其是"结交外国异性友人""请同学们尽可能详细地填写，以便为你匹配心仪的'学伴'"等描述，让人浮想联翩。一时之间，某大学成为舆论的众矢之的，相关的新闻也被恶搞成视频、图文在网上广泛流传。此外，留学生在国内的学习生活情况也成为舆论关注的焦点话题之一。

7月7日，涉事大学国际部针对此事发布的《内部声明》流传到网络，引起各家媒体和网民的关注和转发。这份声明对"学伴"性别问题避而不谈，却将祸水"东引"，甚至抛出"阴谋论"。于是，某大学的此次道歉非但没能平息舆论，反将自己推向舆论的漩涡。

随着舆论的不断发酵，某大学12日下午再次通过官方微博回应"学伴"项目称，在项目实施过程中，由于审核把关不严，在相关报名表格中出现"结交外国异性友人"不当选项等问题，引发不良影响，对此深表歉意。至此，网上负面情绪的蔓延速度逐渐得以控制。

舆情点评

某大学给外国留学生配"学伴"引起的风波持续发酵，汇聚了大量远远超过针对这件事本身的负面情绪。首先应当指出，这些情绪的出现和聚集不同程度上存在与其对应的现实原因。一些地方（包括大学）对留学生的照顾是否过头了，以至于出现某些"超国民待遇"，这样的诘问有现实出处。另外，一些学校扩招留学生是否过猛，学校内部是否确实存在中外学生待遇的反差，公众的不满也非空穴来风。

透过本起舆情，人们看到了更为深层的人际伦理，某大学的"学伴"计划挑动民众敏感神经。正如《人民日报》的评论所言："有朋自远方来不亦乐乎，不卑不亢才是最好的尊重。"澎湃新闻评论称："某大学或许有委屈，但真正应该反思的则是'学伴'这个制度。"部分网友在跟评、回帖中表达自己对"留学生优待"的不满。网友表示，一流大学靠的是教学质量，而不是服务质量。网络大 V 的加入助推了"学伴"制度的讨论,也让更多人参与讨论"我们应该怎样对待外国人"这一当代人际伦理的议题。

第四章
舆情事件的成因

第一节　网民自我意识增强

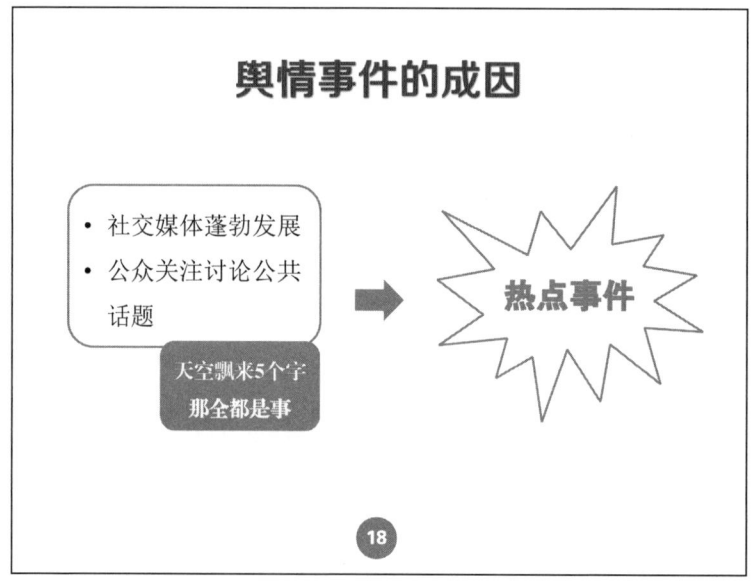

在社交媒体蓬勃发展的今天，公众关注和讨论社会公共话题的积极性空前高涨，网民主体意识、维权意识、民主意识不断增强。重大决策引起热议、重大项目引发争议，根本原因就在于此。

维权意识增强，让"天空飘来五个字，那都不叫事"，变成了"天空飘来五个字，那全都是事"。近年来一些地方与环保相关的重大项目遭到周边群众集体抵制，引发舆论高度关注。

环境舆情事件中，不乏媒体、意见领袖和网民的理性思考与建设性意见，但是多项案例研究表明，多数环境舆情事件中都伴随着大量谣言的传播。

超过 50% 的环境舆情事件最初在网络论坛曝光,"把关人"的缺失为谣言的滋生创造了环境。调查显示,超过 20% 的案例中出现谣言,特别是在 PX(二甲苯化工)项目和垃圾焚烧项目中,内容主要集中在"PX 剧毒""现场有伤亡""警察打死人""政府袒护违法""信息公开失实"等。这些言论充满煽动性,极具情绪感染力,容易引起从众效应,加之谣言通过强关系社交网络的进一步传播,在新媒体中一石激起千层浪,迅速扩散,往往引发新一轮的线下集体行动。

"邻避效应"指居民或当地单位因担心建设项目(如垃圾场、核电厂、殡仪馆等邻避设施)对身体健康、环境质量和资产价值等带来诸多负面影响,滋生了"不要建在我家后院"的心理,即采取强烈和坚决的、有时高度情绪化的集体反对甚至抗争行为。例如,民众支持国家发展核电,但是不想让核电站建在自己周边,最好建在别的地方。大家都是这样一种心态:我支持你干这件事,但不要建在我家后院。

过去,新建一个即使会产生污染的工厂,也会受到当地居民欢迎,因为工厂能增加就业,带动当地经济的发展。但是,今天大家环保意识增强了,体会到了"绿水青山就是金山银山"的真正意义,人们首先想到的是这个项目会不会污染环境,会不会影响交通出行,会不会影响子孙后代及可持续发展等问题。一想到这些,维权意识就迅速被唤醒了。

当然,环境舆情增加,追根溯源,往往和以往一些工业项目的无序发展密切相关。因此,面对环境舆情事件,不少地方政府会陷入维稳与发展的两难困境。以 PX 为代表的重大化工项目引发的舆情事件最具代表性。从宏观方面讲,PX 产业涉及国家战略安全;从微观方面看,这样一个项目的落地也有助于增加当地的 GDP、扩大就业、保障民生。然而,随着民众越来越把环境权利放在优先的地位,民众追求与政府规划可能会出现矛盾。在政府忽视民意、强行上马的情况下,群体动员就成为民众和政府博弈的重要方式。而在维稳魔咒的束缚下,"一闹就停"在多地一再上演,发展

PX产业的正当性，如"是炼油业资源利用的要求，也是出于国计民生的需要"等，都让步于强大的维稳逻辑。事发后，不少地方政府拘泥于维稳逻辑，不是从事情本身的正当性、合理性去和民众互动，而是盲目迎合所谓的民意，成为"一闹就停""双输"乃至"多输"局面的另一推手。

从互联网环境舆情事件的发生、发酵来看，政府等公权力部门往往处于守势。更高级别的政府部门不得不成为善后的主力，这也从侧面佐证了基层政府公信力的不足。广东茂名PX事件发生前一个多月，当地媒体就曾高调预热，然而结果却是"30天宣传车轮战挡不住恐慌与脚步"。官方媒体也多次对PX项目进行释疑和科普，但现实中事故的发生在一定程度上消解了官方媒体的努力。

近年来，全国多地出现轰动社会和网络的与环境保护相关的舆情事件，中国进入"环境敏感期"。

面对频发的环境舆情事件，各级部门需注意以下六点。

第一，深入学习贯彻习近平生态文明思想。习近平生态文明思想，把生态文明建设纳入中国特色社会主义事业"五位一体"总体布局，把建设美丽中国纳入全面建设社会主义现代化国家奋斗目标，把坚持人与自然和谐共生纳入新时代坚持和发展中国特色社会主义基本方略，把绿色发展纳入新发展理念，对生态文明建设提出一系列新思想新论断新要求，为新时代建设美丽中国，实现中华民族永续发展提供了根本遵循。随着社会的发展，面对环境舆情事件，广大网民的诉求已经从基本的经济补偿向健康、安全、公平等权益转变。当经济效益不再是民众的唯一价值诉求时，单纯的经济补偿数额就变得毫无意义，政府必须配以其他更有效的处理办法。这客观上要求政府以及相应的公职人员要跟得上时代，面对环境舆情事件，要坚持以习近平生态文明思想为指导，摸索出一套行之有效的处置环境舆情事件的新办法。

第二，敬畏民意、积极推动政民互动。在互联网等新技术的推动下，网络民意表达出现了井喷式爆发，成为影响中国社会发展的重要力量。诸多环境舆情事件的发生，不过是民众诉求的一次次体现。正确处置环境舆情事件，必须对此有清醒的认识，敢于面对问题，敬畏民意，认真梳理网民诉求，积极推动政民互动；而不是逃避推诿，无视民意，自以为是。

第三，提高公职人员媒介素养，强化其角色自觉。环境舆情事件的应急处置，需要掌握一定的应急基本功。目前，不少领导干部的媒介素养与人民群众的期待存在较大的差距，这成为处置环境舆情事件的一大制约因素。了解舆论生态、迅速掌握网民诉求、及时和媒体沟通，是领导干部需提高的应急管理能力。

公职人员是公权力的行使者，其个人言行关乎公权力的整体形象。提高媒介素养，也是强化其角色自觉的内在要求，政治意识、大局意识、核心意识、看齐意识都将通过处置环境舆情事件中的细节得以体现。环境舆情事件在全国范围内具有普遍性多发的可能，未发生相关事件的地区，不妨向已发生的地区学习经验，吸取教训。

第四，恪守政府与市场的边界，回归公共服务。有研究表明，政府GDP至上和个别官员与企业有利益勾连是环境舆情事件爆发的重要原因。党的十九届四中全会强调，优化政府职责体系。完善政府经济调节、市场监管、社会管理、公共服务、生态环境保护等职能，实行政府权责清单制度，厘清政府和市场、政府和社会的关系。深入推进简政放权、放管结合、优化服务，深化行政审批制度改革，改善营商环境，激发各类市场主体活力。

在企业和社会（居民）之间，政府应该扮演"居间调停"的角色，有效协调企业与居民的矛盾，明确双方的权利义务边界，让企业和居民各得其所。概而言之，面对环境舆情事件，政府的工作主要体现在两方面：一是为企业提供良好的社会环境和发展氛围，做好科普宣传工作；二是重视居民诉求，严格执行环保法律法规，解除广大居民的后顾之忧。

第五，加强媒体环境建设，畅通社会监督和利益表达渠道。在现代社会，社会监督的重要性不言而喻。畅通拓宽利益表达渠道、完善构建利益表达机制，是预防环境舆情事件的重要举措。在环境舆情事件中，政府公信力受到质疑的重要原因之一，就是媒体监督缺位和民众利益表达渠道不畅。媒体监督有助于事件的及时公开，在保证公众知情权的同时，及时消解公众的不满情绪，避免负面情绪堆积。而利益表达渠道的畅通，不仅是对利益相关者的尊重，还有助于从源头达成共识，把问题化解于无形。开放的媒体环境和畅通的利益表达机制，不仅是政府自信的表现，也是政府塑造自身公信力的重要源动力。

第六，加强重点企业监管，推动企业发展绿色经济。解决线上的问题，关键还是线下的努力。解决环境问题，必须加强对重点企业的监管。一方面，政府要做好信息公开，依法执政，确保政府和法律的公信力；另一方面，政府要制定相关产业政策，推动企业转型，发展绿色经济。从舆情处置来看，最有效的方式莫过于政府的工作流程和举措无可挑剔，能做到让理性的"旁观者可以理解"。面对未来舆论生态的变化，政府所能做的，就是正视民众合理要求和正当权益，创造良好的政策环境，推动企业转型升级，大力发展绿色经济。

【案例】某市垃圾焚烧项目引发群体事件

事件概况

2016年6月21日前后，陆续有人在某市本地论坛、微信群、朋友圈发布关于"某市要建垃圾焚烧厂"的消息，引发舆论关注；24日开始，舆情逐步升温，纷纷有人在微信群、朋友圈发起抵制倡议；25日，部分群众走上街头，抵制某市生活垃圾焚烧发电站项目工程，舆情持续发酵。

舆情分析

舆情监测数据显示，在 6 月 24 日至 7 月 1 日的数据中，微博以 94.47%占据舆情发酵绝对权重，电视新闻（1.43%）、境外社交媒体（0.75%）、论坛（0.25%）、平面媒体（0.04%）、博客（0.01%）也在一定程度上推动舆情发展。

此次事件中，有一处新特点值得关注，境外社交媒体对我国舆情事件的曝光比重大幅度增加，这充分说明舆论场的国际化趋势正在逐步显现，预示着今后国内群体性事件可能要面临来自国际舆论的干扰及压力。

从微博讨论中可以看出，广东、江西、浙江、江苏、上海、四川受到波及。

广东出现讨论热点应与当地也发生类似群体事件有关，形成了热点"搭车"，而江西、浙江、江苏、上海、四川受波及，可能与近年来这些地方也有相关项目上马并受阻有关。结合内蒙古无讨论情况出现，说明此类邻避效应舆情具有地域传染性，由所在地向已涉同类项目的既往地区扩散。

媒体报道

1. 新京报刊发评论《某市停建垃圾焚烧厂邻避主义的胜利？》，文章认为，一个已开工建设两年多的项目，在今年即将竣工时，遭遇群体抵制，原因还在于地方政府缺乏沟通意识，没有解除民众疑问和忧虑。

2. 东方网刊发评论《垃圾厂"遭抗议"停建的教训》，文章认为，要破解"垃圾焚烧"难题需要充分的科普、严格的监管、过硬的标准作为支撑。

舆情处置

6 月 26 日 12 时，某市人民政府通过官方微博回应称，市委市政府做出决定,停止"生活垃圾焚烧发电项目",同时希望市民不信谣、不传谣、不围观、不采取过激行为,遵纪守法,共同维护某市大局稳定。

6月27日,某市市长通过视频对全市人民承诺已经停止该项目。

某市日报2017年4月20日报道,某市人大代表提交重启生活垃圾焚烧发电项目的议案。报道称,某市第九届人大常委会第三次会议听取和审议了市人大常委会代表联络工作委员会所作的《关于市九届人大一次会议代表集中提出的重启垃圾焚烧发电项目建议情况的报告》,听取和审议了市人大城乡建设和环境资源保护委员会《关于重启生活垃圾焚烧发电项目、加快建设循环经济产业园的议案》及相关说明,会议决定批准这个议案。会议要求,市政府要高度重视人大代表建议的办理工作,顺应民意,科学推进,扎实做好项目的重启工作。

舆情点评

生态文明是人类社会进步的重大成果,是实现人与自然和谐共生的必然要求。加强生态文明建设,不仅是关系中国发展的重大经济问题,还是关系民生的重大社会问题,更是关系党的使命宗旨的重大政治问题。

在这种背景下,正视民众合法权益,采取科学,有效的处置措施,是地方政府执政能力和服务水平的重要体现。

第二节 民意表达向网络倾斜

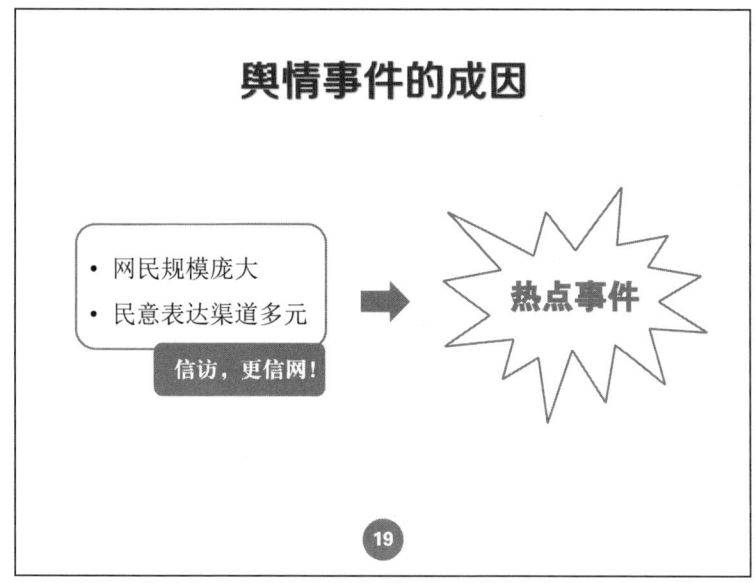

党的十九届四中全会强调,健全基层党组织领导的基层群众自治机制,在城乡社区治理、基层公共事务和公益事业中广泛实行群众自我管理、自我服务、自我教育、自我监督,拓宽人民群众反映意见和建议的渠道,着力推进基层直接民主制度化、规范化、程序化。

传统意义上的民意表达渠道大致分为三种:一是人大代表、政协委员通过采集民意形成提案议案,向有关部门进行咨询、质询等方式来传达群众的关切等;二是通过群众写信或上访、领导干部接访等形式,群众直接反映某些具体问题;三是通过各种形式的听证会,就某一事务听取利益相关方的意见。此外，传统媒体也是表达老百姓心声愿望的重要渠道之一。在网络时代，各政府网站也纷纷开设了"市长信箱"等栏目与民沟通。但是，如果常规的民意表达渠道不畅，民意表达就会被"挤压"到道德约束、行政约束、社会秩序约束相对薄弱的网络世界中，以网络舆情事件的形式释放出来。我国的网络承载着民意表达、情绪宣泄的功能。

处理网络舆情事件，"堵"并不是解决办法，需要有效疏通常规的民意表达渠道，重视网络舆情，以多种形式、多管齐下地满足不同社会群体的意见上达需求。

目前，我国网民规模已超过10.11亿，其年龄结构日益与社会整体年龄结构相重合，网络主体与社会主体高度重合，网络民意表达逐渐等同于社会公众的意见表达，网民关注的议题也正向社会议题、政治议题快速转化，网络意见的主流化、政治化、现实化趋势非常明显。

近年来的网络舆情事件，开始走出虚拟世界，影响现实世界。在"云南孙小果案"中，公众和律师声势浩大地讨论案情，吸引更多网民对这一事件的关注。

当下，基层政府部门处置群体性事件的意识、手段、方法不足以应对不断发展升级的情况。互联网虚拟世界和现实世界的线上线下联动对基层政府部门提出了全新的、更加严峻的挑战。

大多数网络舆情事件的发源地都在基层，但解决路径却依赖高层；对于事件的处理，网民大都对党政高层存在较高期待和信任，对基层则持失望和不信任态度，表现出显著的舆论落差。这基本反映出了各级政府部门的现状，即大量矛盾冲突未能在基层很好化解。

《半月谈》杂志2017年12月发表记者郑雪婧的文章《"中央很好，村干部很坏"？从网友留言看民情》。文章写道，一篇社会学研究生关于基层、农村问题的调研报告《"中央很好，村干部很坏"这个怨念是怎么来的，要怎么破？》经半月谈微信公众号发出后，引发众多网友热议。有人认为，文章在为村干部辩护，作者不了解基层，只看到了简单肤浅的表象；有人认为总算有人替村干部讲话了，村干部忙忙碌碌，总得不到群众的理解；还有人把工作不能正常开展的原因归结为村民不讲道理，甚至蓄意、恶意破坏干群关系。后台留言立场泾渭分明，显现出复杂的社会民情。调研报告的作者渔樵耕读在调研中发现，很多村民从心底对中央的各项惠农政策非常认可，但一提到身边的基层干部就变了调门，认为村干部常私自克扣其低保、补助。然而在赣南几个村走访后他发现，实情与村民的反映大相径庭——并没有出现乡村干部插手、截留补助资金的现象。之所以出现"中央很好，村干部很坏"的印象，作者认为是由于干群关系疏远，互动减少，村民对村干部的评价很容易受舆论环境左右，而难以保持独立客观的主场。他建议，必须扭转"中央很好，村干部坏"的现象，否则，基层干部的工作积极性会遭到打击，政策执行之路也不会走得顺畅。

许多网络舆情事件的传播路径恰恰印证了这一点。传播者一般会绕开本地网站，直接在全国性的、访问流量大的综合性网站、社区发表。

民众不信任基层政府，希望越级解决问题的心态在网络舆情事件中表现得非常明显。虽然越级干涉的效果比较明显，但是这并不能成为常规的解决方式，还会刺激此类事件越来越多。如果不激发基层政府解决问题的积极性，而是一味将矛盾上交，很有可能引发更大的问题。

因此，走好网上群众路线，是基层领导干部的必修课。习近平总书记在网络安全和信息化工作座谈会上指出，网民来自老百姓，老百姓上了网，民意也就上了网。群众在哪儿，我们的领导干部就要到哪儿去。各级党政机关和领导干部要学会通过网络走群众路线，经常上网看看，了解群众所思所愿。近年来，随着网络事件的频繁发生，有的党政领导干部开始惧怕互联网，只要某地某部门在网上出现"不和谐音符"，就想尽一切办法找人删帖、掩盖，而非主动坚持不避、不拖、不捂、不护的原则，真诚接纳，及时回应；出现与群众隔"网"相望、"又爱又恨"的矛盾心理，就是没有

如何有效处置网络舆情

把网络当作"听民意、汇民智、聚民心"的纽带和渠道,这是一种不尊重网络民意的表现。网络是虚拟的,但人和事都是真实的。各级领导干部要善于通过网络发现问题,并通过一个又一个问题的解决来推动经济社会的发展。同时,要把网络作为密切联系群众、倾听民声、集中民智的重要渠道,只有问出真实的民声、吸纳真正的民智,才能不装模作样、不走过场。另外,各级领导干部还要避免选择性问政,不能对网上群众的强烈呼声装聋作哑,对关系群众切身利益的事项避而不谈,只选择一些不痛不痒的无关紧要的事情来解决。

【案例】"市委书记掌掴政府秘书长"事件

事件概况

2021年1月16日晚,一篇"市委书记掌掴市政府秘书长"的帖文开始在微博流传。发帖人自称是某市政府秘书长的妻子。帖文指出,2020年11月11日早晨,某市政府秘书长与其他市领导在机关某食堂角落里吃早餐时,被市委书记公开掌掴。此事诱发了市政府秘书长的心脏病。该帖文随即引发公众广泛关注。1月19日上午,中央纪委国家监委官网刊文《河南回应"市委书记掌掴市政府秘书长":正在深入调查》。报道称,记者从河南省有关部门获悉,关于网上举报某市市委书记有关问题,河南省有关部门正在深入调查。

伴随事件发展,网络舆论批评声音尤为强烈,新华社、中央广播电视总台等多家中央媒体发声,与网民情绪形成呼应之势,"官僚作风""特权现象"等基层官员不良工作作风话题通过互联网大量呈现,整个舆论场"吊打"一记耳光,文字间抑制不住的怒气喷涌而出。

值得一提的是,该书记在打人后的一次调研活动中,强调"决不允许目无组织、自以为是、自行其是、阳奉阴违或当政治上的'两面人''伪忠诚'",还在当地党报头版醒目位置发表署名文章《全面依法治国重在管权治吏》,大谈如何"保持权力理性谦抑",更是强化了公众对基层干部说一套做一套的认知,其潜在的破坏性不可小觑。

舆情大数据平台显示,从传播渠道上来看,微博、微信、客户端依次为"市委书记掌掴秘书长"话题的主要传播渠道。其中,微博占比超过86%。截至1月19日,事件相关的#河南深入调查某市委书记被举报#微博话题阅读量已累计超过2.4亿次,"新华社评市委书记掌掴市政府秘书长""央视评一记耳光打碎官德"等衍生话题阅读量均超过1.5亿次。

2021年1月21日,某市召开领导干部会议,宣布河南省委决定,免去涉事市委书记主要领导职务。

舆情点评

近年来,涉及基层"一霸手"特权思想和霸道行为的舆情值得警示。在民意表达向网络倾斜的今天,官员的媒介素养和"被围观意识"是不可或缺的。有意思的是,网民在戏谑"书记打我要不要还手"的相关话题中,出现了很强烈的代入感,模拟站在当事人的视角,来表达和阐释自己会如何面对。相应的,基层社会治理与舆情引导,何尝不需要这种"换位"的思路呢,管理者不妨把自己置身于普通网民的视角,想一想这个时候公众想听什么话,想知道什么事,再以此为出发点设置回应的内容和语态,一定比只有简单的照章办事与官话通报效果更好。

第三节　社会心理失衡

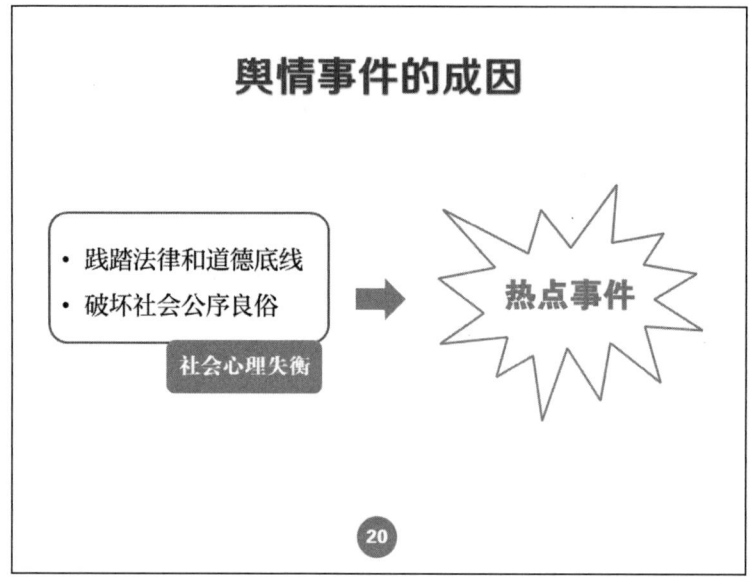

近年来发生的一些极端维权事件强烈地刺激着公众的眼球，人们在感叹维权者内心的无奈和维护自身权益的执着的同时，更是把关注的焦点指向公众人物和公共机构。引起人们深思的还有权力的代际传递现象，某大学交通案肇事者那句"我爸是李刚"将"官二代"所依仗的权力骄横暴露无遗，福建屏南、山东新泰、海南三亚等地的公务员和事业单位工作人员招考事件，显示"拼爹游戏"愈演愈烈，这不利于营造公平公正的竞争氛围和社会环境，容易引发公众对就业公平的焦虑。

当前，社会中一些"仇官仇富仇名人"的言论较为突出，很大程度上是因为一些官员、富人、名人失去了作为社会精英群体应有的榜样模范作用，不以身作则，反而时常做出践踏法律和道德底线、破坏社会公序良俗，违背社会伦理的一些行为。更令人不齿的是，有的人还不以为耻，反以为荣，津津乐道，甚至标榜为"成功之道"。如此三观不正的行径，怎能不引起世人的痛骂呢？

从中纪委披露的一些贪腐官员的行为来看，有的人"不信马列信鬼神，不问苍生问大师"，台上满口马克思主义理想信念，实际上却是道德沦丧、信仰缺失，心中早已是只认钱与权；有的人拿的明明是"野鸡"学校的学位或者是走过场似的拿了个博士、硕士学位，专业知识和水准不入流，却敢在一些高校当博导、硕导，以此标榜自己的儒雅和学识；有的人张口"廉洁"、闭口"清正"，实际上却是精神颓废，早已陷入了奢靡、享乐主义，陶醉于声色犬马、花天酒地之中；有的人台前大谈对国家和人民的忠诚与奉献，背后却是大肆利用权力为配偶、孩子、父母、兄弟姐妹等亲属谋利，甚至有的亲人移民他国、自己早已成为"裸官"……这种所谓的"人民公仆"却骑在人民头上作威作福的行为，人民怎么会不仇恨呢？

其实，对于所谓的"仇富"现象，很大程度上也只是民众对为富不仁、道德沦丧者的鞭挞。有的官员，尸位素餐，贪腐成风，以权压法，以权压人，老百姓能不恨吗？有的富人，不知道因何而富，富起来后以自我炫耀为荣，以尽社会责任为耻，这样的富人能招人待见吗？有的名人，丝毫不顾自己的公众形象，不考虑自己的社会影响力，嫖娼、吸毒，这样的名人能博得民众的好感吗？正是因为某些官员、富人、名人不遵守社会公序良俗，违反规则甚至践踏法律，其所作所为才会招致整个社会的差评。

不容忽视的是，因为分配不公、官员贪腐、社会流动渠道不畅等现实问题而导致社会心理失衡，最终导致舆情失焦，这一现象也要引起高度重视。诚然，仇官、仇富、仇名人现象是不正常的。但我们也要反思，为什么会出现这种心态。我们生活在一个美好和平的时代，但这并不意味着我们所

如何有效处置网络舆情

处的社会就是一个完全美好的时代,就连被称作"象牙塔"的学术圣地——大学里也有很多乱象,针对这些乱象,无数专家学者都曾发声。人民日报社原副总编辑卢新宁曾经在北大中文系毕业致辞上,发表过一篇言辞真挚的演讲。她说,我唯一的害怕,是你们已经不相信了——不相信规则能战胜潜规则,不相信学场有别于官场,不相信学术不等于权术,不相信风骨远胜于媚骨。你们或许不相信了,因为追求级别的越来越多,追求真理的越来越少;讲待遇的越来越多,讲理想的越来越少;大官越来越多,大师越来越少。因此,在你们走向社会之际,我想说的只是,请看护好你曾经的激情和理想。在这个怀疑的时代,我们依然需要信仰。是啊,这个时代大师还剩多少呢?当所有的目光都聚集在金钱的两旁,大师,还有多少话语权呢?当利益成为唯一的价值,很多人把信仰,理论,道德都当成交易的筹码时,坚守信仰与理想,更显得弥足珍贵。作为北京大学的校友、北京大学的毕业生,这样的演讲更体现一个学姐对学弟学妹的勉励。在演讲的结尾,卢新宁这样勉励学弟学妹们:无论中国怎样,请记得:你所站立的地方,就是你的中国;你怎么样,中国便怎么样;你是什么,中国便是什么;你有光明,中国便不再黑暗。不要害怕社会的现实,也不要畏惧社会的虚伪,只要心中还有理想,道路便仍然远大。相信自己的理想,也要相信自己的心,未来还很遥远,中国与文化都还在等待你,等待你坚守信念,踏上征程!

【案例】"某演员逃税"事件

事件概况

2018年5月,某知名媒体人在微博曝光演艺圈"阴阳合同"现象,矛头直指某演员。随后,该演员工作室的回应间接坐实了"阴阳合同"的存在，舆情持续发酵。6月初，在主流媒体的介入下，此事从娱乐圈八卦变成法制新闻，引发舆论场持续关注。与此相关的微博话题阅读总数突破30亿次。10月3日，新华社发布权威消息称，税务部门依法查处该演员"阴阳合同"等偷逃税问题，其担任法定代表人的企业被依法责令缴纳税款、滞纳金、罚款超8.83亿元。消息一经发布，迅速引发中国新闻网、法制网、中华网等多家媒体转载报道。当日中午，该女演员通过其微博账号发表致歉信，舆论随之进一步发酵升级，助推舆情达到传播最高峰。随着相关责任人被问责和时间的推移，舆情逐渐平息。

舆论观点

网友认为，有些人为国家奋斗了大半辈子，也才拿个国家最高科学技术奖，奖金500万，某些所谓的明星，跑片场几天就有6000万片酬。演员也好，歌手也罢，其实就是个普普通通的职业而已，与司机、厨师，乃至各行各业的从业者无异！"明星"一词，是娇惯纵容的结果。目前，有的网红直播一晚的收入相当于普通人小半年的工资，如果再这样下去，会有更多人放弃本职工作争当网红。

舆情点评

作为高收入、高关注度的社会群体，明星更应该依法纳税，尽到应尽的公民义务，履行基本的社会责任。明星的个人收入较普通人而言存在行业优势，明星收入水平普遍高于一般人。因此，明星的偷税漏税行为对于经济活动水平有很大的负面影响。

于法于理而言，"阴阳合同"都是不该存在的现象。因为"阴阳合同"现象涉及法律权威、尊严，不容触犯。在全面依法治国的背景下，一些演艺明星若是通过"阴阳合同"逃税，显然不会获得舆论支持，而且，也会损害社会公平。

🔍 如何有效处置网络舆情

明星作为公众人物,理应为依法纳税起到模范带头作用。但是,仍有一些明星置法律法规于不顾,逃税,这种行为不仅该受到谴责,更应该被追究法律责任。

第四节 公众人物和公共机构广受关注

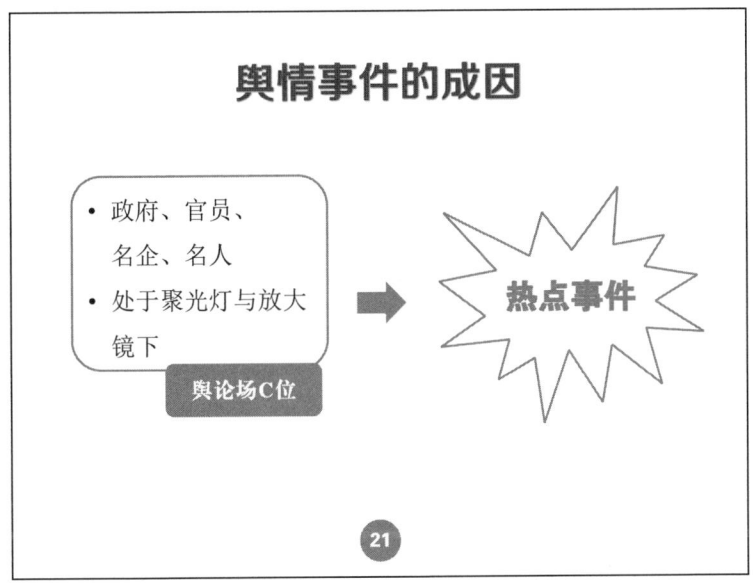

公众人物、知名企业和公共机构，始终受到舆论的关注，就像一个舞台，聚光灯、追光灯永远打在他们的身上，所以他们的一言一行、举手投足都会受到舆论的关注，更容易引发舆情。

2020年1月4日，有网友发文："服了，现在女明星都这么没有素质吗？"并直接艾特某演员的名字。其发布的图片显示，飞机客舱中的演员将脚架在前排显示屏上。该条微博定位显示为成都双流国际机场。为了保证信息的真实性，有人还查阅了该演员最近的活动行程，与网友偶遇的时间相吻合。此事迅速引发关注。1月7日凌晨3点多，面对网友的指责，该

如何有效处置网络舆情

演员转发微博并道歉:"是啊,坐没坐象(相),我这样很不文明,也非常不应该。我检讨自己的行为,也感谢大家的提醒。给大家道个歉!"但是,致歉微博的语气以及错别字却让网友觉得态度不诚恳,由此再次引起热议。5 小时后,该演员再次发文就此事道歉:"作为一个公众人物,我为我自己的行为感到十分的愧疚和自责,以后我一定会加倍注意自己的言行举止。"本事件备受舆论关注,"某演员脚踩飞机显示屏"的微博话题一度冲上热搜榜首位,衍生话题"公众人物犯小错为何惹众议""公众人物该更注意言行吗"也引起关注。

据媒体报道,"因脚惹事",该演员并不是第一人。此前,其他公众人物也被曝出用脚踩椅背或机舱壁板,从而引发热议。演员高铁上踩桌板、大闹火车站、大闹机场边检等事件也曾被质疑"素质堪忧"。在上述公众人物陷入风波期间,与他们相关的多个微博话题登顶微博热搜。值得注意的是,在事件中,涉及公众人物道歉的话题阅读量较高,可见网友对其回应态度颇为关注,"公众人物是否更应该注意自身言行"始终是公众热议的焦点。从这一系列事件的舆情发酵中,我们可以发现,在当前自媒体广泛普及的背景下,公众人物作为社会的关注焦点,必然会受到舆论的高度关注。

与公众人物一样,公共机构也是舆论场被聚焦的对象。公共机构占有更多的社会资源,接受舆论监督理所当然。

公众人物、知名企业和公共机构引发的舆情,通常呈现出以下三个特点。

第一,快速放大。相对于普通人群和一般机构而言,公众人物和公共机构因为被更多人用"放大镜"关注,一旦出现敏感话题,更容易被快速传播。网民、自媒体的爆料,娱乐博主、意见领袖的添油加醋和煽动传播,不管信息是否属实,都会加剧相关舆情的发酵升温。与此同时,炮轰公众人物和公共机构的低成本,很容易掀起一股舆论围攻的龙卷风,不仅攻击涉事者本人,还可能关联其亲朋好友。日趋严重的舆论暴力,很大程度上与这种行为的低成本有关。谩骂可以释放网民自身的负面情绪而不影响其实际生活，而且网络匿名制及集体无责任，网民的获罪风险较低；加之网络平台的无障碍连接，微博、知乎、微信、B 站等平台之间的兼容吸纳和无障碍分享，共同筑造了一个多平台、多渠道、多圈层的立体化网络舆论场。信息跨平台、跨层级的快速流通成为"举手之劳"，负面信息快速完成裂变式传播。2018 年 11 月 18 日，某公司创始人在一次大会中称"现在中国是因为女性堕落导致整个国家堕落"，这句话在网络上引发热议。一段在大会中的讲话，是如何在网络上传播发酵的？监测数据显示，11 月 18 日，某明星发微博怒斥这一观点，该公司创始人就此言论表示歉意并做出解释，随后，一些媒体的官微和网络大 V 发布该事件相关微博，引发大量网民关注与转评，舆情热度开始上升。11 月 19 日，央视网、澎湃新闻、环球网等媒体发表文章或评论，财联社 APP、梨视频等媒体官微发布视频片段，中国妇女报官方公众号发文《性别观关乎成功人士的格局 建议展开对话并提供性别平等咨询支持》，促使舆情在当日得到大面积发酵并达到顶峰。11 月 20 日，由于该公司创始人专程到全国妇联机关道歉，人民日报、中国妇女报等中央媒体官方微博发声，新京报、华西都市报等新闻媒体就道歉内容发文传播。21 日，某网站创始人发文力挺涉事公司创始人，舆情再度升温。该事件的舆论影响持续热度高，影响深远，被业界认为是近年来该公司影响力最大的负面事件。

第二，焦点演变。任何舆情事件的产生及发酵，都会引发网络舆论对相关事件多方面的解读与关注，舆论的焦点在此过程中也不断演变，尤其是网民的观点发生偏移后所引发的次生舆情，往往还在多个场域中进行传播，扩大了相关事件的负面影响。最典型的是某导演的电影，网民最开始的关注点，是谴责其启用涉"台独"艺人，随着网民对网络删帖的不满，又演变为对"资本控制论"的控诉；某演员之死一事，网络舆论最初的关注焦点是对这位年轻漂亮的女演员去世表示同情，后舆论焦点发生偏移，转变为中西医之争,部分舆论借此大肆攻击中医治疗效果,更有人呼吁淘汰或废除中医,还有部分人诟病其原生家庭重男轻女,并热议她曾因甲醛中毒入院一事,引发装修行业次生舆情。

第三,道德绑架。公众人物、知名企业和公共机构拥有更多的社会资源,在公众眼里,他们应该用更高的道德标准严格自律。从某种程度上来说,道德绑架是舆论站队的极端表现。网民依据自己的认知对事件进行判断,甚至对各方责任归属、回应举措、惩处力度都有明晰的结论。在舆情发展中,部分网民为了满足个人的心理期待和私欲,披上道德的外衣,对涉事者进行质问、谴责,甚至恶意揣测、抨击其亲友的言行,以道德的名义和语言暴力的形式"要求"他们做出"应有"的作为。例如,在某演员离婚案中,因其好友未在第一时间发微博表示支持,一度被网民围剿,辱骂其不够兄弟;某演员因抑郁症去世后,部分好友未第一时间发声,遭到部分网民炮轰和大肆辱骂等。

【案例】"某市相声演员调侃国难"事件

事件概况

2019年5月12日是汶川地震11周年纪念日,某相声演员被曝在早期的一段相声演出中,竟然拿汶川等地地震做逗梗。视频中,两名相声演员一唱一和,调侃"大姐远嫁唐山,二姐远嫁汶川,三姐远嫁玉树","三个姐姐多有造化,都是幸存者"。

当天下午,某官微发文评论该事件,称学艺先学德。艺德应当是其构筑艺术生命的重要底色。随后,中央和国家机关工作委员会旗帜杂志社官方微博@紫光阁转发这条微博并评论道:文艺工作者作为公众人物,艺德应当是其构筑艺术生命的重要底色。对文艺工作者而言,急功近利不可取,厚积薄发才是正途;艺术素质要磨砺,艺术品德更要打磨。13日凌晨,该相声演员发布微博向公众致歉,并表示,今后一定努力加强自身"艺德"建设,提高自律意识。5月13日,有网友爆料称该相声演员所有活动暂停,还有网友指出,其专场演出在各视频平台下架。相声演员调侃国难事件受到网民的高度关注。从道歉回应来看,截至5月14日,该微博转发超过4.4万次、评论10万条以上、点赞26万次以上,最热门评论点赞超过5万。与该相声演员相关的话题阅读量、讨论量惊人。

舆情点评

围绕此次舆情事件的讨论主要体现为以下四个方面。

第一,"泛娱乐化"不能无底线,言论自由不等于自由言论。有网友表示,当下"泛娱乐化"之风愈演愈烈,调侃革命烈士等乱象此起彼伏。"泛娱乐化"背后缺少的是对历史的敬畏。央视评论称,俗不是低俗,搞笑不能恶搞,感官上的刺激不代表精神上的快乐。诋毁英雄、戏说国耻都是艺术不能触及的底线。这种娱乐的示范只会产生"愚乐"的结果,最终只会消解历史的意义,瓦解社会的价值底座。网友称,无法接受用灾难来"娱乐",这不是矫情,也不是道德绑架,这是底线,是作为一个中国公民的基本道德素质……非要在大地震和慰安妇上面做文章吗,不能绕过去吗?

第二,知错就改,善莫大焉,应当给年轻艺人改过的机会,期盼日后文艺创作能坚持道德底线。澎湃新闻评论称,文明社会应该是宽容的,动辄上纲上线当然没必要,对文艺创作也应该适度包容。但所有的自由,都应建立在有底线和自律的基础之上。部分粉丝认为,知错就改,善莫大焉;对此事表示诚挚的歉意,请给年轻艺人一些时间,我们一起成长;的确会给部分公众造成伤害,但也没必要上纲上线。但是,大部分网友认为,学艺先学德,作为有一定影响力的相声演员,应时刻注意言行,特别应注意作品内容的价值引领作用。

第三，质疑其道歉的真实性，认为其回应实属害怕影响利益及躲避舆论攻击的迫不得已之举。网友称，该相声演员不是事后深感后悔，是被官媒批评后害怕被封杀才深感后悔；这道歉真的是诚心诚意的吗？因为怕以后没钱赚了，如果不被爆出来，不知道他还要说多久；从讲段子开始到昨天就没有想过道歉，突然发现影响赚钱了，就来随便道个歉；现在很多人都是不点名不批评不知道自己的错误，与其说是认识错误不如说是害怕舆论。

第四，舆论还关注该相声演员微博粉丝洗地评论现象，抨击粉丝无底线追星。网友称，看他微博底下脑残粉的态度，可怕至极；道歉微博下说"一起成长"的粉丝是要现长个脑子吗。

第四章 舆情事件的成因

第五节 公众知情权未得到满足

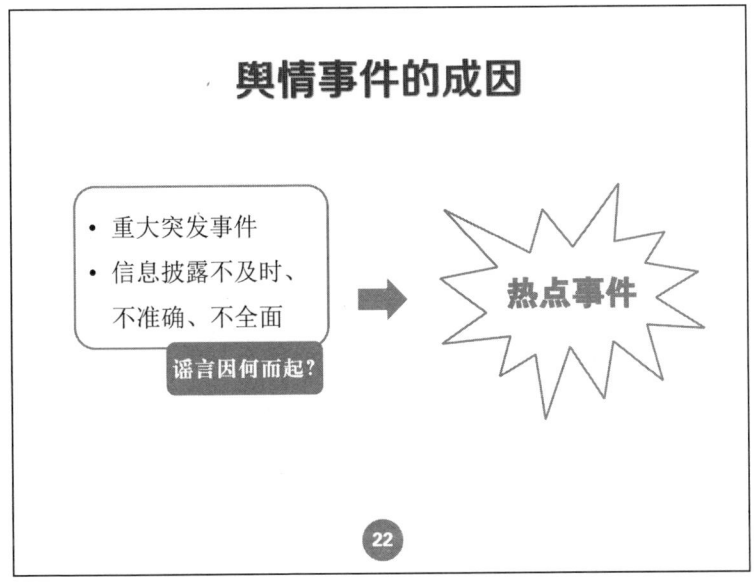

毫无疑问,重大突发事件容易引发舆论关注。在许多重大突发事件的处置过程中,一旦涉事部门未能及时公开信息,同时媒体采取选择性报道方式,就会导致公众的知情权不能得到满足,随后产生谣言,最终导致舆情事件迅速升温。

然而不幸的是,现实生活中经常出现涉事部门信息阻塞、媒体选择性报道的情况,导致公众对真实信息认识模糊,不自觉地通过互联网去寻找答案,于是谣言就有了市场。破解谣言的最好方式就是管理部门权威发声,并确保网民正常表达渠道畅通。

影响谣言传播的因素主要有三个：事件的重要性、信息模糊性以及公众鉴别力。一旦正常表达渠道不畅，官方信息又迟迟不出来，或者不被公众所接受，就可能导致谣言四起。

政府部门的重大决策与重大项目具有特殊性，容易激起民众强烈的表达意愿。在此情况下，项目决策中畅通正常的表达渠道成为避免民众非理性聚集的重要方式。然而，在 PX 事件、垃圾焚烧发电事件、"煤改气"事件、"清理天际线"事件中，政府部门在畅通表达渠道方面所做的工作远远不够，多数重大决策都是独断式、灌输式的做法，未能跳出"防""堵""压"的既有思维框架。关系到民众重大利益的项目和决策在未听取民众意见、未进行舆论风险评估的情况下就表现出"马上就干"的姿态，引起民众争议甚至恐慌可谓必然。

从政府决策角度来看重大项目的投资建设，可知政府部门重大决策、重大项目的投资建设牵涉到方方面面的利益，很容易成为舆论关注的焦点。如果重大项目缺少风险评估或漠视民意，就会导致对抗情绪日渐升温，出现群体性事件的概率就会大大增加。一般而言，重大项目投资金额大，涉及利益主体多且关系复杂，对经济和社会的潜在影响深远。因此，重大项目决策尤需尊重所在区域公众的知情权和表达权，认真分析并回应相关诉求和关切。新华网舆情监测分析中心的研究显示，公众对"涉及众多民众利益，但有关部门垄断行政决策，未能及时通报消息"的行为最不满。新华网舆情监测中心对多起重大环境群体事件进行分析发现，环境群体事件中涉及的重大工程项目，大多存在没有情况通报、没有听证，甚至项目附近居民大多不知道其存在等现象。当前，舆论环境已不同以往，政府在要求民众理性表达诉求的同时，必须做到决策科学、公开、透明，尤其是重大决策出台、重大项目上马之前，务必做好舆论风险评估。

重大决策、重大项目民意调查及舆论风险化解考验着政府的执政水平，也事关社会发展大局。近年来，无论立法领域还是执法环节，作为发扬民主的重要举措，听证会都很受推崇，也取得了不错的效果。目前，我国一些省（区、市）已开展了省级政府重大项目公众意见征询工作，不过在现实操作中，一些地方仍停留在文件层面，存在公众不参与、公众无序参与、公众无法参与等现象。

微信公众号"学习小组"文章称，网民的情绪是真实的表达，网上反映的问题，不论是大的还是小的，不论是普遍性的还是个体性的，不论是和风细雨的还是忠言逆耳的，不论是原汁原味的还是渲染放大的，都是客观存在的，都需要理性对待、认真倾听，积极地做好化解和引导工作。

而在重大决策、重大项目的事前、事中和事后整个过程中，信息公开尤为重要。满足公众的知情权和公共决策参与权，让信息公开和政务舆情回应成为社会舆论的压舱石，将在很大程度上规避、降低由重大决策带来的舆情风险。

涉事部门必须认识到，面对民意激荡的舆论领域，消极面对或加以压制都已不合时宜。公共权力面对舆论的质疑，应在第一时间组织力量及时准确地发布信息、公开透明地予以回应、迅即有效地研究解决之策，防止其升级与扩大。只有这样，才能未雨绸缪，避免问题的积聚。因此，涉事部门不要老慨叹"为什么群众不理解"，而应反思"我为什么不早说"，改变简单粗暴或沉默被动的网络舆情处置习惯，及时解开网络事件的疑窦，让真相原原本本地展现在公众面前。不然，越是遮掩，网民越是怀疑。

以部分地区"煤改气"为例，雾霾等大气污染影响健康，容易诱发疾病，煤改气、清洁取暖正是要规避这种环境恶化带来的风险，保障群众的身体健康。最近几年中国北方的冬天，蓝天多了，空气好了，雾霾少了，"煤改气"举措功不可没，环保工作的持续推进已为大家带来了实实在在的好处。为解决短暂性"气荒"而造成的部分地区群众供暖困难，多部门都在谋划出力，生态环境部甚至多次派出巡查组深入京津冀调查解决供暖问题，切实保障供暖安全。环保部门的艰辛和种种积极作为，令人感动，值得尊敬。然而，舆论却在质疑：让民众温暖过冬为何要环保部门发函？"煤改气"与"气荒"究竟有没有关系？天然气都供应不上，为什么要改变烧煤的取暖方式，让群众挨冻？天然气价格贵，煤改气有没有为民众算清这笔账？诸如此类的问题和质疑，有关部门缺少信息公开，没及时有效地释疑解惑，以至于做好事却遭埋怨。

【案例】某垃圾焚烧厂事件

事件概况

2014年5月初，某市市民因反对某垃圾焚烧项目选址，发生规模性聚集。聚集人员封堵省道和高速公路，一度造成交通中断，许多警察和群众不同程度受伤。5月12日，警方对7名网上散布谣言的违法人员依法做出行政拘留处罚，同时对53名犯罪嫌疑人予以刑事拘留。此次舆情事件一度引发网友热议。

该市的东南西北四个方向都建有垃圾焚烧厂，但每天的处理能力已经严重跟不上垃圾的产生速度。在现有的焚烧能力之外，该市每天尚有超过5000吨的垃圾无法处理，只能直接填埋。此举不仅对环境影响更恶劣，而且现有填埋场的承载能力不足6年。建设垃圾焚烧厂是实现垃圾减量、缓解"垃圾围城"现象的最有效方式。

之后，当地政府通过组织群众赴外地参观考察，因势利导召开垃圾焚烧项目答辩会，增进互信，相关矛盾逐渐化解，项目顺利推进。人民日报撰文指出，吵过闹过，还能在原址落地、推进，这在全国也不多见。

第四章 舆情事件的成因

舆情处置

第一，公共利益至上，群众不同意不开工。2014年5月9日，经市政府同意，某区委、区政府发布项目通告，明确了三条意见：在没有履行完法定程序和征得大家理解支持的情况下一定不开工，停止一切与项目有关的作业活动；前期将邀请当地群众全程参与，充分听取和征求大家意见，保证广大群众的知情权和参与权；希望广大群众不要再到项目工地及相关办事机构集聚，保持理性，依法按正常渠道表达诉求，共同维护正常的社会公共秩序。

第二，加强科普和信息公开。2014年7月至9月，相关街道办事处共组织了82批、4000多人次赴外地考察。垃圾焚烧发电项目周边的4个核心村，80%的农户都有人参加了考察。已在国内建设运营近60个垃圾焚烧发电项目的企业，其在苏州、南京、常州、江阴、济南、宁波等地的分公司都接待过村民的考察。"那段时间平均每天都有近100位群众去参观，我们开玩笑说就像运营公交车一样。"街道办事处主任说，"亲眼看过后，村民们脸上有笑容了！"与此同时，政府因势利导召开了垃圾焚烧项目答辩会，村民代表的问题一个接一个，像垃圾存哪里、怎么烧，二噁英和飞灰怎么控制、怎么处理，方方面面都有详细回答。

第三，依法处理造谣滋事。前期，在大家担忧之际，村里家家户户都收到了所谓"环保人士"的宣传，像什么"二噁英影响子孙后代生育能力，生的孩子缺手断脚，连村里的狗都不会交配了"，此类谣言加剧了村民的恐慌心理。网上几个QQ聊天群里，也时常冒出怪论，说"村里有个坏书记，垃圾厂就是他引进来的，项目一起来他拿到好处就跑了"。面对谣言，政府采取了断然措施：对煽动滋事者，依法予以坚决打击。

如何有效处置网络舆情

舆情点评

在这一事件中,谣言引起市民极度不安和担忧。一位从事垃圾焚烧发电项目规划设计的专家表示,垃圾焚烧发电过程中确实会释放少量有害气体二噁英,但以目前的技术,足以让该气体在空气中瞬间稀释。而瞬间稀释后的二噁英对城市的影响,相当于重度雾霾的两千分之一。因此,在许多重大项目引发的舆论风险中,科普是有效化解矛盾的重要途径。

"邻避效应"在中国已十分显现。某市垃圾焚烧项目所面临的窘境是"邻避效应"在中国的典型反映。欣慰的是,当地政府部门采取了正确、有效的处理方式,很好地化解了矛盾,致使项目顺利推进。

第四章 舆情事件的成因

第六节 不当言行挑战道德底线

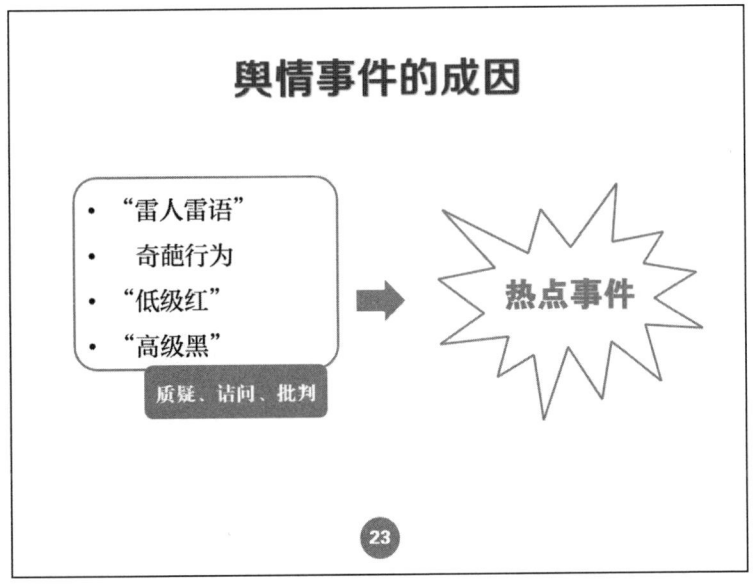

某局长口出"老百姓想要公平是臭不要脸"被曝光、某官员称赌博"是陪单位女同胞安全渡过更年期"、某文化局局长称"你敢在新华网上曝光，我就叫它关闭"……官员"雷人雷语"和奇葩作为时常出现，在网上引起轩然大波，质疑、诘问、批判、分析纷至沓来，形成多维度的舆论反弹。

被网友戏称为"雷语第一人"的某副局长，让人大跌眼镜。2009年6月17日，中国之声《新闻纵横》报道，某村原本被划拨为建设经济适用房的土地上，竟然被开发商建起了12幢连体别墅和两幢楼中楼。在对某市规划局副局长的进一步采访中，该副局长居然爆出了"你是准备替党说话，还是准备替老百姓说话"的雷人言论。事件被媒体曝光后，在网络中引起轩然大波。有网友评价"见过雷的，见过牛的，还真没见过雷死牛的"，甚至有网友称，"这位副局长可以下课了""由此可见为什么很多官员会有意无意、自觉不自觉地脱离群众"。

客观地说，经过几年的"触网"，不少领导干部都对网络舆情有一定的认识，但是仍然有一些领导干部"无知无畏"，成为网民和舆论一再聚焦的对象。据《中国青年报》报道，2016年12月6日，某村村民刚建起的屋墙被推倒，该县国土局执法大队大队长说，"不要问我为什么，老板（副县长）说动手我就动手，他说拆我们就拆""反正一句话说到底，就是权大于法"。实际上，像这样的雷语，在网络舆论场一再上演。

面对当下个别部门和机构挑战公众常识和社会承受底线的不当作为，2019年1月31日，《中共中央关于加强党的政治建设的意见》（下称《意见》）明确指出，要以正确的认识、正确的行动坚决做到"两个维护"，坚决防止和纠正一切偏离"两个维护"的错误言行，不得搞任何形式的"低级红""高级黑"，决不允许对党中央阳奉阴违做两面人、搞两面派、搞"伪忠诚"。《意见》一经发布，相关表述迅速引发舆论关注。北京联合大学马克思主义学院原院长韩强在出席海外网金台沙龙时解释道，所谓"低级红"就是把党的信念和政治主张简单化、庸俗化，这其中有些行为是违反常理的，在不少情况下，暗含的也是一种"黑"。而"高级黑"是更"高级"一点的"黑"，在语言上可能更讲究技巧，更华丽幽默，有时甚至披着学术的外衣，伪装性更强。再就是极端化地解读党的理想信念、宗旨、方针政策等，达到"黑"的目的。总的来说，"低级红""高级黑"都是主观主义、形式主义的体现，"低级红"往往会发展到"高级黑"的阶段。

《人民日报》曾发表文章《领导干部应善于讲话》，其中写道，讲话出现问题，与学习、修养有关。如果领导干部不爱学习，总是读书没兴趣、看报没时间，自然思想跟不上、水平提不高。这样的领导干部，跟群众交流只能说老话、套话、空话，群众听后自然不感兴趣。讲话出现问题，还与立场、态度有关。不善讲话的领导干部，还容易出现一些让群众反感的"雷语"，不但损害自身形象，还影响党群、干群关系。同时，文章在最后强调，领导干部既要讲得好，更要做得好。领导干部要善于讲话，但这并不意味着只要能说会道就万事大吉了。"干打雷，不下雨""放空炮"是群众最反感的。面对群众，领导干部必须讲话不失信、表态要落实、承诺要兑现。

"雷人雷语"不仅暴露了官员在公众面前的傲慢，更暴露了部分官员话语和思维方式的不当之处。"官员雷人语录"成为流行语，奇葩作为刷新公众认知。这种现象和语录本身都让人称奇。在被公众广泛关注时，涉事官员基本被停职或被免职。表面上看，官员"雷语"频出的主要原因是官员不注重自身学习和提高，不看书、不读报，内行人说出外行话，属于言行失范。实际上，正如媒体评论所说，官员"雷人雷语"和奇葩作为折射出部分官员内心的飞扬跋扈。

因此，要改变"雷语"和奇葩作为层出不穷的现象，领导干部仅从业务能力和说话技巧加以提升是不全面、不彻底的，必须提升执政能力，真正做到"权为民所用，情为民所系，利为民所谋"，让权力受到有效监督和制约。官员对人民负责，"雷人雷语"和奇葩作为自然会销声匿迹。

当然，一些网友在网上发布举报信息时，为吸引公众眼球，刻意制造一些官员的"雷人雷语"，给当事人或涉事部门事后辟谣、澄清带来困扰，这一现象也不容忽视。

如何有效处置网络舆情

【案例】基层官员扬言"威胁我就是威胁党"

事件概况

2014年1月,媒体爆出,某地区一对夫妻投资70余万元,建成了石料废渣回收处理厂,因没有原材料,工厂无法正常投产。当他们找到当地党委书记时,书记要他们去找该乡前任领导解决,并认为两人找媒体来采访,是威胁自己。面对镜头,该书记爆出雷语,"感觉你在威胁我""你(是在)威胁共产党"。"威胁我就是威胁党"一经媒体曝光,迅速引来众多门户网站和网友的围观,"威胁我就是威胁党"一词在微博上也引起广泛热议。舆情监测数据显示,"威胁我就是威胁党"的微博热议量近5万条,网络帖文上万条。其中,来自"新浪新闻视频"的该条微博获得3000多次转发。

媒体报道

《书记"威胁我就是威胁党"暴露的"大问题"》一文认为,该书记能狂妄到"以己为党",无外乎三方面原因:一是该地存在制度漏洞,一把手的权力还没有被关进笼子,一言堂还没有"关门大吉","权壮怂人胆"现象还没有根除;二是该地存在监管真空,对领导干部言行没有形成有效的约束力,导致个别干部如"虎咀出柳",恶言伤人、雷语伤党;三是该地存在宣教死角,为民务实清廉的"春风"吹面未入脑,拂袖没入心,效果不理想。总而言之,乡镇书记口吐惊雷,是"小事件"暴露的"大问题",应引起相关部门的高度重视,须从锁紧制度铁笼、织密监督铁网、硬化惩处铁腕等方面入手,进一步正风肃纪,让雷官雷语、恶官妄语、昏官乱语、庸官梦语等不良现象彻底化作尘埃。

中国纪检监察报的文章《"威胁我就是威胁党"的多重逻辑混乱》指

出，每年都会有一些官员"雷语"出现，"威胁我就是威胁党"之所以雷，在于这句话中隐含了多重的逻辑、情理、执政意识与法理等的混乱。"威胁我就是威胁党"是个别官员个人素质差的表现，更是一些执政者执政意识错位和混乱的表现。这种频出"雷语"、唯我独大、权力独大的官员意识和官场现状，以及如何促其改变等问题，值得我们关注和反思！

中国共产党新闻网发表文章《乡镇党委书记称访民"威胁党"被停职冤不冤》，文章指出，作为一名领导干部，在面对上访群众和媒体记者时，乡党委书记缺乏最基本的道德素养，张牙舞爪、口无遮拦、口若悬河，一味地推卸责任，最终只能是"搬起石头砸自己的脚"，一点都不冤。作为领导干部，一定要从中吸取教训，对权力心存敬畏，举一反三，做到警钟长鸣。

舆情点评

舆论普遍对"雷语"折射出来的官员媒介素养低和官僚主义强表示担忧。

如今，网民时常通过官员的言行，尤其是面对突发事件采访时的言行对其进行评判，如果官员爆出"雷人雷语"，就会塑造出一个傲慢无理、懒政怠政的公共形象，即便是一些官员的个人行为，却伤害了全体官员的形象。客观地说，在不同的情境下选择合适的表达方式并不容易，官员的言行要严肃，又需要适当的活泼，同时不能失去诚意，这考验着官员的责任感、服务意识和语言素养。

第七节　社交媒体平台成为信息重要传播途径

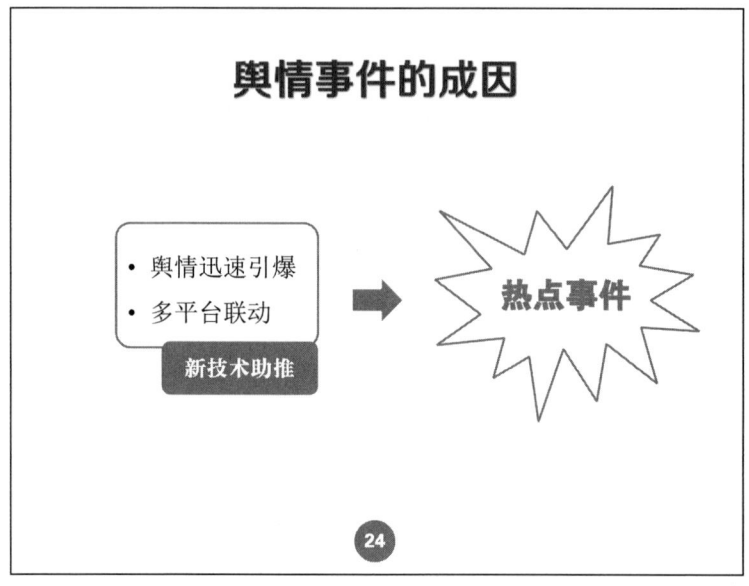

微博、微信等社交平台已成为当下最重要的舆论场之一。2010年被称为"微博元年",据不完全统计,这一年微博用户将近7500万人。2011年,腾讯公司推出微信。微信提供公众平台、朋友圈、消息推送等功能,用户可以通过"扫一扫""摇一摇""搜索号码""附近的人"等方式添加好友和关注公众平台,同时微信支持用户将内容分享给好友以及将用户看到的精彩内容分享到朋友圈。此后,发红包等新功能不断叠加,强化了用户黏性,用户数呈几何级数增长。微博、微信聚合了媒体、社交、应用平台等多种功能,满足了用户对海量即时信息,以及网络社交、个性化应用的需求。

知乎、豆瓣、抖音、快手、小红书、B 站等社交平台相继诞生并不断做大做强，用户规模日益庞大。

微博、微信等社交媒体平台已成为主流媒体新闻报道之后的第二大舆情源头。近年来，中国发生的绝大多数热点事件都会在微博、微信等社交平台快速传播。舆情经过这两个平台传播后，一般会变异或放大，社交媒体平台引领舆论的特征日益明显。微博、微信用户数量的增加，网民登录网站方式的改变，以及移动互联网的发展，使中国舆论场的重心迅速向社交媒体平台转移。相应地，意见领袖开始分享由传统媒体和网络媒体所把持的话语权，传统媒体报道日益受到网络舆论特别是微博舆论的影响。

社交媒体平台打破了传统的媒体报道格局，其中一个重要表现就是话语权的部分转移和变化。随着网民人数的快速增长，越来越多的人聚集在社交媒体平台，意见领袖亦从中涌现。与传统媒体相比，社交媒体平台普遍具有交互性，这使意见领袖的观点、态度传达得更加广泛；基于巨大的用户数量，这种传达的广度和深度进一步增加。意见领袖分为两种：一是在现实社会中具有一定的身份和地位，凭借已有的名气在微博上拥有大量粉丝；二是处于信息源上端，能发布最快捷、最权威的信息。

目前，社交媒体平台上的舆情呈现出与现实互动增强的特点。网络社会动员效果极其明显，通过线上线下的一系列联动反应，促使事件得到更好、更快的解决。以"随手拍解救乞讨儿童"为例，2011 年春节期间，由著名学者于建嵘发起的"微博打拐"行动，引发舆论热烈讨论，网民积极参与。对此，《人民日报》评论文章《微博打拐验证民众智慧理性》对该行动给予了充分的肯定，称"随手拍照解救乞讨儿童"是网络时代典型的公民行动。

在所有的社交平台中，微信推动舆情事件传播的效果最为突出。微信具有明显的"圈子"特性。社会学"差序格局"观点认为，中国社会结构就好像把一块石头丢在水面上所发生的一圈圈推出去的波纹，每个人都是其社会影响所推出去的圈子的中心,被圈子的波纹推及之后就会发生联系。每个人在生活中,因为某种原因,都有自己的圈子,如以亲缘、血缘、地缘、兴趣爱好而结成的各种圈子。借助互联网技术,现实生活中的圈子几乎是原封不动地平移到了网络之中。以微信为例,以传播者为中心的圈子无处不在:以血亲关系为基础的亲友圈,以学业或工作关系为基础的同事校友圈,以兴趣爱好为基础的兴趣圈等。各种"圈子"都会影响微信的信息传播,进而影响微信舆情的扩散形态。

圈子的形成源于圈子成员对一些话题的共性,如对事物的看法、行业的交流、生活方面的探讨等,圈子成员彼此产生交集并形成朋友圈。一般而言,圈中成员较容易达成认知取向和价值判断方面的一致。公共话题进入微信圈子后,圈内将有多样信息的传递、多元观点的碰撞以及激烈情感的表达,此时圈内舆情是多元对立的,有时甚至是激烈且非理性的。显然,任由多元对立的圈内舆情发展是不利于维系圈子的稳定的。因此,以意见调和为目的的信息传播在此时显得尤为重要。在这种情况下,圈子中的核心节点,如群主、意见领袖、活跃因子通常会在维护圈子稳定与和谐的前提之下,在圈内进行必要的信息把关、情绪疏导、共识凝聚、观念引导等,有时甚至采取更严厉的群规(如"踢人"),对圈内各方成员施加影响,解决冲突,使圈内舆情稳定,观点趋于一致。

微信圈子中存在若干中间节点,这些节点通常是各圈子中社会资源较多、跨界活跃的传播者,通过这些中间节点的导入性传播,某一类信息得以广泛传播,继而成为公共话题,相关舆情得以扩散蔓延。因此"节点传播"是微信最重要的传播形式。舆情信息在节点之间以互动共享的方式进行传播,节点又是与网络紧紧联系在一起的,这使每一个网民都被编织进传播网络中,每个人都是一个传播节点。微信中的节点传播具有巨大的威力,传播的影响力随传播节点以几何级数扩散,在极短的时间内就可以汇聚巨大的关注度,引发社会热议。节点传播会产生一种旋涡式发酵,某一事件从某一个信息源出发，到某个节点后可能突然停止，停止之后突然出现一个新的信息源，于是又成为一个新的传播中心继续发酵。

以"和颐酒店事件"为例。2016年4月5日，网友通过微博发布了一篇长文章，叙述了自己4月3日在和颐酒店入住时的惊险一幕。她被陌生男子跟踪后强行拖拽，幸亏一名女房客搭救，才没有受到更大伤害。截至4月6日晚9时，该事件的微博相关话题阅读量为16亿人次。清博新媒体指数平台显示，相关微信文章阅读总量为180万人次，其舆情热度、力度实属"前所未有"。

清博大数据分析师总结，此次舆情具有两个明显特征。第一，舆情越来越呈现"两小时内全爆发""十亿量级传播"这两种新现象，双微的信息势能之大值得关注。本次事件中微博势能巨大，一天内话题阅读量就达到10亿次。5日晚8时10分，该网友发布配有视频的微博后，大量微博大V转发，舆情迅速发酵，继而扩散到微信群和朋友圈。虽然事发地为北京，但全国各地网友都被此事件刷屏。一个地方事件在两小时内就成为全国性公共事件，甚至打破地域界限，足以见证微博、微信的极大威力。近年来，已经发生多起在微博、微信平台瞬间爆发的舆情事件，我们真正进入"双微舆情"时代。第二，舆情具有很强的"平台轮换、相互刺激"的跨平台传播特征。很多舆情起源、发酵于微博，继而转入微信群、朋友圈进行"封闭式讨论"，情绪化分享加速信息传递速度。随后，公众转到微博进行海量信息交换，微博承担着舆论公共空间的作用，微信则起到促使信息加速度传播、情绪趋同的效应。

由此可见，在信息传播的过程中，社交媒体平台的每一个节点既是传播者又是受众，传、受角色的转换，使人人都可以发声，分享信息、表达观点，传统媒体时代所追求的意见统一性，在社交媒体平台上被大大削弱了。节点式传播，助力了普通网民的意见表达，也给舆情管理带来了新的挑战。

如何有效处置网络舆情

【案例】社交媒体成为美国总统大选的新战场

事件概况

2020年美国总统大选，拜登最终当选，特朗普接连在推特上炮轰拜登"选举欺诈"，称"他（拜登）之所以获胜，是因为选举被操纵了"。该事件也引发了世界舆论对"选举操纵"话题的关注。随后，社交媒体推特和脸书先后封杀特朗普的账号，声称此举是为了阻止他在这两个平台上发表煽动言论，而这样的煽动言论直接引发了他的支持者发动了对美国国会大厦的攻击。

事件分析

一、精准用户画像

据美国媒体报道，社交媒体平台的匹配和定位技术被广泛运用于总统大选的广告以及宣传中。通过跟踪用户的在线行为，平台算法可以创建用户的个人资料，并描绘出用户画像，用于向特定目标群体提供建议或信息。平台算法将社交活动转化为在线量化数据，实时跟踪和预测分析潜在选民的动向，利用大数据算法可以比以前更快速、更精准地分析和聚集用户的个人资料。针对相同或相似类型的目标人群发布操纵性信息，能够影响有某些"潜在倾向"的选民。比如，社交媒体平台可以进行选民人格分类，并通过他们的使用数据，如他们朋友的名单，他们阅读或观看的内容，以及购物、写作等在线行为来预测其偏好。

二、传递虚假信息

发布虚假信息是政治选举操纵中最惯用的手段。利用社交媒体进行分享，可以对选民选举行为产生更加深远的影响。由于社交媒体中用户之间彼此的黏性和圈层，相较于传统的新闻报道，选民更容易相信并吸收社交媒体中关于目标候选人的宣传，并受其影响。此外，虚假信息也可以左右部分处于摇摆状态的选民，即使接受者并没有完全相信这些信息是真实的，也可能受到情感上的潜在影响或心理上的轻微推动。

2020年美国大选期间散布的虚假故事和阴谋论中，分享最多的一篇文章是"被揭穿的亨特·拜登的故事"（被主流媒体否认的"笔记本硬盘"故事），这个话题在社交媒体上被提及3130万次；关于通过邮件欺诈投票的虚假声明，总共被提及了1400万次；关于反法西斯团体"安凡提"的暴力行为和大规模杀戮的不实数据，在美国民权抗议活动中被提及了720万次；毫无根据、随时更新的Qanon阴谋理论被提及了620万次。这些谎言被全国各地的受众所接受，但并不均衡，针对摇摆州发布的频率最高，受虚假信息影响最大的三个州是宾夕法尼亚州、密歇根州和佛罗里达州。这种错误信息的传播，可能是民调再次和选举的得票率产生巨大偏差的原因之一。例如，虚假的"亨特·拜登硬盘传闻"在佛罗里达州被传播热度几乎是宾夕法尼亚州的两倍。与此相似的是，在佛罗里达州居住的大量使用西班牙语的人群就成了很好的目标人群，《纽约时报》报道称，短短24小时内，西班牙语的虚假信息产生的流量，甚至超过了四年前美国大选。

三、"剧透"诱导选民

网络应用"剧透"使用算法检查搜索结果，并减少某些帖子的影响，这种选举操纵的方式早已轻车熟路。比如，在2020年美国总统选举期间，谷歌通过其搜索引擎分享关于选举的"有用信息"，通过谷歌地图将选民引导到投票地点，"提醒"选民重要的选举日期，通过YouTube传播总统辩论，使用预览功能在选举当天"报告"初步结果。这些看似为选民提供服务的行为背后，其实早已经加成了不同算法，对选民进行心理暗示。

舆情点评

关于这个问题，美国国内在过去几年中不乏大量回顾、挖掘、分析、揭露,美国国会和司法部门还为此进行听证和调查。这些表象背后,很多诡秘运作和具体操作的细节仍然深藏不露。在大数据和人工智能算法的加持之下,世界范围内的"选举操纵"变得更加普遍和隐秘。无论在美国、巴西等国的总统选举中,还是在英国脱欧公投中,社交媒体平台都隐现出机器影响和操控选民决策的身影。美欧媒体发表评论指出,在美国大选中,谁来选择下一任总统?是美国人、美国选民、美国新闻媒体,还是脸书、推特等社交媒体?相比"总统竞选大战"中的传统节目,比如10月起的三场总统候选人辩论战和美国传统新闻媒体的报道和评论,社交媒体已无处不在地发挥关键性作用,且影响越来越大。

第八节 自媒体意见领袖、网络推手、境外势力等组织策划

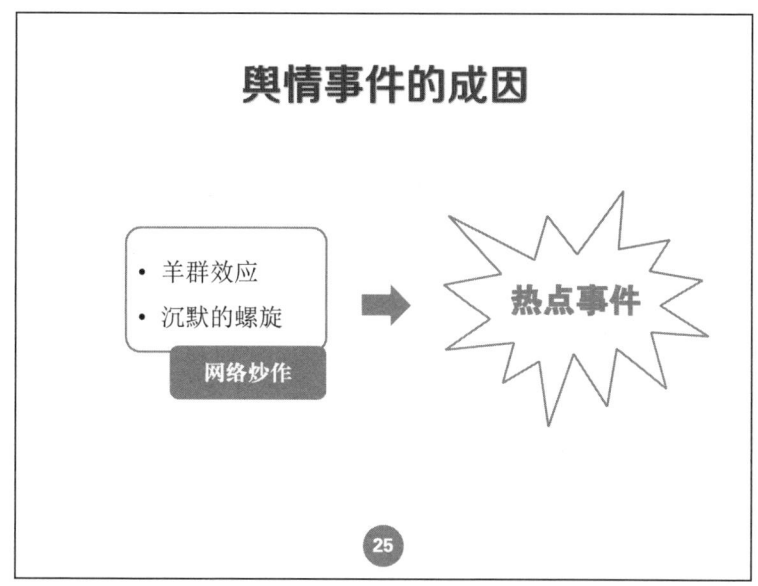

"网络推手"一词最早出现在"天仙妹妹"事件中。2005年8月初,某网友独自驾车到四川省阿坝州旅游时深入羌寨,路上偶遇尔玛依娜,在征得她同意后拍下了一组照片。随后,他以"单车川藏自驾游之:惊见天仙MM?!"为标题,在TOM网站的一个汽车论坛上发表了其惊遇天仙妹妹的故事,并将尔玛依娜的照片一一上传,引起论坛热烈讨论,"天仙妹妹"这一名字由此叫开。

"天仙妹妹"的身影出现在各大BBS社区,引发了网友的热烈评论。

"天仙妹妹"的人气直线飙升，有些网站相关帖子的点击量在一天内竟超过10万次。随后又有新闻报道"南京网友痴迷天仙妹妹，自掏30万为其出画册"的消息，更助长了"天仙妹妹"的人气。2005年12月，"天仙妹妹"参加了多个门户网站的年终人物评选，在搜狐的"2005年新生代偶像评选"中，力压李宇春、刘翔、言承旭等偶像明星，以44%的高得票率获得冠军；在网易的"中国偶像——2005年网络人气王"中，从150名著名网络人气中脱颖而出，战胜李宇春、周星驰等获得亚军。此外，天仙妹妹先后接受了四川线上、TOM、搜狐、网易、腾讯、深圳新闻网等网站的采访和视频直播，成为2005年名副其实的网络人气王。

2005年11月14日，《解放日报》发表了题为《"网络推手"打造网络奇迹川女命运三月间改变》的报道。显然，最初"网络推手"只是一种利用互联网人气的营销、炒作手段，是中性的，没有制造谣言、欺骗公众。

然而，"天仙妹妹"事件背后的网络推手公司炮制了多起低俗、博眼球的热门事件，多次通过信息网络有偿提供删除信息服务和发布虚假信息服务。2014年11月，北京市朝阳区人民法院依法公开宣判被告单位北京尔玛天仙文化传播有限责任公司、北京尔玛互动营销策划有限公司，被告人杨秀宇(网名"立二拆四")、卢梅非法经营一案。杨秀宇一审获刑4年，罚金15万；卢梅一审获刑1年半，罚金3万；尔玛天仙公司被判罚金50万；尔玛互动公司被判罚金20万元。

目前，网络推手的内容也越来越复杂，他们介入的事项包括公益行动、监督维权、产品宣传、个案炒作、危机公关和制造传播谣言等。

网络推手的目的是通过"带节奏"来实现的。网络推手屡屡得逞，是利用了人们对网络传播规律的不了解、不适应。在传统社会中，人们获取信息的渠道有限，对社会的认知主要基于熟人之间的言谈，或是报纸、电台、电视台等传统媒体的报道。对于熟悉的人提供的信息，每个人的心中都有一定的置信度，不易受到欺骗。而传统媒体一般具有很强的社会责任感和把关意识，极少出现不准确的报道，因此，多年来人们养成了对传统媒体的高度信任感。在网络时代，人们开始通过网络获取信息，习惯将信任拓展到网站提供的信息上，却不知道由于网络推手的干扰，网络信息可能偏离了事物的本来面目。由于人们对网络信息的轻信，"曾子杀人""三人成虎"之类的故事特别容易在网上发生，这也是假新闻屡屡通过网络媒体兴风作浪的原因。

网络推手们为何频频得手？当大多数人对某一事物形成共识时，人们常常选择"随大溜儿"，顺从多数人的意志，这就是"羊群效应"。在过去的现实生活中，多数人的意志很难被轻易左右，推手们没有用武之地；但在网上，推手们很容易通过各种调查活动制造"民意"，裹胁网民。"推新闻""顶帖子""新闻表决"等，都是近几年发展起来的推手模式。在一些新闻网站，用户不需要实名认证即可注册，甚至无须注册即可对某条新闻的内容表示"顶""中立""踩"。与传统的社会调查相比，这类调查结果很容易失真。事实上，粗疏的网上调查容易被他人所左右，特别是在网络推手、网络水军的技术性干扰下，网上调查结果更难以代表广大群众。

传播学中"沉默的螺旋"理论告诉我们，人们在表达自己想法和观点的时候，如果看到自己赞同的观点受到广泛欢迎，就会积极参与；而发觉自己赞同的观点无人或很少有人理会，甚至被群起而攻之，就会保持沉默。意见一方的沉默造成另一方的增势，如此循环往复，便形成一方声音越来越强大，另一方越来越沉默下去的螺旋发展过程。因此，作为受众的网民在受到"周围意见环境的认知"或"意见气候""多数意见"所带来的压力时，便可能改变已有的看法或观点。于是，一些水军在网上引爆议题之后，成千上万的水军便会陆续跟上，在网络上不停地传播意见，制造强势态度，网民又往往缺乏判断力，盲目跟风，或怕被孤立，在沉默不语和不知不觉中，网民与网络水军合力占领了舆论的主场。

新技术、新方法的出现为网络推手增加了新能力。在论坛上，网络推手主要借助各种技术手段来伪装"民意"，实现其炒作目的。

"智能发帖机"就是网络推手惯用的一种手段。"智能发帖机"实际上是一种伪装身份发送信息的软件，它通常利用黑客技术，在短时间内往指定的网络平台发送成千上万条帖子。当"智能发帖机"发出的帖子大量出现在某个新闻报道或观点文章的留言处，很容易影响网友的意见和观点，从而改变舆情态势走向。

"贴标签"也是网络推手们常用的手法。近年来，一些新闻热点事件，常常发生"舆论反转"现象，在没有查明事实真相之前，各种舆情经历不断流变后，演变成与真相大相径庭的谣言，其间"贴标签"扮演了重要角色。舆情事件被贴上某种标签，迎合了公众长期形成的刻板印象，网友不经分析思考，不等待事件的调查结果，就草草做出判断并进行传播，引发错误的舆论导向，最后往往让事件面目全非，反而让真相看起来更加"尴尬"。

伴随着信息时代的到来，媒介传播渠道丰富、快捷、透明，人人都可以发表意见并成为传播者，不再仅仅是信息的受众。社交媒体的广泛普及，使舆情事件能迅速发酵，引起网民热议。在广州班主任"体罚学生"事件中，网络推手们通过渲染和夸张，让"体罚""吐血""哮喘""急救""殴打"等词刺痛网友善良的内心，愤怒的情绪恰如沸腾之水，喷涌而出。在事实调查清楚之前，已经谣言满天飞，这种现象造成很多不良影响，让涉事机构蒙受巨大损失，危及政府的公信力。

从以上分析来看，游走在道德、法律边缘的网络推手、网络水军已严重了影响网络生态。在监管缺失的情况下，负面效应日益凸显，治理"网络水军"的呼声也日益高涨。有关专家分析，按照现行法律，其实可以依据《中华人民共和国刑法》《中华人民共和国广告法》《中华人民共和国侵权责任法》的有关条文给"水军"定罪。2013年9月9日,最高人民法院、最高人民检察院联合发布了《关于办理利用信息网络实施诽谤等刑事案件适用法律若干问题的解释》,通过厘清信息网络发表言论的法律边界,为惩治利用网络实施诽谤等犯罪提供了明确的法律标尺,从而规范了网络秩序、保护了人民群众合法权益。

但是,由于对非法网络公关界定不清、证据难以收集,监管及打击的难度较大,对非法网络公关的治理成效也就不太理想。其实,公共领域被商业操作屡屡侵犯,不仅在于网络水军的兴风作浪,也与政府、企业对网络舆情的不当处置和作为受众的普通网民媒介素养有待提升密切相关。因此,在法律约束和网络公关公司的行业自律之外,要想有效化解舆情危局,"澄清"网络水军所搅乱的一潭浑水,需多方合力。

【案例】"江某遇害"事件

事件概况

2016年11月3日凌晨,留学日本的24岁青岛女孩江某,在其租住的公寓二楼走廊被一男子连刺数刀身亡。事情发生时,其好友刘某在公寓内。犯罪嫌疑人系刘某前男友陈某,此前刘某因不堪其扰,躲避到闺蜜江某家暂住。而后,日本警视厅将嫌疑人逮捕。2017年12月11日,留日女生江某遇害案在日本东京开庭审理。2017年12月20日,日本法院以故意杀人罪和恐吓罪判处陈某有期徒刑20年。

舆情分析

2017年3月,江母发起"为被害独女讨公道,单亲妈妈众筹赴日"线上活动。5月21日，江母在微信和微博上发布文章《泣血的呐喊：刘某，江某的冤魂喊你出来作证！》，曝光了刘某及其父母亲的姓名、身份证号、手机号码等私人信息。随后刘某父亲通过电话告知江母，准备起诉她侵犯隐私权。8月23日，受多方媒体和网络言论的压迫，刘某第一次和江母见面。此时，只有小范围的公众在关注这个事件。11月9日，新京报对话栏目陆续发布采访刘某和江母的视频，引起了舆论的广泛关注。随后自媒体纷纷发声，《刘某，江某带血的馄饨，好不好吃？》《刘某江某案：法律可以制裁凶手，但谁来制裁人性？》等带有强烈情感宣泄的文章挑动网友的愤怒之情，舆论就此发酵蔓延，网友纷纷关注此事，舆论焦点也从陈某转移到了刘某身上。大家纷纷指责刘某，认为刘某是"帮凶"、是"毒闺蜜"，江某是因她而死。在众多自媒体的发声下，互联网内形成了一股舆论，以指责刘某为主要声音。

舆情点评

在此次事件中，刘某被舆论讨伐，与意见领袖的文章"带节奏"明显分不开。自媒体掀起了舆论审判的高潮，受众在自媒体的"引导"下，进行了焦点模糊的舆论评论，要求法律惩罚刘某，甚至认为她应该被判处死刑。而网上评论以负面化、情绪化的信息为主，甚至出现了人肉搜索，言语暴力倾向的现象。

第五章
网络舆情处置策略

第一节 舆情事件生成规律

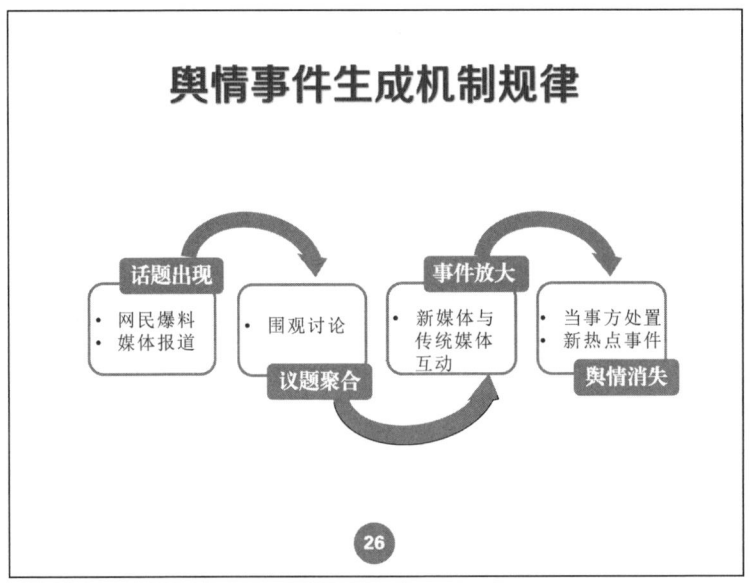

处置舆情之前，首先要研究事件的发生、发展与演变的规律，"牵牛要牵牛鼻子"讲的就是解决问题要遵循其客观规律。任何事物都有一个发展变化的过程，网络热点舆情也是如此。受舆情事件本身和网民情绪等多种因素的影响，网络舆情在与现实产生互动的过程中，会以不同的方式经历起源、发展（升温）、高潮和衰微（消退）四个阶段。

那么，舆情事件因何而起呢？

第一个阶段，网络舆情的起始，即话题的出现，往往源于某些事件或问题，也就是以具体的对象为依托。一些关系国家民族利益的事件、自然灾害事件、与弱势群体相关的事件、反映社会道德困惑的事件、反映当今社会主要矛盾的事件,以及与国计民生相关的政策、法规出台,经媒体、网站报道后,一般都会引起网民强烈关注与热烈讨论,并广泛传播开来。

第二个阶段,舆情事件的发展与升温。如果舆情事件最初由网友爆料,那必须引发其他网友"围观"。网友围观表现为转发、跟帖、点赞、差评等行为。围观的人群当中不能只是普通草根,必须有大V或媒体参与,才能使网络舆情热点快速形成,网民的情绪不断高涨,意见不断增加,热点受关注的程度越来越高,影响越来越大,进而吸引更多的网民关注。这种高涨的态势根据热点问题受关注的程度不同而产生不同的结果,有的持续较短的时间,有的经历一个较长的过程。

如果舆情事件最初由媒体报道,进而导致话题出现,那么必须有其他媒体跟进,各类媒体报道产生互动和呼应。议题聚合后,舆情事件必然升温。在这一过程中,仅靠某单一媒体是很难把某一事件炒成热点的。在"女大学生失联事件"中,当重庆某女大学生失联被媒体报道后,郑州女大学生失联、青岛女大学生失联、广州女大学生失联等事件接二连三被各地媒体报道。一时间,"女大学生失联"成为热点话题。事实上,并不是该时期内女大学生失联事件高发,而是媒体的呼应报道产生了议题聚合。众多重大突发事件引来媒体关注,舆情事件就会迅速升温。

第三个阶段,舆情事件达到传播高潮。舆情事件在什么时候才能达到一个传播高潮呢?深入研究大量舆情事件的发展过程后,可以发现,无论该事件的话题最初出现于社交媒体平台的个人账号、自媒体,还是传统媒体,在话题升温过程中必须引发多种声音的交互和碰撞,才能把这件事推向传播高潮。以微博平台为例,每天我们都能看到很多热点事件和微博热搜词,但并非每一个微博热搜词背后的事件都能引起官媒关注、报道而达到传播高潮,更多的热搜词只是昙花一现;媒体每天也会报道很多新闻事件,但如果内容无法吸引公众眼球,也达不到传播高潮。

第四个阶段,舆情事件的沉寂。热点持续一段时间后,网上涌现更吸

如何有效处置网络舆情

引公众眼球的热点事件并产生新的刺激,多数网民会自动转向新的目标,或者涉事部门积极回应、妥善处置,网络舆情热点衰微或消退,最终沉寂下来。当然,依照舆情自身的变动规律,那些影响深远、关系重大的事件对网民的刺激和引发的舆情只是"阶段性沉寂",一旦有新的诱因关联性的事件发生,极有可能被网民旧事重提,再度成为热点。

上述四个不同阶段,每一个阶段有其不同的表现特征。不同阶段的舆情处置策略也必须相应调整。以"删帖"为例,在谣言和偏见出现时,涉事机构如能迅速与发帖人联系,陈述事实,消除误解,让发帖人主动删除,不失为控制影响的有效方法。但舆情事件一旦升温发酵,删帖不仅无效,还会引发次生舆情。

【案例】"天价大虾"事件

事件概况

2015年10月4日,四川的肖先生在某市一家餐馆就餐消费时遇到价格欺诈。点餐时老板说大虾是38元一份,但结账的时候却变成了38元一只。肖先生打了110报警电话。警察来了之后以"价格方面的问题应该由物价部门进行管理"为由不予调解。物价局的人又说当时太晚了,处理不了,只能等到第二天才能处理。民警的离开让店老板更加得意,不断的争吵引来不少围观的人。为防止发生意外,肖先生不得不结账,之后才得以脱身。

舆情分析

第一阶段:草根爆料,话题出现。10月5日,微博网友爆料:"在一家名为'善得活海鲜烧烤家常菜'的大排档吃饭,结账的时候发现大虾不是38

元一份，而是38元一只！大家知道这家店在哪里吗？"随即引发网友围观。

第二阶段：大V转发，舆情升温。2015年10月5日上午9点45分，某电台官微转发了上述微博。该微博账号当时已拥有200多万粉丝，事件影响力迅速扩大，舆情骤然升温。随后，新浪微博账号"头条新闻"再次转发，转评量迅速突破5万次，聚拢舆论目光。

第三阶段：主流媒体互动，达到传播高潮。随着人民日报、央视新闻客户端、澎湃新闻、人民网、新华网以及新京报等诸多主流媒体的介入，天价大虾事件迅速在国庆长假的后期引发热议。

第四阶段：网友互动，高潮迭起。据新华网舆情监测分析中心报告显示，截至10月8日8时，共有新闻报道4162篇，论坛帖文1221篇，博客482篇，各类报刊报道223篇，新浪微博相关讨论574920条，以"某市大排档"为话题的新浪微博阅读量1868万次。不少网友以编发"段子"的方式调侃地方旅游宰客现象，并以此表达不满情绪，各地房价也被网友以"多少虾一平米"恶搞。

舆情点评

这个案例很典型，它的起源是网友爆料，然后传统媒体跟进，自媒体再次互动，多次互动以后，舆情事件迅速升温。

媒体评价说，天价大虾事件持续发酵给这个旅游城市的形象带来了重创，不由让人思考。在高度信息化的当下，作为政府职能部门，应该彻底转变以往的推诿、敷衍塞责，甚至和商家沆瀣一气坑害消费者的行为，地方政府更应该建立更加严格的首问负责制，以严谨的问责制度督促相关部门动起来，认真起来。

第二节 建立一种科学的监测预警机制

建立一种科学的监测预警机制

凡事预则立，不预则废

- 预警重于处置
- 没有危机意识，才是最大危机！
- 把建立危机预警机制作为一种工作常态

在讲述网络舆情处置的策略之前，有必要先聊一聊大家常挂在嘴上的"舆情应对"一词。事实上，不要轻易讲"舆情应对"，"应对"这个词实际上就是把公众和媒体放在对立面。因此，应当使用"舆情处置"或"舆情管理"等更为合理。舆情处置的核心是"沟通"和"引导"。当重大突发事件发生时，涉事部门如果能够第一时间与公众沟通，消除误会、澄清事实、揭露谣言，最大限度地满足公众知情权并得到公众认可与支持，舆情就会得到有效引导。与此同时，通过主流媒体实事求是地发布正面信息，引导舆论，修复涉事机构在舆情事件发生过程中遭遇的形象损失是至关重要的。

对于网络舆情而言，预警重于处置，没有危机意识，才是最大的危机。互联网在中国的普及，使网络日益成为有重大社会影响的信息传播平台、民意表达平台、新型舆论平台。网民基数规模庞大且互动积极，成为网络舆论的原动力。互联网的功能从信息传播平台向意见交流平台的转变，网络已成为舆论生成的主要发酵池、舆论传播的重要集散地和舆论交锋的主阵地。目前，几乎所有吸引眼球的话题都起源于互联网，几乎所有重大舆情事件都是因互联网传播而放大。与此同时，互联网尤其是社交平台的快速发展，小微舆情演化成热点事件的趋势越来越明显，网络热点舆情更多地围绕与普通人利益相关的民生问题展开，网民"代入感"和移情作用强烈，表达了社会转型期公众内心的"集体焦虑"。

一句话，引爆点越来越小，爆发门槛越来越低，民众情绪越来越复杂。凸显于当下舆论场的绝对是小热点、大舆情。一些曾经看似很不起眼的行业、部门，却因突然间爆发舆情而进入公众视野，成为舆论关注的焦点。一旦涉事部门对舆情处置的重要性认识不足，危机意识淡薄，就会丧失掌握信息、引导舆论的主动权。许多本可在初始阶段就能化解的矛盾，很可能导致事件扩大化，造成严重后果。

突发事件引发网络舆情，原因是复杂的，在某种程度上是不可避免的，换言之，出现危机是正常的，没有危机则是偶然的。危机是现实的，风险则是未来的，而零风险是不存在的。当今在危机管理课题中，党政机关领导干部一定要树立这样的意识：危机管理的预警远胜于危机的处置，如果事先制定一种科学的网络舆情监测预警机制，就能够及时地对网络舆情的发生、发展进行监测分析和正确引导，避免事件向消极的方向发展，使网络舆情的处理方式从即时处置型向事前预警型转变。因此，建立一种科学的监测、预警机制是重中之重。各级党政机关、企事业单位和社会团体，都应该把建立危机预警机制作为工作重点。

从一种常态化工作的角度看，危机预警机制的构建必须满足三个条件。

如何有效处置网络舆情

第一个条件要有专人和具体部门负责。这一点，相对来说比较简单。第二个条件就是要建立一套完整的舆情处置和管理的制度体系。例如，什么样的舆情应该报送哪一位领导，什么样的舆情应该标为红色预警，舆情应急处置程序怎么设计，什么级别的事件由哪一级领导来担任新闻发言人，各个部门与新闻发言人应该怎么去紧密配合衔接，等等，都应该有明确的制度保障。第三个条件就是要有基于大数据的舆情监测技术平台。

一、人员配备保障

从中央到地方，各级党委政府高度重视网络宣传舆论工作，在机构建设、人员配备上与以前相比都有了飞速发展。全国绝大多数省（区、市）已经建立了互联网信息办公室等机构，专职进行网络宣传工作。但面对当前互联网上纷繁芜杂的信息和舆情，仅仅依靠这些力量来管理和处置是远远不够的。通常情况下，各级党委宣传部门与网信部门在进行舆情监测时，关注的重点与具体的业务部门并不完全一致。从近年来舆情发生的新特征来看，一些具体的业务部门，包括各委、办、局经常成为舆情涉事机构。一旦这些业务部门没有及时监测舆情，缺乏舆情管理素养，就极有可能导致舆情发酵、矛盾升级。《国务院办公厅关于进一步加强政府信息公开回应社会关切提升政府公信力的意见（国办发〔2013〕100号）》指出，各地区各部门要加强与新闻宣传部门、互联网信息内容主管部门以及有关新闻媒体的沟通联系，建立重大政务舆情会商联席会议制度，建立政务信息发布和舆情处置联动机制，妥善制定重大政务信息公开发布和传播方案，共同做好政府信息发布和舆论引导工作。《国务院办公厅关于在政务公开工作中进一步做好政务舆情回应的通知（国办发〔2016〕61号）》指出，各级政府及其部门要高度重视政务舆情回应工作，切实增强舆情意识，建立健全政务舆情的监测、研判、回应机制，落实回应责任，避免反应迟缓、被动应对现象。对涉及国务院重大政策、重要决策部署的政务舆情，国务院相关部门是第一责任主体。对涉及地方的政务舆情，按照属地管理、分级负责、谁主管谁负责的原则进行回应，涉事责任部门是第一责任主体，本级政府办公厅（室）会同宣传部门做好组织协调工作；涉事责任部门实行垂直管理的，上级部门办公厅（室）会同宣传部门做好组织协调工作。对涉及多个地方的政务舆情，上级政府主管部门是舆情回应的第一责任主体，相关地方按照属地管理原则进行回应。对涉及多个部门的政务舆情，相关部门按照职责分工做好回应工作，部门之间应加强沟通协商，确保回应的信息准确一致，本级政府办公厅（室）会同宣传部门做好组织协调、督促指导工作，必要时可确定牵头部门；对特别重大的政务舆情，本级政府主要负责同志要切实负起领导责任，指导、协调、督促相关部门做好舆情回应工作。

二、制度体系保障

各级政府及其部门要通过建立网络舆情日常工作机制，配备相关人员，收集主要新闻网站、重要网络论坛、当地有影响力的微博、微信公众号上涉及本地的舆情和敏感信息，以及有关本地的社情民意和新闻监督的报道，实现舆情工作规范化、制度化，明确受理、转办、督办、反馈等工作流程的具体要求，通过实施网络舆情常态化监测和处置的工作机制，着重考核网络发言人设立、舆情处置方法、网民信息互动、网络宣传时效、网站建设质量、信息公开程度等内容；各级政府及其职能部门应主动将网络舆情日常工作纳入绩效考核范围，制定网络舆情工作目标责任考核办法，对网络舆情工作履职不到位、责任不落实的相关责任人要严肃追责问责。

第一，要建立监测预警常态化机制。随着信息传播技术手段的飞速发展，舆论环境更加复杂，突发事件引发的网络舆情在某种程度上是难以避免的。如能做到实时监测预警，涉事部门能够第一时间发现舆情苗头，将为舆情处置工作争取主动权并带来宝贵的时间优势。因此，在舆情预警机制的常态化运行方面，所实施的网络舆情信息监测、采集和报告机制要实现对互联网多层面、多维度、7×24小时有效覆盖，实现全年对互联网不间断舆情监测，又可以根据工作需要对敏感对象、敏感项目、敏感领域有选择地重点巡查预警等。在处置突发舆情事件时，第一时间发现舆情、第一时间报告舆情的机制显得尤为重要，可以在舆情事件爆发前争取到提前介入的时间；同时，需要通过比较详尽的判断标准和预警方案，制定不同舆情预警等级所对应的工作措施。

第二，要建立非常态情况下舆情预警机制。比如，要做好重大项目舆论风险评估工作。众所周知，在我国经济发展和社会建设的过程中，一些重大项目的投资建设通常会成为经济社会发展的动力，但是，由于这些项目往往涉及普通民众的利益，所以，稍有"风吹草动"，就会引起舆论的广泛关注。天津社会科学院舆情研究所研究员姜胜洪指出，一般而言，重大建设项目投资金额大，对社会、经济发展有重大影响，涉及的利益群体广大，因此，重大建设项目的决策更需重视公众的知情权和表达权。研究认为，由重大工程项目引发的舆情事件具有两个显著特征：第一，预警时间长、有明确的利益诉求；第二，多属预防式维权，网络动员能力强。这两个特征使重大建设项目引发的舆情事件，与其他突发事件相比，可控性强，民意诉求清晰可辨，事前预防效果优于事后处置。有鉴于此，重大项目上马，政府务必事先了解民意、尊重民意，才能促进公民与政府的良好互动。有专家指出，由重大工程项目引发的舆情事件，并非是"政治层面的问题"，若从专业层面去梳理，问题就容易得到化解。如何消弭类似事件在公众心中留下的阴影，如何确保民意被客观呈现，如何确保政府的中立立场并取信于民，是舆情处置的关键问题。在此背景下，对重大决策出台、重大项目上马进行舆论风险评估测试，也是一种务实的尝试。结合长期积累的案例和数据分析，笔者认为，对有关重大决策、重大工程项目建设的民意调查与舆情研判通常可以采取定量分析与定性分析相结合的方法，分为宣传期、启动前期、建设期和维护期四个阶段，每一个阶段都有着各自的方法和侧重。其中，宣传期与启动前期为民意获取和风险评估的重点阶段，建设期的定期反馈则有利于项目不断完善与整改，维护期的民意调查能更好地帮助政府总结经验得失，完善政府公共形象。在项目启动前期，充分考虑可能产生舆情的各种可能性，全面搜集情况，提前部署准备，制定突发事件舆情处置预案尤为重要。

第三，要建立网络舆情分析研判机制，从海量的网上信息中甄别有可能引发舆情事件的信息苗头和线索，去伪求真，对事件的矛盾性质、产生根源、社会涉及面等内容进行预判，分析和解读现有网上舆情信息的传播态势，重点掌握舆情首发源头、主要扩散渠道、"两微"等新媒体传播情况、各类媒体和网民倾向性观点等，增强舆情预警的及时性和可靠性。分析事件所牵涉的政策背景和社会环境，参考既往其他地方类似舆情事件的发展和演变走势过程，结合现有实际情况对舆情未来走势进行判断，提出处置的措施和建议。

第四，要建立网络舆情应急联动机制。网络舆情事件的产生原因很复杂，多涉及多个行业和部门，要做好网络舆情处置工作就需要协调好多个部门的力量和资源，通过联动机制，形成应急处置舆情事件的合力。舆情监测部门在平时主要负责了解和掌握网络舆情，遇到突发舆情事件时，通过信息通报、信息共享、联席会议等机制，由宣传、网信部门统一指挥，对各部门进行舆情处置策略的部署指导，实现舆情事件的高效协调共治，从而提高舆情处置响应的时效性，及时消除负面影响，减轻危害。同时，制定网络舆情应急预案，及时采取相应处置手段。此外，做好网上热点事件的舆论引导工作，重中之重就是构建网络舆情应急联动机制。需要特别强调的是，网络舆情处理工作不仅是宣传和网信部门的事情，从中央到地方都明确了网络舆情的责任主体是"涉事部门"，包括各级党委和政府的相关部门。在实际工作中，一提到舆情处置和回应，多数人首先会想到这是宣传部门的事，因此，很多时候，一旦有突发舆情，宣传部门神经绷紧、紧急"灭火"、奔走相告,却深感力不从心、收效甚微。对此,国务院曾多次发布相关文件,促进引导政府信息公开,其中多次强调舆情处置中信息发布的联动机制。舆论普遍认为,通过建立网络舆情处置联席会议制度,可有效衔接网络舆情监控部门、涉及问题的职能部门和舆情回应部门,避免因几个部门互不交叉,签批环节多等贻误舆情处置,防范舆论危机的发生和扩大。

因此,在舆情处置过程中,要整合网络资源,形成资源共享、舆情互通的情形,合力形成宣传和网信部门总体协调,舆情涉事部门主动处置,并依托重点新闻网站发挥舆论引导作用的工作格局。对于涉及跨多个部门、行业的复杂网络舆情应急事件,各级党政部门可以通过联席会议等形式,将负责舆情信息管理、收集、分析、引导、处置的相关职能部门通过一定的方式串联起来,从制度上强化各部门之间的信息交流与沟通,统筹协调好对外宣传的口径,打通信息孤岛,通过联席会议等形式最大限度地进行信息沟通和资源共享,保证地方政府在公共管理中准确掌握网络舆情动态,及时做出反应并向公众反馈。

"3·31某市虐童案"就是一起比较典型的多部门联动、有效处置舆情的案例。事件曝光后,某市公安局指导某区公安分局第一时间做好调查取证工作,并及时采取刑拘、提请批捕等司法措施;市委宣传部及时与市公安局和辖区各部门沟通信息,商讨回应方案;区委、区政府根据市委宣传部建议,连续多日召集多部门召开处置工作协调会。市区两级的宣传、教育、民政、司法、团委、妇联等部门,按照工作职责,相互沟通,从舆论引导、案件办理、解决上学问题、受害儿童安置、情绪安抚和心理救助等方面,有针对性地在线下妥善解决问题,并统一回应方式和口径,形成应对合力,有效提高舆情处置效率。

三、要有技术手段保障

舆情监测是建立在搜索引擎和大数据处理技术基础上的互联网海量信

息采集行为，具体是指整合互联网信息采集技术及信息智能处理技术，通过专题建立和关键词设置，对互联网海量信息自动抓取、自动分类聚合，满足用户的网络信息需求，为用户全面掌握网络动态提供分析依据，也就是说，技术手段很重要。如果单靠人工，需要耗费大量的人力、物力和财力，时间长、效率低，无法满足用户的根本需求。基于大数据技术的舆情监测软件的出现，解决了这一问题，为用户的网络舆情监测带来了很大的便利与实用价值。

央视前记者张泉灵曾经发过一条微博说，最近给一些单位讲媒体关系、舆情应对时发现，真正做决策的领导自己不上网，只看下面的舆情报告，而下面送来的报告一没有科学数据分析，二没有专业人士分析，还停留在几个人摘抄的境界，领导根据这个做判断、下决定。张泉灵反映的这个现象，就体现了智能化的网络舆情监测平台的重要性。人的经验和精力是有限的，大数据与人工智能技术的发展使分析与使用海量数据变得非常简单。以微信数据为例，腾讯最新财报显示，截至 2020 年 12 月 31 日，微信及 WeChat 合并月活跃账户数达 12.25 亿，同比增长 5.2%，环比增长 1%。过去十年，微信由一款即时通信应用演变为一项满足逾 12 亿用户数字需求的服务平台。每天超过 1.2 亿用户在朋友圈发表内容，3.6 亿用户阅读公众号文章，4 亿用户使用小程序。这个海量数据，对于人工阅读来说，显然是无法完成的。

基于大数据的舆情监测平台的优势主要体现在以下五个方面：一是代替人工搜集，解放人工；二是及时预警，能够及时发现重要信息、敏感信息，做到早发现、早介入、早处置；三是从监测范围上看，舆情监测平台可以实现全面覆盖，对关注的舆情信息进行立体式监测；四是实时监测；五是辅助舆情分析。当前，智能化的舆情监测平台已经成为舆情处置的重要手段。网络舆情监测系统在全面及时的舆情监测和舆情分析的基础上，能够自动生成舆情报告和舆情处置与决策依据，是舆情管理的得力助手。

旺盛的舆情服务市场需求催生了舆情监测市场的发展。目前，国内舆情服务机构大体上可分为四类：纯技术类舆情服务机构，高校或科研单位舆情服务机构，媒体的舆情服务机构，以及公关公司。毋庸置疑，纯技术类舆情服务机构以技术见长，引领舆情监测领域的技术研发方向。但具有媒体或者高校背景的研究机构也是舆情服务市场的重要成员，而且由于其独特的优势，他们能够提供比纯技术类服务机构更多的服务内容，对舆情事件和舆情现象展开分析研判，进而为市场提供更有价值的决策依据。相比较而言，公关公司更加关注危机处理。

有一个问题是用户必须面对的：究竟是自己花钱搭建一个单独的舆情监测平台好，还是购买现有舆情监测SaaS平台服务呢？这就好比你要喝牛奶，是自己花钱建一个牛奶厂呢，还是直接向牛奶公司购买呢？这需要用户根据自身需要来定。自己花钱搭建舆情监测平台的好处是定制研发、针对性强，能满足自身的特殊需要。而且敏感信息保存在自己服务器上，保密程度高。但通常情况下，预算不菲，而且每年要支出一笔系统维护费用给技术公司。SaaS平台服务的最大好处是费用低，而且技术公司定期迭代升级，但保密程度不高，需要与技术提供方签订严格的保密服务约定。通常情况下，省级以上党委政府部门愿意自己花钱搭建舆情监测平台，地市以下单位和企业则选择购买SaaS平台服务居多。

【案例】某县"3·21"特别重大爆炸事故

事件概况

2019年3月21日14时48分左右，某县生态化工园区的某化工公司发生特别重大爆炸事故，造成78人死亡、76人重伤、640人住院治疗，直接经济损失 19.86 亿元。

事故发生后，在党中央、国务院的坚强领导下，该省和应急管理部等立即启动应急响应，迅速调集综合性消防救援队伍和危险化学品专业救援队伍开展救援，至 3 月 22 日 5 时许，该公司的储罐和其他企业等 8 处明火被全部扑灭，未发生次生事故；至 3 月 24 日 24 时，失联人员全部找到，救出 86 人，搜寻到遇难者 78 人。该省和国家卫生健康委全力组织伤员救治，至 4 月 15 日危重伤员、重症伤员经救治全部脱险。生态环境部门对爆炸核心区水体、土壤、大气环境密切监测，实施堵、控、引等措施，未发生次生污染；至 8 月 25 日，除残留在装置内的物料外，生态化工园区内的危险物料全部转运完毕。

舆情分析

事发后，新华社、新京报、北京青年报等媒体具象化地呈现了事件的诸多影响，以及政府及相关部门、受灾群众及其家属、记者、当地群众等对此次事件的反应。人民日报、南方周末、财新网等媒体，在此次事件中频发深度报道稿件。从报道内容上看，不仅多方位地还原了此次事件波及的各个层面，而且还从宏观层面反思当下经济发展模式的困境以及政府的工作方式。人民日报更是旗帜鲜明地做出报道，稳定了人心，廓清了舆论场。此次事件发生后，不少网民在微信朋友圈和微信群里散布大量"张冠李戴"的现场短视频和图片，"如果危险化工品爆炸，可能产生哪些危害""18 名消防员因吸入大量致癌气体而牺牲"等传言则主要以文字为载体。对此，人民日报、央视新闻、中国消防、平安江苏等官方账号纷纷发布辟谣消息，澄清事实，以正视听。

舆情点评

事件发生 2 小时，某市官方首次发声，确认事实。相关部门能够在舆情产生的"黄金2小时"内及时主动公开信息，高效回应社会关切，在一定程度上能挤压谣言传播空间，减少无谓的猜测、质疑，为事件处置营造良好舆情环境。同时，在事发后的24小时内，除当地政府外，消防、生态环境、应急管理、卫生健康等多部门接连发声，公布事件最新进展，消除公众疑虑。"快速反应，及时出击"为减缓事态恶性发展发挥了重要作用。

第三节　确保两个前提：打铁必须自身硬

政府部门和企业要想不成为舆情事件"涉事主体"，首先要学会预测风向。对于政府部门和社会机构而言，做好本职工作，危机管理和预防功夫下在平时；对于企业而言，注意补齐企业社会责任短板，努力与社会正向价值充分融合。

打铁还需自身硬，各级宣传、网信部门一定要向同级的党政部门强调这个概念。笔者在基层调研时发现，一些政府部门（委、办、局）出了问题、成为舆情涉事主体后，部门负责人通常会把难题和皮球踢给宣传部、网信办。当受到舆论关注时，他们就指责宣传、网信部门删帖不力，而不去反思自己部门本职工作哪里没做好,哪里有硬伤、有瑕疵。

企业也是一样。如果产品与服务出现重大问题,或者社会责任遭遇信任危机,就会引发舆情。2019年11月,自媒体曝光了一份《刑事赔偿决定书》,将某技术公司与其前员工的陈年纠葛展现在了公众面前,一笔30万元的离职赔偿款反成"敲诈勒索金",前员工遭到251天拘留。被羁押审查251天后,检察院认为"犯罪事实不清,证据不足,不符合起诉条件"。此事曝光后,一石激起千层浪,该技术公司被迅速推上风口浪尖。该技术公司回应,其有权利,也有义务,并基于事实对于涉嫌违法的行为向司法机关举报。尊重司法机关,包括公安、检察院和法院的决定。如果前员工认为他的权益受到了损害,该技术公司支持他运用法律武器维护自己的权益,包括起诉该技术公司。这也体现了法律面前人人平等的法治精神。这份过于强硬的回应,再加上此前网络大量删帖引发舆论极其不满,"毕业985、工作996、劝退035、离职251、维权404"等段子在坊间流传,一时间,该技术公司遭遇前所未有的舆论危机,其企业形象也遭受重创。

当下,网络传播的"双刃剑"效果日趋明显,社会热点层出不穷,在众多突发事件引发的舆情中,有些涉事机构处置从容,方法得当,引导舆情趋于理性、公正、透明;有些地方的处置表现让人大跌眼镜,封锁、打压、限制舆情快速传播成了涉事机构的"救命稻草"和"万能钥匙"。

舆情危机处置固然重要,然而,探寻舆情事件背后隐藏的深层次原因,从问题根源上对症下药,对于涉事部门而言尤为迫切。前文关于网络舆情形成的原因和主要类型等内容中,从不同角度说到了工作有硬伤、有瑕疵的主要情况,这里再着重讲一讲。

第一,公共利益诉求表达渠道不畅,权益维护途径缺乏或受阻。例如,某地村民通过合法途径索要巨额土地补偿款未果后,首先选择的是上访,当屡次上访无果,维权之路一再受阻后,就选择激进的手段。事件之初,大量负面信息充斥着网络,形成了舆情事件,直到省委工作组进驻该村,并承诺以"最大决心、最大诚意、最大努力"面对群众的合理诉求时，事件才告一段落。众多群体性事件、极端事件证明，当公众的维权之路屡屡受到阻碍后，他们往往会选择以非理性的方式来实现，由此引发网络"围观效应"，进而导致舆情事件转化为公共事件。

2012年2月，零点研究咨询集团零点公共呼叫中心发布《全国公共服务热线服务质量独立测评报告》，报告显示，超三分之二的政府公共服务热线拨通率不如商业热线。这个调查结果让人不满，热线公共服务的职能无从谈起，公共利益诉求的渠道作用更是大打折扣。由此可见，畅通公众维权渠道，优化和提升政府管理水平是摆在地方政府面前的重要课题。

第二，部分地方政府和公务人员角色定位不清，频发越位、错位等现象，引发公众不满。党的十九大报告指出，深化机构和行政体制改革。统筹考虑各类机构设置，科学配置党政部门及内设机构权力、明确职责。统筹使用各类编制资源，形成科学合理的管理体制，完善国家机构组织法。转变政府职能，深化简政放权，创新监管方式，增强政府公信力和执行力，建设人民满意的服务型政府。它强调公民本位、社会本位，把政府定位于服务者的角色。然而，现实中有些公务人员对于自身角色定位认识不足，重"管理"而轻"服务"，甚至带有官僚作风，由此引发公众不满。部分公务人员非但没有认清自身"服务者"的角色，反而贴上高高在上的标签，脱离群众，置群众利益于不顾。涉及官员的负面舆情事件在全国范围内产生了很大震动，影响恶劣，也为领导干部提高执政能力和舆情处置素养提供了反面教材。

第三，对网络舆情认识不足，缺乏相应的工作机制和有效的分析研判手段。众多网络舆情案例，佐证了舆情监测分析的重要性，舆情的产生有一定的规律可循。从某种程度上说，舆情事件本身是可控、可预测的。由于不少地方政府缺乏有效的舆情监测手段和预警机制，对事态发展把握不准，导致舆情处置不当。

由此可见，地方政府网络舆情危机牵涉政府施政的多个方面，影响广泛而深远，甚至关系到一方的和谐稳定。舆情事件一旦形成，问题处理便显得棘手。处理得当，社会安定和谐；处理不当，谣言四起，极易形成"蝴蝶效应"，不仅有损政府公信力，而且影响社会稳定。从长远来看，处置网络舆情危机还需追本溯源。事实证明，地方政府只有紧扣服务意识和人本思想，才能做到防微杜渐。解决危机更要体现以人为本，以最大的诚意满足公众合理利益诉求，坚持做到不消极回避，不盲目应对，不激化矛盾，公开、适度引导。

【案例】河南某官员"现场判刑"

事件概况

2018年11月，一则官员在执法现场给司机"判刑"并爆粗口的视频在网络传播。视频显示，官员夜间对车辆进行查处，有身着迷彩服的人员穿梭在人群中。其中一位领导现场对几名货车司机喊道，"你三年，你两年，谁叫你来的"。此外，该名男子还要求司机给老板打电话，"你是三年，要是打电话，我给你减刑两年"。视频中，有另一男子声音回应称"我配合"。现场有一名疑似执法人员还向司机说道，"车上的手续要出示齐全完整，包括驾驶证、营运证、从业资格证"。官员"现场判刑"的视频网上曝光后，引起轩然大波。

11月29日上午，某区委宣传部向媒体证实视频内容属实，称当地存在非法偷采河砂现象。当晚，该区副区长带领执法队执法，撞见多辆非法采河砂货车，"可能有些激动，说话有些不妥"。

这名副区长在网上公开道歉，承认自己"平时学习不够，法律意识淡漠""工作方法简单粗暴，情绪失控，言辞极不妥当，造成极坏的社会影响，给相关工作带来很大被动。在此，我诚恳向广大网友道歉，并愿意接受组织的任何处理"。市纪委就其不当言论一事进行调查。

媒体报道

新京报报道此事件，引发人民网等多家媒体转载，并引起网友关注。11月30日，央视新闻报道了此事件并发表评论质疑副区长现场给被查扣司机"判刑"。中国青年报、北京青年报、法治周末、凤凰网等多家媒体也对此事发表尖锐评论。网民对该事件进行了热烈讨论，数据显示：其中有60.29%的网友认为副区长的言辞不妥，但可以理解；有22.44%的网友支持副区长的做法，认为媒体上纲上线；有11.38%的网友表示基层工作难做；有3.62%的网友认为官员平时嚣张惯了，体现了"官本位"思想；另有2.27%的网友持其他观点。

舆情点评

从官方应对来看，此次区委宣传部回应迅速，面对媒体态度端正，承认当事人错误的同时阐明其工作的难处，给网友留下了正面印象；当事人本人也及时在当地政府官方网站发布道歉信。这证明了当地政府具有良好舆情意识和舆情处理能力。

此事件最根本的问题在于副区长本人的工作方式和工作作风存在瑕疵，各级领导干部要从中吸取教训，在工作中特别重视言行。

第四节　确保两个前提：提高媒介素养

首先要郑重强调一点：媒介素质不是天生的。互联网时代，新媒体、新技术层出不穷，领导干部如果不加强学习，仅凭原有的实践经验，则很难适应网络舆情管理的能力要求。我国县级、市级层面舆情复杂频发，而在处理县级、市级舆情事件的时候，往往县级、市级领导说了算。如果党政一把手缺少互联网思维和媒介素养，舆情事件的处置效果一定不理想。因此，当下最应该加强媒介素养学习的对象，就是各级党政机关和相关部门的主要负责同志。

一、网络时代与舆情风险

目前,互联网已经深入人们日常生活的方方面面,深刻地改变了人们的生活方式和思维方式,成为人们日常生活的重要组成部分,人们进入了时时刻刻被互联网包围的网络时代。

什么是网络时代?从某种意义上说,互联网就是一个矛盾的时代。全球化与网络密不可分,尤其是互联网,它成为全球化不可或缺的至关重要的载体。随着网络全球化趋势的加强,人与人之间以及其他社会实体之间的距离也发生了实质性的变化。网络全球化令购物、交流、信息获取等方面都变得极为便捷,为沟通提供了前所未有的便利,大大缩短了各类实体之间的物理距离。然而,人们彼此之间的心理距离也发生了变化。现实生活中物理距离很近的两个人却缺乏心与心的沟通,彼此之间漠不关心、无动于衷,只有客套的寒暄,心理距离远远大于物理距离。[①]

还有人用更熟悉的话来形容互联网时代的这种矛盾:"这是最好的时代,这是最坏的时代,这是智慧的时代,这是愚蠢的时代;这是信仰的时期,这是怀疑的时期;这是光明的季节,这是黑暗的季节;这是希望之春,这是失望之冬;人们面前有着各样事物,人们面前一无所有;人们正在直登天堂,人们正在直下地狱。"这是狄更斯的《双城记》的第一段话,却非常形象地道出了互联网时代的激情与失落、兴奋与苦恼、机遇与挑战。

权利总是与义务相随,便捷总是与成本同在。生在互联网时代,我们可以享有互联网带来的红利,也不可避免地要承受互联网带来的一些困扰,其中一项,就是互联网舆情的风险。于个人而言,一夜之间,互联网可以让一个名不见经传的小人物变得家喻户晓,并因此深受舆论聚焦的困扰,

---

[①] 郑源."近在天边,远在眼前"——网络全球化背景下实体间距离变化的研究[J].科学与财富,2011(7):51-51.

比如网络时代的"人肉搜索";于机构和团体来说,舆论可能引发更大的风暴,轻者丧失名誉、损失公信,重者可能引发社会骚乱,产生深刻的社会治理危机。

随着网络与现实越来越紧密的联系,舆情风险已经成为当下社会不可忽视的风险之一。舆情风暴诱发的社会风险,并不会局限于互联网,不可避免地对现实进行渗透,甚至对现行的社会秩序构成严峻的挑战。也正是从这个意义上说,防范舆情风险,绝对不能只是关注网上的动态,还要有线下视角,自觉树立线上线下相融合的思维。

二、把提高媒介素养放在重要位置

线上线下的连接、舆情风险的到来,挑战着既有的社会秩序,给广大领导干部提出了新的要求。在这一背景下,如何防范和化解各类风险、处置和引导网络舆情,就成为广大领导干部不能回避的重要课题之一。从提高领导干部能力的角度看,一个最基础的工作就是提高媒介素养,要从思想上正视舆情、重视舆情。

然而,理想很丰满,现实很骨感。时至今日,仍有官员因为雷人之语或奇葩作为而引起质疑、诘问和批判。

2020年3月,某医院有关领导在看望慰问援鄂归来的医护人员,并合影留念。当日,相关图文发布在该医院的微信公众号上,全文共配发6张图片。其中,最后一张合影图片中相关人员的站位引起公众不满。该图片显示,8名领导站在照片前排"C位",作为抗疫英雄的一线医务人员则站在后排。这一站位引来网友评论,"还以为是8名领导凯旋回家""前线抗疫不见你,抢功抢镜你第一"。三天后,针对上述质疑和批评,该市政务微博回应,当时医护人员站在隔离酒店台阶上面,非隔离人员站在台阶最下面,以保持安全距离。院方表示,援鄂医护人员按相关规定进行为期14天的医学隔离,因医护人员处于隔离期,为了全面落实疫情防控工作要求,保持安全距离，所以拍照时医护人员只能站在隔离酒店台阶上面，非隔离人员只能站在台阶最下面。但是，不少网民提供了更多当时援鄂医护人员与其他欢迎人员近距离的合影，包括隔离人员在台阶下的多张图片。对此，《新华每日电讯》发文评论称，公然以拙劣的"撒谎式回应"应对舆论质疑，比"领导合影抢镜"更不妥、更损形象。

官员不当言行引发舆论关注后，舆论从不同角度追根问底，探究现象背后的原因。其中一个不容忽视的原因，就是领导干部媒介素养的缺失。"领导抢镜"事件暴露出某些领导形式主义和官本位思想严重，也表明相关领导缺乏基本的媒介素养。一线抗疫英雄归来，领导去看望慰问，合影留念时领导们成为照片的主角，其中潜在的舆情风险显而易见。官员不当言行频发，引发全民聚焦，是在互联网条件下才可能发生的事。虽然在前互联网时代也存在这些问题，但难以引发如此大的影响。

所谓媒介素养，就是指正确地认识以及使用媒介资源的能力。领导干部的媒介素养主要是指了解各种传媒的特点，知道媒介批评的标准，在此基础上形成对传媒的积极态度和主动能力，能够科学、有效地利用传媒，并且积极地参与传媒，主动地支持和监督传媒。官员不当言行一方面暴露了个别领导干部政治素养的缺失，另一方面也折射了部分党员干部对互联网缺乏敏锐的感知。

领导干部在互联网时代提高媒介素养，可以从以下三个方面展开。

第一，亲近互联网。互联网不能说是和风细雨，但也不是洪水猛兽。简而言之，对于互联网这个新事物，领导干部不能采取无视的态度。只有有了亲近的态度，领导干部才能与互联网相向而行，才能跟上时代的步伐，与互联网零距离拥抱。习近平总书记强调，各级党政机关和领导干部要学会通过网络走群众路线，经常上网看看，潜潜水、聊聊天、发发声，了解群众所思所愿，收集好想法好建议，积极回应网民关切、解疑释惑。①

第二，认识互联网。互联网已经毫无疑问地深入社会生活的每个角落，对领导干部来说，逃避并不是很好的策略。但应该如何认识互联网呢？一个最简单的方法就是在实践中学，在享用互联网带来便利的过程中学。有句话形容网络时代，"人人都有麦克风，人人都是记者"。其实，这里的人人，也包括领导干部。领导干部也可以用自己的麦克风，表达自己的思想。当然，这里并不是说领导干部可以为所欲为。领导干部是有纪律约束的，民众对其是有社会期待的，领导干部使用麦克风就是要更好地完成工作，更好地履行职务责任和满足社会期待。

第三，善用互联网。领导干部掌握着一定程度的政治、经济和文化资源，更应该重视互联网这个媒介，不仅要逐渐学会和新闻记者打交道，更要善于和广大网民打交道，要充分利用互联网发布信息、引导社会舆论、树立政府形象。领导干部的媒介素养如何，绝不单单是其个人素养的问题，更是直接关系到党和政府"新闻执政"水平、关系到新时代坚持和发展中国特色社会主义伟大事业。2019年1月25日，中共中央政治局就全媒体时代和媒体融合发展举行第十二次集体学习。习近平总书记在主持学习时强调，人在哪儿，宣传思想工作的重点就在哪儿，网络空间已经成为人们生产生活的新空间，那就也应该成为我们党凝聚共识的新空间。移动互联网已经成为信息传播主渠道。随着5G、大数据、云计算、物联网、人工智能等技术的不断发展，移动媒体将进入加速发展新阶段。要坚持移动优先策略，建设好自己的移动传播平台，管好用好商业化、社会化的互联网平台，让主流媒体借助移动传播，牢牢占据舆论引导、思想引领、文化传承、服务人民的传播制高点。

---

① 习近平.在网络安全和信息化工作座谈会上的讲话[N].人民日报，2016-04-26，(2).

三、舆情处置的技巧及局限

舆情的发生，与信息的传播是紧密联系在一起的。从传播的角度看，舆情处置其实是信息传播流程中的一个环节。为了达成某种目标，我们需要对既有的传播采取相应措施，或者促进或者干预。舆情处置要想取得效果，就必须顺应互联网的舆论环境，依托传播学的规律。

2016年，某演员离婚风波是互联网上一起典型的社会性公共事件。从该演员的角度看，其主动发布离婚声明，把家庭纠纷呈现于公共场所，接受公共舆论的聚焦与评议，这就是使用了舆情技巧，其行为"符合新闻要素的要求，树立了自己的形象没有拖泥带水，只是干脆清楚表达事实和态度"。曹林在《从某演员离婚舆情看新闻发布和引导技巧》一文中写道，像这种离婚事件，如果不是男方主动去说，人们会天然站在女方一边，把女方当成弱者。在这件事上，王某团队在网络上主动发布这条新闻，主动放料，设置让媒体跟着说的议题，避免"首发效应"后辟谣给自己的麻烦。在事情发生的第一时间通过发布新闻来引导舆情，使围观群众的舆论出现了一边倒的事态。

党的十八大以来，不少"大老虎"周末落马的情况也被一些媒体和专家学者所关注。2014年5月，人民日报海外版曾关注过类似话题。报道称，自党的十八大以来，已有至少20余名省部级官员落马，受到舆论高度关注。而在这些人中，有11人是周六、周日公布的，1人是周五晚上公布的，多在周末"休息时间"公布。对此，国家行政学院教授汪玉凯认为，中纪委对于发布消息的时间段肯定是有所考量的，"为什么选择周末？可能周末大家休息、有时间，所以会有更多人关注。"

毫无疑问，舆情处置是存在技巧的。广东省委网信办副主任曾胜泉在《网络舆情应对技巧》一书中，概述了网络舆情处置的基本技巧：首发新闻要有时限，实话实说并非全说；重要信息滚动发布，回应关切冷热有度；

定性定论慎之又慎，上纲上线适得其反；决策实施议题开路，媒体选择效果为先；舆论高地亟须占领，微博微信大有可为；评论队伍不可或缺，意见领袖为我所用；记者采访应获善待，沟通合作方能双赢。

不过，技巧的使用是有条件的，受到时空、情景、处置人员的媒介素养等多种因素影响。从舆情处置实践来看，舆情处置的时机、新闻发言人的水平、处置策略等都是影响处置效果的重要因素。这些因素都不是固定的。如果在舆情处置时，能够顺应舆论场的形势把握这些因素，很好地回应舆论场的各种声音，就能够起到比较好的处置效果；反之，效果可能就不理想，有可能引发次生舆情危机。

一般来说，舆情处置的意义有三个层次：最低层次，是消除该事件的不良影响；中等层次，就是引起行业或者同一类事件的改进，这一层次超出了就事论事的层面；最高层次，则是借由舆情事件认识现实、改造现实。三个不同的层次，对技巧的适用条件也是不同的。最低层次，显然最需要技巧，而技巧也最能在短时间内发挥作用；中等层次，技巧的效用就会有所减少，更依赖线下的实际改变；高等层次，更是极其扎实的工作，不能靠技巧支撑。

必须指出的是，舆情处置技巧是存在的，但也有其自身局限性。这种局限性不仅来自上述三个层次的要求，也受技巧本身的限制。比如，使用技巧人员自身的媒介素养的高低，就是技巧能否发挥效用的重要因素。处置舆情事件不可能仅仅止步于第一个层次，必须对现实有所助益，这应该是对政府或者企业处置舆情事件的起码要求。

从大的方面来说，舆情事件是整个国家治理或者社会治理的一个环节，必须与整个国家治理或者社会治理结合起来。对于相关部门和组织而言，面对舆情事件需要树立线上线下相融合的思维，既要有较高的舆情素养，也要有扎实的国家治理和社会治理的能力。

四、在处置中提升治理水平

网络舆情事件不是孤立存在的,而是与现实存在着深刻的联系的。从线上线下相互联系的角度看,舆情处置是国家治理或社会治理的重要组成部分,某单位或部门处置舆情事件的水平,也反映了国家治理和社会治理的水平。对此,《国务院办公厅关于在政务公开工作中进一步做好政务舆情回应的通知》曾明确地表达了这一点。该通知指出,近年来,随着互联网的迅猛发展,新型传播方式不断涌现,政府的施政环境发生深刻变化,舆情事件频发,加强政务公开、做好政务舆情回应日益成为政府提升治理能力的内在要求。

从推进国家治理体系和治理能力现代化的高度审视舆情事件的处置,就要做好以下三点。

第一,树立网络舆情处置重在预防、以线下扎实的工作为基础的观念。网络舆情事件出现后,处置技巧与经验教训都要求涉事部门特别注意在第一时间及时做出回应。但这都是假设事件已发的情况,最好的状态当然是不发生任何事件。网络环境中众口难调,加之人人都有麦克风的现实,发生舆情在所难免。这更加凸显了预防的重要性,也就是说要更加注重线下的工作,从根源上减少舆情的发生。

2016年12月,微博"昆明交警"有效处置了一起舆情,引发了舆论的好评。该事件起因于网友的投诉:"春城骑警'不近人情'地大清早在幼儿园门口贴罚单,家长和院方与之理论却被辱骂……"由于线下工作并没有过错,"昆明交警"核实情况并公告实情,涉事车辆违停且"脱检",并公布民警执法记录仪视频,有效地消除了这次舆情风波的不良影响。当时,"昆明交警"的粉丝数为大约20万,平时发布的微博,大部分转发量仅为个位数,但这条回应微博四小时的转发数就超过1.5万,最终转发超过3万,评论数2.3万,点赞超过4.2万。好评如潮的重要原因,除了该话题具有普遍性,已经成为网民的"槽点"之一外,还有两个因素不容忽视:一个就是舆情素养与处置技巧,"昆明交警"直面舆情风波,态度端正,基本功深厚;另一个就是涉事部门的线下执法并无过错,这给了"昆明交警"线上有力处置的底气。

第二,举一反三,遇到舆情事故能够自觉反思,进行类似风险排查。舆情处置重在预防,因为舆情事件并不是凭空发生的,而是有迹可循的。但不得不承认的是,舆情事件又有突发性,具有防不胜防的一面。如果舆情事件已然发生,就需要第二个策略,主动面对,同时吸取教训,积累经验。

第三,树立共同体意识,更好地借鉴兄弟单位的经验教训。互联网不仅把网民联结起来,也把政府部门和各个单位联结起来,而且是更为紧密地联系在一起。因此,一个部门在个案上的处置失当,会被认为是整个公权力的问题;一个官员个人的不当行为,也可能引发对整个公职人员群体的讨伐。这就要求涉事部门或单位在处置舆情事件时,有"共同体意识"。面对舆情事件,每个政府部门都不是旁观者,而是相关者,是责任共同体,也是荣誉共同体;也只有每个政府部门都能把政务舆情回应工作做到极致,整个公权力机关才能走出公信力不足的困境。

这方面最典型的案例就是环境群体性事件。近年来,环境群体性事件并不局限于一地一隅,而是具有跨地域的特征。经济社会的发展、生活水平的提高、权利意识的高涨、互联网技术的推动、利益格局的分化等多重因素,共同构成了环境群体性事件的时代背景。而且,从一系列环境群体性事件来看,事件的缘起、发酵、高潮、回落等具有某种相似性。在这种情况下,某地发生环境群体性事件,就具有样本意义。其他地区也应该关注这一事件,学习当地的处置经验,避免犯同样的错误,为本地区有可能存在的舆情风险提前做好准备。

【案例】台风"利奇马"过境

事件概况

2019年8月10日,"利奇马"在我国浙江温岭城南镇首次登陆,预计将途经浙江、江苏两省和黄海海域;11日,"利奇马"在山东青岛第二次登陆。据应急管理部统计,截至2019年8月14日,"利奇马"共造成1402.4万人受灾,56人死亡,14人失踪,1.5万间房屋倒塌,直接经济损失515.3亿元。

舆情处置

台风"利奇马"登陆前,气象机构及各地政府部门发布的预警信息"点燃"事件舆情。8月10日,台风"利奇马"在浙江温岭城南镇登陆后,受浙江临海全市被淹、上海转移撤离人员25.3万人等事件影响,舆情热度逐渐上升。11日,台风"利奇马"过境浙江、江苏,登陆山东。随着受灾地区的增加,相关话题急剧增长,12日相关舆情量达到峰值。

"利奇马"台风虽引发社会各界广泛关注,民众讨论热度高,但整体舆情呈正面积极状态,这与相关部委和各地政府的迅速响应以及媒体的积极配合密切相关。

在台风预警阶段,国家防汛抗旱总指挥部、自然资源部等中央部委及时发布了预警信息并安排了相关工作。之后,各地方政府迅速响应,提前部署防范工作,各地官媒和政务发布也及时发布了预警信息,满足了公众的知情权。此外,在预警信息传播过程中,各专业性气象官微和综合性新闻媒体也发挥了极大的积极作用,人民日报、新华网、中国天气、中央气象台等微博账号均积极对预警信息进行传播,加大了"利奇马"台风预警信息的传播力度、扩大了传播影响力，也让民众及时得知了预警信息，避免了恐慌情绪的过度蔓延。

在抢险救灾过程中，国家防总、应急管理部启动了防台风每日会商研判机制，召开了视频调度会。同时，各政府官媒及政务发布及时公布了相关救灾工作进程，为民众释放了工作部署有序跟进、台风情况实时更新、一线工作全面开展的积极信号。

此外，各新闻媒体也及时播发了灾情信息和相关救援保障工作，以大量翔实的第一现场信息，为公众提供最新情况，有效引导了舆情走向。而抢险救灾时出现的正面事件，如"临海公安紧急征用冲锋舟""江苏苏州消防员坐路边一口气吞下12个包子""宁波消防从第一处坍塌危房中救出9人"等，对稳定社会情绪、激励救灾人员、安抚受灾群众起到了重要作用。

舆情点评

纵观"利奇马"台风相关舆情，正面声音占主流地位，其原因主要有三个。

第一，政府、媒体联动及时发布了相关信息，各种防灾救灾信息公开透明。在台风登陆前已将预警信息刷屏，在救灾期间政府官媒和新闻媒体也实时公开救灾各项事宜满足了民众的知情权，展现了各地政府相关部门积极有序应对台风灾害的正面形象。

第二，积极进行了正面宣传。通过一线图片、短视频等场景的宣传报道，强化了对一线指挥、协同作战的场景展示，特别是消防、城管、水利等一线处置部门，有利于体现部门职能作为，树立正面形象；同时还强化了对救灾过程中各地好人好事的报道，这些正面事件不仅温暖了受灾地的群众，还引发了社会的广泛关注与好评。

第三，及时澄清并处置了谣言。对流传较广的几条"灾情"谣言，比如"黄南水库被冲垮了""永嘉300多人不见了""济南、沈阳、威海凤凰山路变压器泡水漏电"等，温州、台州、济南等地公安在第一时间进行了澄清，防止了不必要的恐慌和盲目应对，在一定程度上缓解了群众的恐慌心理。

此次成功的舆情处置也启示各地，在全力救援抢险之际，也应及时进行正面宣传。这样才能最大限度地让民众明白"关键时刻到底谁奋斗在一线""关键时刻到底谁在为我们保驾护航"，当后续舆论有人恶意攻击、无理谩骂时，民众才会有自己的独立思考和客观判断。

第五节 坚持三个原则：公共利益至上

坚持三个原则

① 公共利益至上
- 公共利益是观察舆情事件的重要风向标
- 公共利益的边界拓宽
- 保障公众的知情权

公共利益至上是舆情处置的第一原则，这是舆情事件发生时，所有涉事机构应当表现出来的最基本的社会责任。

公共利益是在一定社会条件下或特定范围内不特定多数主体利益相一致的方面，它不同于国家利益和集体利益，也不同于社会利益和共同利益，具有主体数量的不确定性、实体上的共享性等特征。

一些地方政府上马的重大项目，最初没有做好风险评估，待项目启动甚至快要竣工时，周边知情的群众由于意识到公共利益遭遇潜在威胁，于是集体抵制，从而引发舆情风波，甚至酿成群体事件。直至有关部门出来回应：项目停建，甚至永久停建，才得以化解风波。

一、舆情事件何以吸睛

2018年4月7日，微博大V发布自身被骗经历。他第二天早上要从长沙高铁南站赶火车，想住在附近。从某旅行平台上订了一个离高铁南站只有"36米"的某酒店。但是，他费了两个小时，打了10多个电话，才在几公里外的一小巷子里的公寓楼里找到这个酒店，而且变脸为"联盟酒店"。该大V要求退住，老板就拿出黑社会的那一套来。

不少长沙当地的自媒体随后关注到这一事件，潇湘晨报、红网、重庆晨报、燕赵晚报和南方都市报等媒体也注意到该事件，一场关于该旅行平台的舆情风波由此而起。

无独有偶，此前几天，另一位微博大V也发布微博称，不小心中招住进了一家非常脏、非常差的酒店，掉进陷阱是因为某旅行App。在其分类里，五星和豪华分到一个档次，但所谓的豪华，根本就是个主观标准。不排除该App有意将山寨版的酒店强行塞进这个序列，收取高额提成的可能。不明就里的消费者，就会上当受骗。

这两起事件，是当下互联网上非常典型的舆情事件。从发酵过程来看，自带流量和关注度的意见领袖在其中无疑扮演了极其重要的角色。但必须指出的是，该事件之所以能够进入公共视野，最核心的因素依然是公共利益。这一点，我们从两位涉事的意见领袖的诉求中就可以明白无误地看出来。两位微博大V都强调平台和市场监管的问题，强调消费者的利益，吸引了众多媒体和公众的关注。

多家媒体跟进报道，广大消费者热切围观，归根结底就在于微博大V也好，普通网民也罢，他们遇到的问题并不局限于个人，从理论上看，每个旁观者都是潜在的受害者。因此，大家关注微博大V的遭遇，不仅仅是对其个人的关注，也是出于对自身利益的珍视。涉嫌损害包含个人利益的公共利益,才是网民热切围观的基本动力。实际上,从网络舆论反应来看,它也证实了这一点。网民十分关心各大旅行平台有没有删除不实信息,对某 App 的吐槽更是不绝于耳,大数据杀熟的报道也再次引发舆论聚焦。

公共利益是观察舆情事件的重要风向标,也是贯穿舆情事件始终的重要因素。从网络舆论场的实际情况来看,舆情事件引发的公众关注的广度与讨论的深度,往往与其牵涉的公共利益的广度与深度紧密相连。尤其值得注意的是,公共利益的边界也会在舆论的讨论中发生变化。从舆情处置的角度来看,如果能够有效界定公共利益边界,并成功引导舆论,就有可能改变舆情发酵态势,实现"大事化小、小事化了"的效果;反之,公共利益边界的不断被拓展,就有可能引发更多人参与,并酝酿更大的舆论风暴。

以上述两个事件为例,"公共利益"里边的"公共",从涉事酒店的消费者上升到整个平台的消费者。边界不同,涉及人群不同,舆情能量也不会一样。

某旅行平台在微博回应,已下线涉事酒店,即日起,将彻查酒店名实不符,一经核实立即下线酒店,并赔付用户首晚房费。虽然不算及时,但正面公开回应还是获得了当事人的认可,"能公开道歉并采取措施,这是一个好的开端"。而从当事人透露的消息看,事件围绕该旅行平台的关注度已经大大下降。

相反,在另一位微博大 V 遭遇的风波中,某旅行 App 的处置措施就略显被动:一是在时间上介入比较晚,曝光问题后 6 天才进行调查;二是并没有直面问题,回应带有自说自话的性质,只是向外界说明自身的标准体系,没有回应当事人的质疑,结果遭遇当事人"回击",引发了一场更大的舆论风波。舆论再次将其既往的不良表现(如亲子园事件、默认捆绑搭售机票、6000 元机票退票费 9000 等)推到风口浪尖,网友称之为"撞炮口上"了。

公共利益是吸睛的关键。因此,把公共利益放在首要位置就成为舆情处置的第一原则。接下来,搞清楚网络时代的公共利益,就成为顺理成章的重要课题了。

二、网络时代的公众利益

毫无疑问,公共利益是有范围和边界的,尤其是在具体的场景中,公共利益往往是相对明确的。比如,意见领袖对平台的监督,就有比较分明的层次感。公共利益是"只涉及涉事酒店的消费者",还是"整个平台的消费者",更严重的可能还有"整个生态的消费者",产生的舆情处置压力是不同的,当然,响应舆情的级别与举措也不一样。

一般来说,从公共利益的主体来看,我们可以把公共利益分为直接利益相关者和间接利益相关者。什么叫直接利益呢?我们可以说,利益诉求直接涉及每一个当事人。与此相对,间接利益自然是指不直接涉及每一个人,但又可能与围观者存在微弱的联系。在前互联网时代,涉及公共利益的事件,大多以直接利益相关者为主,比如农民工集体讨薪事件,这里的"集体"基本上就是直接利益相关者,讨薪的成败关系到每一个人的利益。

网络时代到来后,公共利益的边界以及涉及的主体都发生了明显的变化,一个最为突出的特点就是,间接利益相关者增加了,公共利益的外延拓展了。同样以农民工讨薪事件为例,网络时代的围观者增加了,这些围观者不仅关注直接利益相关者的诉求,还会以此为载体提出更多的诉求,比如制度层面改善劳动环境、社会分配更加公正、基层政府主持正义的能力更加强大等。这些诉求显然都不是个人的,而是具有明显的公共属性的,如果诉求得以满足,甚至哪怕有一些小小的改善,受惠的都将不限于某个人甚至某个小圈子,而是更多的人,理论上可以说惠及所有人。

因此,网络时代的涉及公共利益的话题具有以下四个特点。

第一,直接利益相关者的诉求具有更强大动员能力。意见领袖能够引领舆论场,最根本的原因在于他们对相关事件直接利益相关者的唤醒。如果离开互联网,这一点几乎是不可想象的。在前互联网时代,某个人类似的遭遇很可能不会引发当下如此大的反响。由于互联网"互联互通"的特点,在大量"围观者"参与的情况下,直接的公共利益诉求很容易向更抽象、也更深入的公共利益诉求转化,反过来又进一步把更多的人动员起来,最终形成浩大的声势。

第二,公共利益诉求多元化的演化,加剧了相关舆情事件处置的难度。开放的网络时代,直接的公共利益仍然是舆论关注的焦点,但也开始扮演一种载体的角色,很容易激发网民更多的公共利益诉求。这种外延扩展的公共利益可能是单纯的量的增加,也可能是质的飞跃。在意见领袖维权风波中,舆论对单一酒店的关注与对整个平台的关注几乎是同时的。同样,也应该看到,在舆情发酵的过程中,关注焦点也会发生变化。例如,当旅行平台回应后,当事人又向地方政府提出问题,长期以来,有众多消费者举报,为什么相关部门没有任何公开回应,这也引发了大量网民的围观。话题演化至此,公共利益的含义以及舆论诉求的对象都已经发生了明显的变化,有可能诱发更广泛的公共讨论。

第三,网民对公平感的追求,成为网络时代最鲜明特点。在维权风波中,当事人为广大消费者讨一个公道,引发了万千网友的共鸣。这种对公平感的追求,成为当下不少舆情事件的突出特点。2018年4月,央视曝光了某公路隧道质量问题,"16亿扶贫路偷工减料"等关联话题迅速成为网民热议焦点,这与公众不公平感被刺激密切相关。"央视新闻"发布的相关微博在一天半时间内的转发量就超过了9万次,评论跟帖近7万条,点赞数超过10万次,远远超出了其日常微博的热度。4月13日,某药酒开始刷屏,该话题一直持续到4月17日涉事医生被取保候审为止,热度开始下降。涉事方、地方政府、最高检、公安部、原国家药监局、围观网友等均参与到舆论争执当中来。新华网舆情监测分析中心数据显示,自4月13日至4月22日,相关微博讨论数超过80万条。此事件之所以能够引发如此量级的网民围观,与刺激网民的公平正义神经不无关系。正如网民所言,某药酒危机公关没做好,要是当时他们不把事情做得这么生猛粗暴,淡然处置，估计也就是一阵风过去了。他们一跨省抓人，把大家内心深处的"怒"给勾出来了，而这个怒，是多年来，对于社会中不公平现象的不满积累。

第四，社会公正作为网民的核心诉求之一将长期存在。党的十九大报告对当前我国社会主要矛盾变化做出新表述："中国特色社会主义进入新时代，我国社会主要矛盾已经转化为人民日益增长的美好生活需要和不平衡不充分的发展之间的矛盾。"社会主义发展的根本目标就是满足人民群众的需要。我国社会主要矛盾变化，表明新时代人民群众的需要发生了重大变化，指向了"美好生活需要"这一更高标准。要达到这个更高标准，就要全面提升发展要求和目标，更好呼应和满足人民日益增长的美好生活需要。要在进一步提高人民群众物质文化生活水平的同时，更加关注人民群众在法治、公平、正义、安全、环境等其他方面的需要，使人民获得感、幸福感、安全感更加充实、更有保障、更可持续，不断创造和发展"美好生活"的内容。公共利益作为社会公正的现实体现，如何更好地体现"公共"二字，受时空制约，或许在话题范围、讨论烈度上有所不同，但一定会长期遭受公共舆论拷问。这一点，也将是处置舆情事件不可忽视的重要因素。

三、知情权是公共利益的重要体现

当一个重大事件、突发事件发生以后，公众最关注的就是事情的真相，此时"知情权"成了最大的公众利益。而这个问题，恰恰被有的单位、领导忽略掉，甚至是刻意忽略掉，他们不想告诉公众事实真相，有选择性地公布部分信息，甚至遮遮掩掩。一旦涉事部门不主动披露事情真相，或者公开信息有限，公众的知情权没得到满足，就会产生谣言，舆情就会升温。

如何有效处置网络舆情

【案例】"某中学生坠亡"事件

事件概况

2021年5月10日早晨,某网民发微博称,5月9日接到成都49中学校发来的信息,其儿子从楼道坠落身亡,但学校拒绝家长进入学校且不提供监控。随后,该网友又连续发布2次微博,引起舆论高度关注。此后,该中学、区教育局、市公安局的回应,因语焉不详、态度生硬,并没有达到理想效果,反而进一步加剧了舆论不满。网上谣言四起,涉事单位和部门在应对突发事件时的舆情处置失当以及专业水准缺失,引发网上铺天盖地的批评指责之声。直到5月13日凌晨,新华社发布《还原某中学生坠亡事件》,用事实回答了"关键监控有无缺失""坠楼是如何发生的""孩子为何走到这一步"等网民十分关注的问题,厘清了诸多疑点。随着主流媒体的大量转发,才逐渐平息了舆情。

舆情分析

舆情大数据平台监测数据显示,5月9日19:00至13日13:00,与此事件相关的信息共有63854条。该事件于10日被爆料后,由于当日正值母亲节,叠加高中生坠楼这一敏感话题,舆论热度迅速攀升,并于11日达到峰值。其中,坠亡学生家长11日上午8时许发的"不认同这一调查结果,认为还有诸多疑点没有厘清"微博,以及人民日报、央视新闻、新华每日电讯等主流媒体的评论加速了此事的发酵。据不完全统计,11日当天先后至少有11个微博话题登上热搜榜,其中"坠亡学生家属不认同教育局通报"以阅读量超12亿次、"成都学生坠亡事件有哪些疑点"以阅读量超5.1亿次先后登上了热搜榜第一位和第二位。13日,随着新华社对此事的深度还原,微博话题"监控还原成都49中学生坠亡前轨迹"以6.9亿次阅读量迅速登上热搜第二位,舆论热度也再次走高。

舆论观点

第一,疑点重重引发公众焦虑。事件曝光后迅速进入公众视野,监控内容、运尸过程、救护车抵达时间、是否禁止同学发声等都是舆论关注的焦点,原微博中"校方态度冷漠""不许家长看尸体"等细节更是激化了舆论的不满情绪。事发时正逢母亲节也令网民更加痛心,舆论在对死者家属表示同情之余,也希望有关部门积极做好善后工作。

第二,教育局通报缺乏情感温度。事件曝光后,成都49中受到了铺天盖地的舆论指责。就教育部门发布的联合调查组的通报而言,不少声音批评其态度过于冰冷,并且也未充分回应社会关切。还有不少网民将矛头指向了整个成都教育体系,并希望有关部门对成都教育系统进行一次大整改。

第三,警方通报有结论无证据。警方通报被认为"信息量过少,甚至比教育局发的还要少""握了一手王炸能输成这样"。网民希望警方能给出一份更加详尽的调查结果,并对诸多网络谣言进行针对性的回应。"用事实说话,才有可能击碎谣言;用无懈可击的逻辑化解疑窦,才能禁得起推敲。"

舆情点评

此次中学生坠亡事件引发广泛热议,由此引发的系列话题值得关注和重视。

首先,微博成为该事件舆论主阵地。事件经由微博引爆,迅速进入公众视野,吸引全民全平台参与讨论,多个相关话题持续霸占微博热搜榜,其中不少话题阅读量超过10亿次。普通网民、大V、专业人士均参与其中讨论,引发事件持续发酵。与此同时,人民日报、央视新闻、新华每日电讯等中央级媒体微博账号配发评论文章呼应网民诉求，加剧了当地有关部门的舆情处置压力。

其次，谣言层出不穷，致使舆论重点失焦。此事件在发酵过程中不仅有大量捕风捉影、造谣传谣的信息集中出现，各路大V、自媒体人、营销号也是传播谣言的"主力军"。除了不少人借机蹭热点事件收割流量外，此事还吸引了不少故意煽动官民对立的"恨国党"，利用大众同理心的阴谋论渐露苗头，致使舆论场一度浑浊不堪，舆论重点频频跑偏。

再次，关键时刻主流媒体一锤定音的作用凸显。涉事学校声明发出后，媒体参与度逐渐增高，对此事的参与报道与采访调查在一定程度上还原了事实真相，压缩了不实信息传播空间。网民关注的不少质疑点通过媒体披露的信息逐步得到释疑。面对当地警方通报仍未平息舆论的局面，新华社发布《还原成都49中学生坠亡事件：关键监控有无缺失？坠楼是如何发生的？孩子为何走到这一步？》，全方位厘清网络质疑，起到了正本清源的效果。

最后，此事件暴露基层单位和部门舆情应对工作短板。这件事中，最具争议的话题就是涉事校方和有关部门面对公众的处理方式。有声音认为，当地有关部门的介入速度并不慢，但自说自话发布公告、用简单强势的方式"快速灭火"，这类处置方式充分暴露了基层单位和部门的执网水平和短板。不少网民认为，舆情宜疏不宜堵，希望各地吸取此事的经验教训，提高舆情应对能力，树立一个民众信赖的政府形象。应验了那句话，过不了互联网这一关，就过不了长期执政这一关。党政一把手、基层执政者尤其要高度重视。

第五章 网络舆情处置策略

第六节 坚持三个原则：局部利益服从整体利益

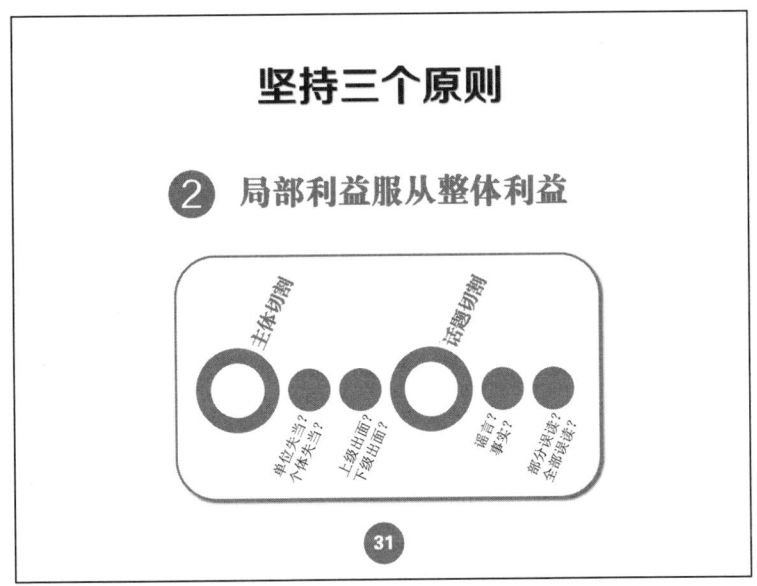

局部利益服从整体利益是舆情处置的第二原则。这个问题，有必要先从哲学角度谈一谈。整体利益不是抽象的，而是具体的。一个地区、一个城市、一个系统是一个有机的整体，是一盘大棋局。全局性的重大原则问题，是整体利益之所在。在实际工作中，各地区、各部门都有自己的利益，这些局部利益构成了整体利益，而且与整体利益息息相关。整体与局部密不可分，相辅相成，没有局部就没有整体，没有整体也没有局部。现代社会是高度联系的社会。局部对整体具有很强的依赖性，必须服从整体。离开了整体，任何局部都不可能得到充分发展。只有整体发展快了，更强大

如何有效处置网络舆情

了,对局部的支持才会更多更有力,才能带动各个局部持续快速健康地向前发展。搞地方和部门保护主义、本位主义,或相互指责、推卸责任等,不仅妨碍整体利益,最终也会损害地方和部门的利益。在舆情处置过程中,能否正确认识和处理整体利益和局部利益的关系,是衡量领导干部政治素质和工作水平高低的基本标准。每一个领导干部所管辖的地区或部门以及所从事的工作,都是整体的一部分。只有牢固树立整体意识,才能在思想和行动上主动推动全局的发展;才能在看待问题时,既见树木又见森林,把自己所承担的责任与全局联系起来,把本地区、本部门的工作作为实现总目标的必要步骤和环节努力完成好;才能提高分析和处理复杂问题的能力,明确本地区、本部门在全局中所处的位置及前进方向,在错综复杂的社会现象中找出主要矛盾和矛盾的主要方面,分清轻重缓急,突出重点地抓好工作,使各种努力和行动符合客观实际,与社会发展大势相一致,从而收到更好的效果。

舆情处置过程中的"切割"策略,就是典型的局部利益服从整体利益的做法。从笔者多年的实践经验来看,这一策略在很多时候都可以用到。

那么,什么是正确的"切割"姿势呢?笔者认为,当舆情事件发生以后,有关部门一定要在最快的时间找到一个最直接的单位或部门作为责任主体,如果是个人失职,单位绝不能包庇,不要让整个单位、整个系统、整个地区,甚至整个城市为这件事承担责任。一句话,个人行为不代表单位,基层单位或某个部门行为不代表整体。成语"当断不断,反受其乱"出自西汉司马迁的《史记·春申君列传》,意指做事应当机立断,否则后患无穷。这个成语同样适应于新媒体时代的网络舆情处置,这里的"断"就是指"有效切割"。

有人担心在舆情处置中的"切割"是"甩包袱""不担当",这样的理解是片面的。单位是单位,个人是个人,个人行为与组织行为必须分清楚;过去是过去,现在是现在,未来是未来,问题的变化发展不能含糊。如果不分舆情原因，不讲事态变化，不谈责任主体，便企图笼统捆绑、蒙混过关，最终只能是陷入被动。从这个角度看，舆情处置中真正的担当，是对事实负责、对事业负责、对舆论负责，进行必要、科学、客观的"切割"，正是尊重事实、尊重事业、尊重舆论的体现。在舆情处置中，一个"断"字做起来容易，但也很容易向"武断"转变，无论什么情形都去切割，一推了之，显然也是不负责。

舆情处置中的"切割"，主要是做好"主体切割"和"话题切割"。

第一，"主体切割"。舆情主体是商家、是政府、是具体部门、是某个单位还是具体个人？在舆情处置过程中，舆情主体必须明确，谁是主体，谁就应该站在舆情一线。如果是某个单位或个人的不当行为或法律责任引发的热点舆情，涉事单位应该及时与个人进行切割，明确权利和责任的关系，避免因个人不当行为所负的舆情危机转化成单位的舆情危机。如果下级单位出现舆情呢？上级可以指导下级，专业部门可以指导涉事部门，但绝不能大包大揽，否则很可能出现好心办坏事、舆论不买账的情况，衍生出另一波负面舆情。例如，基层治安事件引发舆论关注，按照属地原则，尽量安排基层派出所负责人出面回应。当然，重大刑事案件则必须由上一级单位出面回应。但无论怎么切割，作为主管单位、上级部门，对单位成员或下级部门不当行为引发的舆情，都应迅速开展调查，及时启动问责，果断处理，切断舆情发酵的源头，有效消除负面影响。

第二，"话题切割"。舆论质疑的焦点话题是被舆论误读、部分错误还是全部错误？是谣言还是确有其事？是没有采取措施、正在采取措施还是已经采取措施？这些问题必须十分清晰地予以回应，及时将问题的状态说明清楚，将已达成的工作成效与已发生的错误分离，实现话语权的重新掌握。面对舆论质疑，有些领导十分重视，三下五除二把问题解决了，可因为没通过媒体及时发布消息，致使媒体和公众不知情，舆情依然会继续发酵。

在"切割"的问题上，很多知名跨国企业的做法值得借鉴。2012年3月15日，中央电视台"3·15"晚会曝光了北京三里屯麦当劳店违规操作的情况。晚会之后，麦当劳微博发布致歉："央视'3·15'晚会所报道的北京三里屯餐厅违规操作的情况，麦当劳中国对此非常重视。"麦当劳在面对突发的媒体曝光时，采取的危机公关策略就是"切割"。微博中第一句"北京三里屯餐厅违规操作"界定了问题的性质为"单个餐厅、偶然所为"，避免媒体继续炒作公司层面上的负面信息。无论是政府还是企业，在面临危机之际，要做到第一时间防止危机扩散，对相关负面信息进行有效控制，为掌控全局提供舆论基础。2017年11月20日，有网友爆料，当日中午12点左右，德国奔驰汽车驻中国高管抢占中国车主车位，还爆粗口"中国人都是杂种养的"，拿出辣椒水喷雾驱散人群，令一名中国业主受伤。网上传开后，该事件引发轩然大波。很多网友愤怒地表示要让这位高管滚出中国，并号召抵制奔驰车。对此，奔驰汽车生产商戴姆勒公司21日两度发表声明——先是明确"纠纷中员工的任何个人言论完全不代表我司立场"，接着宣布免去涉事员工职务，安抚了中国民众的情绪，防止了媒体延伸报道公司层面上的负面信息，防止网民的愤怒情绪关联。而要做好"切割"，最核心的一点就是正确处理好上级与下级、局部利益与整体利益之间的关系。对于聚光灯下的涉事单位来说，无论哪个层级，都应该对此有着充分的体认。当然，这种处置原则并不是单纯地牺牲局部利益，而是积极回应并处理问题，避免矛盾扩大。线上灭火之后还要反思线下的问题，上级部门或者全体单位有需要整改之处，也要及时做出决定。

2014年8月，某实名认证为湖南省纪委官员的微博账号举报国家食品药品监督管理总局原局长为其家乡利益，把中国南方地区传承了上千年的金银花更名为"山银花"，并把"金银花"作为山东"忍冬花"的专用名。更名后，南方金银花价格一落千丈，北方的金银花贩子趁机大量低价收购南方金银花，冒充北方金银花高价卖出，牟取暴利，致使南方大量农民血本无归。因为是实名举报,加之举报人的特殊身份,舆论场迅速升温,引起轩然大波。媒体打电话给湖南省纪委要求采访,省纪委称这是个人行为,单位不就此事接受采访。这就是有效的"主体切割",湖南省纪委很巧妙地避免了自身成为事件主体。

  国家食品药品监督管理总局采用了"话题切割"办法对此进行回应。《国家食品药品监督管理总局新闻发言人关于对反映金银花问题的说明》写道,关于中药材收载入《中国药典》的审定过程,属于国家药典委员会承担的专业技术事务,由其组织多位相关专家组成的专业委员会独立评审确定。为此,针对此次反映的金银花问题,我局已请国家药典委员会如实向社会做出负责任的相关情况说明。关于实名举报问题,中央纪委驻总局纪检组已向中央纪委相关部门做了专门报告。在该回应内容中,国家食品药品监督管理总局很巧妙地把"金银花"改名为"山银花"降格为学术之争,而且主导机构是国家药典委员会,其承担此次专业技术事务,并非某一领导的个人行为。

  在"曾某死刑前未通知家属事件"中,某市中级人民法院在微博引发的舆情危机中处置到位。曾某因涉嫌集资诈骗罪被逮捕,之后,最高人民法院依法核准曾某死刑。2013年7月,某市中院依法对曾某执行死刑。因为执行死刑前法院没有通知其与家属见面,家属非常愤怒,遂到有关部门上访,并在网上发帖,引起较大的舆论反响。该市中院未经深思熟虑,发微博称法律没有明文规定,对犯人执行死刑时,犯人必须跟亲人见面。其中透露出的是一种冷冰冰的、缺乏人文关怀的态度。果不其然,这条微博迅速遭到网友吐槽。两个半小时后,该市中院再次发出微博,回应网友指责:"今天,由于微博管理人员对刑事法律学习钻研不够,想当然办事,面对网上舆论不淡定,导致发出了一条错误信息,并在领导发现后删除。我们对一线工作人员提出了严厉批评,特此向网友和公众道歉。今后工作中,我们将要求编发信息人员加强学习,不再犯类似错误。欢迎继续监督。"这

如何有效处置网络舆情

一回应采取了"主体切割"的方式,把微博错误言论归咎为微博小编的个人责任,既不代表法院意见,也不代表领导意见。加之态度诚恳,很大程度上得到网民认可,舆情热度随即下降。

【案例】某市地铁"微博宣传送创可贴"

事件概况

2020年9月,某市地铁官方微博发布一篇博文,文内称,地铁某站内,一位踮着脚走路的女乘客引起了工作人员的注意。询问得知,女乘客被脚上新鞋磨破了脚。工作人员立即拿来了医药箱,为乘客简单处理伤口,并送上创可贴备用,女乘客对工作人员的细心关照表示感谢。

不料,次日剧情反转。女乘客发博文直斥该市地铁官微"做了不实报道",并对原述经过"否认三连":第一,"主动询问"是有的,但主动的是女乘客;第二,药箱也是十几分钟后才拿到;至于第三点,女乘客直揭真相:创可贴一共给了四个,这是为了配合领导摆拍。

女乘客的回应一出,舆论哗然。原博文被删除后,该市地铁在稍晚回应媒体的情况说明中,基本证实了该乘客所说,称微博运维人员在未征得当事乘客同意的情况下编发该微博信息,给该乘客带来一定不良影响。在得知当事乘客对该微博内容产生怀疑后,运维人员随即将微博删除。该市地铁表示:"针对该事件暴露出我们在工作中存在的不细、不严等形式主义问题,我们在积极联系当事乘客沟通致歉的同时,已责成相关负责同志及有关人员深刻反思检查,并以此为鉴,在全线网车站开展作风服务大提升活动,杜绝类似问题发生。"其中,情况说明中提道"微博运维人员未征得当事乘客同意就发了微博",将事情"甩锅"微博运维人员,受到网友诟病。

舆情点评

正确的"切割"方式，绝不能把"临时工"当挡箭牌。

舆情处置过程中的"切割"策略，就是典型的局部利益服从整体利益的做法。当下一些部门遇到舆情危机时，有关领导就会出来回应说"这人是临时工"。"临时工"说辞就是一种"切割术"。在某些领导眼里，"临时工"不是正式员工，其所作所为不代表本单位，可以撇清责任。但是，这"切割术"十分蹩脚。临时工也是单位聘请的一员，其所作所为，代表单位授权行为，并不能因其没有编制身份就减轻单位的实际责任。在公信力受损的情况下，"临时工"说辞只会加剧民众的不信任感，导致公权力丧失公信力。因此，明智的领导请不要用"临时工"作为挡箭牌。

第七节　坚持三个原则：掌握信息发布主动权

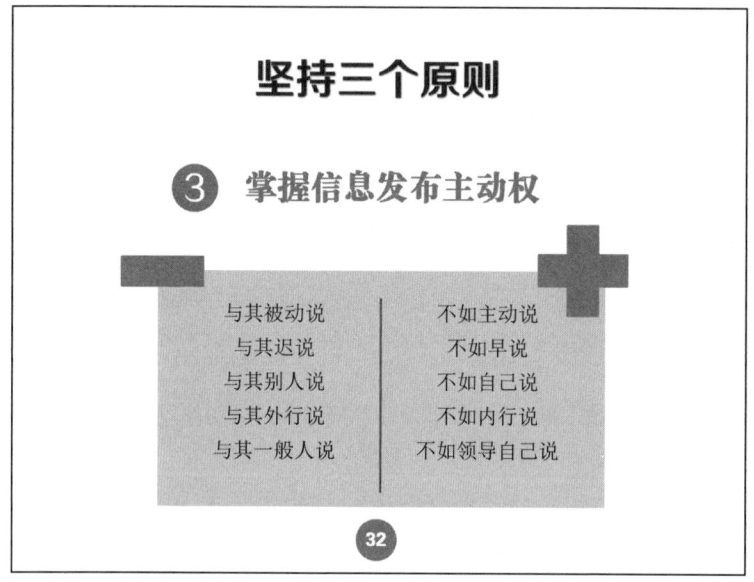

成为第一消息源，掌握对外发布信息的主动权是舆情应对的第三原则。

当前，热点事件频发高发，相关机构舆情回应中所谓的"权威发布"并不总能获得公众信任，这种尴尬并不鲜见。"不相信"的背后其实包含着公众的焦虑：对真相、公平和安全的焦虑。而热点事件尤其是重大事件引发的舆情，进一步放大、凸显这种焦虑。

如何缓解这种焦虑，是个宏观命题，从根本上来看，与政府的施政所向和民生关切密切相关；而就热点事件本身来看，舆情回应中适当和有效的"权威发布"虽不能彻底根除焦虑，但却能逐步增强公信。

由此可见，有关部门在重大公共事件中的信息发布，不仅仅在于释疑解惑，更担负着给公众带来安全感和信任度的责任。那么，什么样的信息发布才算"权威发布"，什么样的"权威发布"才能赢得信任、掌握主动权？新华网舆情监测分析中心在实践中曾经总结出"3W 理论"。

一、When（何时回应）

第一个"W"是 When（何时回应），强调舆情回应的时间问题。

与其被动说，不如主动说；与其迟说，不如早说。

在舆情发展过程中，官方的沉默或通报缺位被恶意解读、舆情预警不足、权威信息不及时、信息不透明等问题，都会导致舆论场中流传各类谣言，使官方陷入被动境地，饱受质疑。舆情事件以社交媒体草根账号图文爆料的形式进入公众视野，而非官方通报，这本身就是问题所在。权威信息的不及时、不准确，向来是网络舆情中最需要警惕的"次生灾害"。

相关方面的舆情回应，应从"要我公开"转向"我要公开"。传播学上有一个"首发效应"，指首发信息会让受众形成先入为主的第一印象，以后很难改变。政府部门在信息公开时，被动回应的效果远不如主动说明；面对突发事件，更应快速及时反应，确保"首发定调"。否则，"沉默就是默认"，再权威的信息也变成明日黄花，无人关注。

权威信息发布的及时与否决定了事件的不同走向。人民网舆情监测室基于当下媒体环境提出了"黄金 4 小时"原则。"黄金 4 小时"指的是新闻发布的及时性，涉事主体要第一时间发声，第一时间处理问题，做突发事件的"第一定义者"。对于"黄金 4 小时"原则，中国传媒大学段鹏教授认为，在新媒体技术引爆资讯革命的今天，任何涉及危机事件的部门在"黄金 4 小时"内的一举一动都将成为外界评判组织处理危机的主要根据。新媒体技术的发展推进了真正意义上网状社会的形成，促进了公民思维方式、行为方式的改变，优化了公民的沟通，推进了个体的行动，这些变化直接影响了组织处理危机的方式发生变化。应该说，新媒体技术的发展，使中国各级政府组织都面临着一个抉择——在危机事件发生时，能否在第一时间与公众形成良性沟通和善意互动。北京大学新闻与传播学院教授谢新洲也提出：网络时代，速度就是新闻，速度就是影响力，速度就是舆论引导能力。和其他传统媒体不同，速度是由网络媒体本身特性派生而来的独特优势。在成都公交车纵火案中，公众最想了解的是伤亡情况、事故细节以及造成事故的原因、救援处理善后等情况，越是距离事发地近的地方，对时效性的要求就越强烈，争分夺秒成为网络新闻报道的常态。

《国务院办公厅关于在政务公开工作中进一步做好政务舆情回应的通知》要求，对涉及特别重大、重大突发事件的政务舆情，要快速反应、及时发声，最迟应在24小时内举行新闻发布会，对其他政务舆情应在48小时内予以回应，并根据工作进展情况，持续发布权威信息。明确政务舆情回应时限，不仅能及时满足民众的知情权，增强政府的权威性，避免滋生舆情次生灾害，也能较快消除各种谣言。

值得关注的是，一些部门和地方为了缓解现实舆论压力和相关负效应，选择在深夜发布一些权威信息，让民众猝不及防。涉及众多群众切身利益的信息发布搞突然袭击，不仅会打乱民众的生活节奏，也会让政府的公信力大打折扣。一项公共政策酝酿与出台的过程，必然是公众广泛关心、参与的过程，"半夜鸡叫"式的突袭做法应慎重，舆情的反弹想必也是相关方面不愿意看到的结果。

二、Who（谁来回应）

第二个"W"：Who（谁来回应），强调舆情回应的**适格主体**。

"适格"本来是一个法律名词，是指对于诉讼标的的特定权利或者法律关系，以当事人的名义参与诉讼并且请求通过裁判来予以解决的一种资格。这里借用这一概念。对于适格主体而言，与其别人说，不如自己说；与其外行说，不如内行说；与其一般人说，不如领导自己说。

第一，与其别人说，不如自己说。权威发布遭遇"老不信"，除了发布时机和发布技巧的问题外，更关键的原因可能是发布者本身就不够权威。突发事件发生以后，很多新闻发言人受制于职权范围等因素，未能充分掌握情况，影响了舆情回应的效果，有时甚至由于发言不当"惹祸上身"，使自己成为舆论争议的对象，还有一些负有直接责任的部门"躲在幕后"。

为了避免类似情况的发生，中共中央办公厅、国务院办公厅联合下发了《关于全面推进政务公开工作的意见》，该意见指出，要加强突发事件的信息发布，负责处置的地方和部门是第一责任人，根据处置进展动态发布信息，回应社会关切。

《国务院办公厅关于在政务公开工作中进一步做好政务舆情回应的通知》也要求："对涉及地方的政务舆情，按照属地管理、分级负责、谁主管谁负责的原则进行回应，涉事责任部门是第一责任主体，本级政府办公厅（室）会同宣传部门做好组织协调工作；涉事责任部门实行垂直管理的，上级部门办公厅（室）会同宣传部门做好组织协调工作。"

政务舆情回应要切实体现"谁主管谁负责""谁负责谁说话"的原则。关键时刻，权威信息必须由涉事机构亲自发布，并不断发布，以正视听。否则，当各种杂音出现，主导权完全交给媒体猎奇和坊间猜测，极有可能滋生谣言，使机构深陷舆论漩涡难以自拔。

突发事件考验涉事机构应急处置能力。在突发事件发生时，涉事机构应当第一时间抢占先机，与其别人说，不如自己说，善用媒体与自媒体等传播渠道，主动说明事件情况，第一时间对舆论进行有效引导，缩小谣言滋生和扩散的空间。

第二，与其外行说，不如内行说。当舆情事件中的话题聚焦在一些专业问题上时，可能出现公众因缺乏相关专业知识而产生误读、误解的情况。此时，如能请权威专家出面回应、解释，就可以在很大程度上让事件降温。

如何有效处置网络舆情

2013年2月1日上午9时，一辆满载烟花爆竹的运输车在连霍高速公路三门峡境内义昌大桥发生爆炸，造成义昌大桥坍塌，周边民房受损，14人死亡，2人重伤，4人轻伤，2人轻微伤。从舆情监测结果来看，很多网民质疑桥梁质量有问题：除了汽车本身的原因外，大桥的质量究竟有没有问题呢？一炸就断的大桥到底存不存在施工方偷工减料的问题呢？如果是因为大桥质量不合格引起的坍塌，那么施工方和监管部门是不是应该为此次事故负责？在解释"车辆在桥面发生爆炸，为何能导致大桥坍塌"这一问题上，微博平台忽然出现了很多专家观点，一些力学专家、材料学专家从不同的专业角度，古今中外、旁征博引，并通过视频和图片展示，对网民进行科普，包括举例说明国外和其他省份的桥面爆炸事故，从桥梁结构和材料学方面说明比昌义大桥坚固的桥梁依然在事故中坍塌。经过一段时间的科普宣传，网上质疑桥梁质量的声音日渐式微。事故原因查清后得知，该货车行驶至连霍高速公路河南省三门峡市境内义昌大桥时，因前方有雾和有车等情况而紧急刹车，导致车厢内的开天雷（土地雷）发生撞击、摩擦引发爆炸。经陕西省烟花及民爆产品质量监督检验站检验，开天雷摩擦感度和撞击感度均不符合GB：10631—2013《烟花爆竹·安全与质量》标准规定要求，属于严重不合格品；"土地雷"不属于《烟花爆竹·安全与质量》标准中规定的14类产品，属于含烟火药的爆炸物；经河南省公安刑事科学技术研究所鉴定，"土地雷"具备爆炸性能，是爆炸物。

第三，与其一般人说，不如领导自己说。《国务院办公厅关于在政务公开工作中进一步做好政务舆情回应的通知》要求，通过召开新闻发布会或吹风会进行回应的，相关部门负责人或新闻发言人应当出席。

北京市规定"行政一把手当第一新闻发言人"，"一把手"的身份、资源和权限，决定了以他们为"第一发言人"的新闻发布可以呈现得更诚恳、更有效。有评论认为，一把手成为新闻发言人之后，对于保障新闻发布制度的及时性和准确性，对于推进政府部门重视新闻发布，甚至保障新闻发布机制有着重要意义。对此,新华社曾发表文章《北京23个部门一把手"直播答题"回答民生关切问题》予以专题报道。报道指出,2018年北京两会期间,连续7天,23个北京市级行政部门的一把手面对镜头"直播答题",回应"喝的水安不安全""如何破解学前教育缺口难题"等社会关切。从录播到直播,民生关切的问题从选答到必答,折射出北京政务公开的转变。北京市政府办公厅负责人说,政府部门未来将和市民展开更多形式的互动和交流。北京将会持续办好"市民对话一把手"、政务开放日等活动,并建立市民意见建议的审看、处理和反馈等机制,做到件件有落实、事事有回音。2021年,北京市开展的"我为群众办实事"实践活动在全国起到了示范引领作用。这一活动背后,体现的正是中国共产党始终坚持全心全意为人民服务、不断推进各项改革、提升人民群众满意度的初心与决心。4月27日晚,系列纪录片《我为群众办实事之局处长走流程》在北京卫视开播,这是在党史学习教育过程中,全国第一个播出的"我为群众办实事"专栏节目,其中,#北京一副处长送外卖12小时赚41元#话题登上微博热搜,引发网友热议。

三、What(回应什么)

第三个"W"是What(回应什么),即"说了什么""说得怎样"。

实现良好干群互动效果,绝不仅仅依赖时间点的选择和权威身份的出现,人们更关心"说了什么""说得怎样"。当前有的舆情回应,发言人都避谈核心问题,大谈"我做了什么",不回答"你关心什么"。重大事件发生后,一旦权威信息跟不上,或不能准确反映事件真实状况,无法满足公众知情权,往往会引发不满情绪,导致大量未经证实的消息乃至谣言充斥舆论场。

比如,"某学校被污染事件",从当地相关部门的回应来看,尽管回应迅速,但在实质内容上显得不够有诚意。网民认为,对受害者人数、受害情况、后续如何处理等网民急切关注的问题只字未提，从而引发舆情发酵。

再如，"某记者被打事件"。某电视台记者在某厂区火灾现场采访拍摄期间，其所持摄像机被该公司员工张某、刘某抢走，随后该公司负责人尹某又与记者发生冲突，数名公司员工上前参与，发生肢体冲突，致记者受伤。记者在病床上对此表示"不知道企业的人是怎么穿上警服的，别的我就不清楚了"，认为有警察冒充企业人员参与殴打记者。随后，电视台记者公布了一名警察的照片，从中可见其警号后四位，并提出疑问："这是记者当时在事发现场拍的，有警衔，这能是企业工作人员？"面对电视台报道和舆论质疑，公安机关的反应也堪称神速，接连发出两条微博公布初步调查结果。但是，其回应回避了网民的关注焦点（采访为何被粗暴干涉？有何隐情被刻意隐瞒？是否"护短"？），反倒成了舆情升温的催化剂。

近年来，经历数次公共事件的磨炼，政府部门的舆情处置能力明显提高，对社会热点的反应速度明显加快。但是网民和社会期待也提高了，"快速回应"已不是唯一诉求，还需满足各方关切、尊重民众参与权，否则回应本身极易超越事件而成为诱发新一波次生舆情的引爆点。

重大事件的复杂多变与舆情回应的准确及时有时会形成一个悖论。事实的真相，很可能不是通过一次回应就能说完整的，特别是重大事件的全貌和性质，需要随着时间的推移而逐渐清晰起来。但权威信息的发布，从内容上来说，至少应满足两点要求：回应网民关切，消除不确定性。

"网络舆情汹涌"是当下网络舆论的常规生态景象。政务舆情回应的"权威发布"要掌握信息发布的主动权，必须从时度效上着力，体现时度效要求。面对频发的热点事件，要重视舆情，但又不能被舆情绑架；官方发布既要讲时效，更要讲权威；既不能为处置舆情而仓促发布，也不能为迎合舆论而草率处置。

有研究者指出，政府处置舆情的能力表面上看是速度加技巧，但实际是外化的"态度"决定事态发展，根本上是理念与理念的相对与相融问题。

这里的态度包括政府对具体事件的掌控立场、价值判断以及行动力等由理念支撑的外化表现。网民想要的是政府部门适应施政环境，尊重民众呼声。

【案例】四川某地森林大火

事件概况

2019年3月30日18时许，四川省某地发生森林火灾，相关报道引发舆论的高度关注，4月1日晚，"某地森林火灾致30名扑火人员牺牲"的消息在人民日报、央视新闻等权威媒体的官方微博发布后开始在全网传播扩散。4月2日，当地人民政府新闻办公室公布在火灾中牺牲的英雄名单，同时政府决定将牺牲人员评定为烈士。相关消息继续引发舆论关注，达到传播峰值。4月4日，西昌市政府将4月4日定为哀悼日。央视新闻客户端以《选一个最好的方式记住你｜某地火灾独家报道》为主题进行报道，现场悲痛哀悼画面被大量传播，使信息量再次增加形成次高峰。

有关四川某地森林火灾的舆情信息中，主要舆情信息来自微博平台。人民日报、央视新闻等主流媒体账号以及当地政府官微在微博平台密切发布火灾救援相关报道，公布牺牲人员名单并表示沉痛悼念，消息很快引发全网舆论的高度关注；多位明星及微博大V发文表示哀悼，进一步推动这一消息在网络传播、扩散；"四川某地森林火灾""致敬消防英雄""幸存消防员回忆爆燃瞬间"等热门话题带动更大范围的阅读讨论，助推微博平台信息量高涨。

舆情分析

自火灾发生后，媒体高度关注火灾的扑救情况和人员伤亡情况，全媒体平台通过现场直播、视频报道、图文解说等多种形式对这场大火进行了报道，引发全社会关注。

在网络空间中，主流媒体发挥了重要的引领作用，主动设置议程，引导舆论正向发展。媒体主动宣传报道牺牲人员名单，最后朋友圈、最后电话、最后的影像等报道让生命定格在火灾救援中，引导全民寄托哀思。媒体还及时回应质疑，权威解答扑救人员救援专业性、山火爆燃危害、森林火灾如何自救等问题，在权威媒体和专家的联合释疑下，关于此次救援不利的言论不攻自破，网络舆论回归致敬、悼念的氛围之中。对于在网络或者其他场合辱骂30名英勇牺牲的烈士的人，各地警方迅速行动，将这些诋毁英雄的不法人员依法查处，使广大网友欣慰，"恶意"得止，相关舆情平稳有序。各媒体积极报道警方行动，以正视听。

在社交平台，名人大V发文哀悼，带动全民悲伤情绪蔓延。更多的网民关怀幸存者和遇难者家属，希望政府给予最好的安抚和救助。此外，网友还建议加强消防队伍专业化、科学化、职业化建设，加快改革，以减少人员伤亡。当然，也有少数网民吐槽消防人员的牺牲是地方政府不作为，救灾思路错误导致。

舆情点评

研究分析这次事件的舆情处置情况，对以后的突发公共事件舆情处置与舆论引导工作有很强的借鉴意义。

首先，及时发布相关信息，积极回应社会关切。突发公共事件关系群众生命财产安全及社会稳定，舆情爆点多、关注度高、传播快、影响范围广，因此，突发公共事件发生后，应在第一时间公开信息，释放信号，传递真相，稳定人心。在此事件处置过程中，应急管理部、森林消防局、四川省政府、当地政府各司其职，主动快速引导，正面回应疑虑，赢得群众理解和支持，始终确保舆情平稳。

其次，推动解决实际问题，优先处置主体舆情。应对突发公共事件的经验表明，要重点解决线下问题，这是公众最关心的。比如，事件救援进展、事件原因调查、依法问责、颁布相应整改措施以及对相关领域进行预防性事故隐患排查等，这些信息对缓和公众情绪、稳定社会秩序会起到积极作用。

最后，加强辟谣工作，及时引导网民遵规守法。网络谣言等引发的次生灾害会严重影响突发事件的应急处置工作。相关部门应加强舆情监测，留意舆论场动态，第一时间进行辟谣和澄清，及时遏制不实、不良信息的扩散与传播，为突发公共事件处置制造良好舆论氛围。

第八节　把握四个要点：既要快速反应，又要科学反应

要想有效处置舆情，第一个要点就是既要快速反应，又要科学反应。

国务院办公厅《关于在政务公开工作中进一步做好政务舆情回应的通知》要求，提高政务舆情回应实效，并对"快速反应"提出明确要求：对涉及特别重大、重大突发事件的政务舆情，要快速反应、及时发声，最迟应在24小时内举行新闻发布会；对其他政务舆情应在48小时内予以回应，并根据工作进展情况，持续发布权威信息。该通知对于如何"科学反应"作了指导性规定：回应内容应围绕舆论关注的焦点、热点和关键问题，实

事求是、言之有据、有的放矢，避免自说自话，力求表达准确、亲切、自然。2021年8月，北京举办《北京市突发事件总体应急预案（2021年修订）》新闻发布会，新版《北京市突发事件总体应急预案》强化了突发事件信息报送和发布有关工作要求。预案中强调，对于能够判定为较大及以上突发事件等级的，事件本身比较敏感或发生在重点地区、特殊时期的，可能产生较大影响的突发事件或突出情况，相关机构或单位要立即报告市委总值班室和市应急办，详细信息最迟不得晚于事件发生后2小时报送。

随着互联网的快速发展和社交平台的广泛普及，很多舆情可能仅在数小时之间即完成从话题出现到急速蔓延的过程，舆情回应也必须跟上舆情演变的节奏。但一味追求"快"，把"快速反应"等同于"越快越好"甚至"唯快不破"是不对的。舆情回应的"快速反应"要求涉事主体第一时间响应，其核心意义在于，涉事主体完成调查事实真相、协调部门工作、对外信息披露这一必要过程所花的时间越短越好。

舆情回应的"快速反应"核心参照点是舆情回应是否掌握了信息发布的主动权。在实际工作中，舆情回应需要一个复杂的研判、协调、权衡过程。披露已知事实和官方态度可以选择"快速反应"，但涉及事件的论证、定性，则不可以操之过急。只有这样，才能实现回应效果的最大化。

一、快报事实，慎报原因

对于客观事实清晰，不需要进行大量调查、协调工作的舆情，官方应该果断快速回应。例如，2011年11月26日，宁夏回族自治区银川市某饭店开业时，竟然挂出"银川市人民政府祝贺"的条幅。网民随即拍照并向银川市委办公厅、市政府办公厅官方微博"问政银川"爆料。"问政银川"9分钟后即查清该饭店冒用政府名义的违规行为，并在20分钟内赶往现场责令其改正，快速有效处置了此次舆情。

在一些事故灾害类舆情中，政府作为唯一的权威信息发布者，应快速披露事实。例如，2014年4月4日8时45分，某市一小区居民住宅楼西侧房子发生坍塌。当天，市政府共发布微博30条，最后一条微博发布于23时7分，每条微博平均间隔不超过30分钟，对人员救助、政府补助等信息做实时播报，牢牢把握微博平台上信息发布的主动权，最大限度扼杀谣言的产生。

二、"让子弹飞"，择机回应

对舆情事件中网民关注的焦点话题，应迅速查明原因并立即采取有效措施，找准合适的时间点回应公众关切。快速、及时地处理舆情固然重要，但要切忌猛火急攻，要相信公众对真相和公平的期盼远大于对情绪的宣泄。及时有效地满足公众知情权，清晰准确地解答公众疑虑，公平公正地处理事件，才是官方舆情回应需要把握的节奏和考虑的关键。有时候，"让子弹先飞一会儿"，对平稳舆情也有促进作用。

2018年3月30日，网络上出现《某煤业违法开采 百姓常年举报无果》的相关舆情。县委县政府高度重视，立即召开紧急会议，成立联合调查组，联合行动，全面调查，依法依规严惩违法企业；要求全县所有涉煤矿山企业一律停产进行整改，相关主管部门对所有矿山和企业进行过筛子排查，查处违法生产和私挖滥采行为。县长要求，县安监、国土、环保、公安等部门要加强打击私挖滥采力量，对该煤业违规开采活动进行核查整治。整治期间，企业人员、设备全部撤离开采现场，相关部门依法依规下达违规开采通知书并进行经济处罚。过程中如出现阻碍执法者，由公安部门按照《治安管理处罚条例》依法处理。随后，调查组依法依规责令该煤业立即停产，下发整改通知书，对企业负责人进行查处；对调查中发现企业违法生产造成的生态环境污染问题，要求限期拿出整改方案，尽快修复生态植被。同时，调查组还启动问责程序，对相关部门在矿山监管过程中出现的不作为、慢作为问题进行问责。4月2日，县政府对此事做出反应，及时发声，公布了县政府的相关举措，掌握了舆论主动权。

2016年9月30日，某银行多个省级分行被曝出与毕业生签订了就业协议书后，却突然告知对方无法入职。毕业生们根据统一体检时所见人数，以及省分行曾告知的情况，估算此次受影响的毕业生大约有35人。该行并未马上对外回应，而是迅速启动了调查程序，在查明是由于个别分行没有严格按照总行规定办理补录事宜后，协商做出"如果补录程序合规，对符合招聘条件的相关人员的录用不会受到影响"的决定后，才于当日下午在其官网上回应。当日晚间，一些媒体跟进报道此事时，就引用了此次回应，这使银行的回应声音迅速传播，有效冲淡了之前的负面报道。

三、仓促回应，后续被动

对于一些情况复杂，需要多方取证的舆情，官方应该待事实完全调查清楚后再做定论。实践中，个别政府部门在基本事实不清的情况下便匆忙定调，无疑会引发对抗情绪，如在某矿难发生后，上演了一出"谣言"变"真相"的荒唐闹剧，成为舆情错误应对的经典案例。

2017年8月，网友称某煤业发生滑坡造成多人死亡，引发舆论关注。对此，当地政府、国土资源局、某煤炭工业局发布情况通报，明确表示"无人员伤亡，也没有设备被埋"，该网友因发布"不实信息"被警方依法行政拘留。但是，后经查明，矿难确实导致多人死亡。当地政府发现舆情后在事实尚未调查清楚之前，便对事件进行决断性的判定，草率地"辟谣"，不仅无法说明情况，还为谣言制造了新的土壤，致使后续工作陷入被动。

2018年3月，某市发生一起非法宰杀江豚事件，有关部门过于急躁的处置方式同样引起了争议。某大排档店员当街宰杀疑似江豚的海洋生物动物，并发布相关照片到微信朋友圈称"有想吃的吗"，结果立即被关心保护动物的热心网友举报到了当地管委会。两天后，当地管委会通过官方微

如何有效处置网络舆情

博私信回复了举报者。让人没想到的是,官方在回应中轻易采纳了宰杀者的自辩,声称他们宰杀的不是江豚,而是当地人俗称的"港(jiang)猪"。这一回应发出之后,网友纷纷指责,照片里的动物分明就是江豚,所谓的"港猪",根本就是江豚的民间俗称"江猪",说"港猪不是江豚",无异于说"西红柿不是番茄""马铃薯不是土豆"。好在第二天,当地管委会官方微博及时纠正了前一天的言论,确定了店家宰杀的所谓"港猪"就是国家二级保护动物江豚。而涉嫌捕捞宰杀江豚的犯罪嫌疑人也被当地公安机关刑事拘留,等待进一步调查。事件自此得以平息

《大众舆情参考》发表舆情分析师赵新婷的文章,对"港猪不是江豚"事件做了专门分析。文章认为,在这起事件中,因为当地主管单位缺乏经验,没能及时识别照片中的二级保护动物江豚,才闹出了"港猪不是江豚"的乌龙。尽管主管单位及时纠正了这一错误,却暴露出一些政务新媒体回应方面的短板。首先,该政务微博在私信网友的回应中给的结论,既不专业也非权威,这说明政务微博在接到网友举报之后,其核查落实机制是失灵的。当接到线上相关举报时,政务微博应第一时间与线下的相关主管部门(在该案例中,即海洋渔业监管部门或海洋水产专家)去核查,保持与线下相关部门沟通的顺畅,也是保证政务微博有效应对举报的应有之义。其次,该政务微博还存在一个明显的问题,就是盲目追求快速处置、急于平息舆论,草率回应,从而闹出"港猪不是江豚"的乌龙,给自己挖了个不大不小的"坑"。在该案例中,政务微博可先行回复网友"正在调查",等落实好该海洋生物是否为江豚后再正式回复网友,从而保证政务微博的权威性和公信力。不可否认,"有江豚生活在海中"的确"鲜为人知",可这也绝对不是判断失误的理由。若是在接到举报之初,有关部门能主动找到海洋专家鉴定,或是带回生物样本调查,甚至能"百度一下"简单对比,结果也许完全不一样。

仓促回应还可能造成处置过当。2016年9月,某县教育局一名工作人

员在救灾现场被搀扶的照片在网上流传，县教育局党委立即召开紧急会议免去当事人职务。但后期现场目击者和图片拍摄者证实，该工作人员并没有被搀扶，而只是在别人的帮助下渡过了一处淤泥。由于当地没有调查清楚事件原委，就仓促公布处理结果，反而受到了媒体和网民的指责。此外，如果政法部门仓促应对、处置失当，争议性判罚案件的处罚依据和执法标准就会成为舆论争议的焦点。因此，政法机关的调查、处置等环节必须符合法治精神，只有确保个案公正，才有底气应对舆情危机。

【案例】"雷某不雅视频"事件

事件概况

2012年11月，某网站发表文章、图片及视频链接，称"重庆北碚区委书记包养情妇并与之淫乱"。经某微博大V转发后，迅速成为微博热点话题。随后该事件持续发酵，民众希望重庆官方尽快查清事件真相，男主角究竟是不是雷某本人成为焦点。随后，报料人做客腾讯微博访谈，回答网民提问。报料人在访谈中称，他们手上有相关完整视频以及雷某插手工程建设为亲属牟利、其弟弟包揽垫江县土石方工程等线索和证据。网民普遍希望，重庆官方权威机构尽快就此视频做权威鉴定，并对此事件作出令人信服的调查结论。

事件被网络曝光后，经重庆市纪委调查核实，不雅视频中的男性确为北碚区委书记雷某，中共重庆市委23日决定免去其北碚区委书记职务，并对其立案调查。

从网络举报，到相关部门了解核实，再到雷某被免职调查，全程历时仅不到三天时间。

媒体报道

雷某事件在21日的新闻量为887条，在随后的三天逐渐增多。24日，即重庆市宣布立案调查后的第二天，达到最高值7960条。在百度新闻热搜词中，"重庆官员不雅视频"在22日即成为榜单第2位。

由于纪委介入及时，21日，《重庆市纪委回应网传北碚区委书记不雅图像事件》《重庆市纪委：对网传雷某不雅图像正在核实》等处置回应信息便出现在新闻网站。随后几日，《重庆已初步确定北碚区委书记雷某不雅照非PS》《网曝重庆北碚区委书记雷某不雅视频事件调查》等有关事件调查的内容成为媒体重要议题。

同样引发媒体聚焦的还有爆料人的爆料内容，《爆料人称不雅视频系行贿建筑商偷拍》《重庆涉不雅视频官员弟弟被曝承包多个市政项目》等报道出现在网络。

同时，爆料人的安全也成为媒体关注的焦点。《北京青年报》报道称，雷某不雅视频事件举报人遭死亡威胁，北京警方介入调查。

舆情处置

21日，重庆市纪委向媒体表示，已注意到相关内容，正在了解核实。

22日，重庆市政府新闻办向媒体表示，已初步确定疑似官员不雅视频非PS，但是视频中的男主角是否是北碚区委书记雷某尚在确定之中。重庆已将"网曝重庆北碚区委书记与情妇淫乱视频"事件定性为实名举报，高度重视、严肃调查。

23日中午，重庆市政府新闻办官方微博发布公告：不雅视频中的男性确为北碚区委书记雷某，重庆市委决定免去其北碚区委书记职务，并对其立案调查。

雷某被快速免职，引网民欢呼网络反腐胜利，并称赞重庆市委的办事效率。西南政法大学博士生胡夏枫说，是网络反腐与现实反腐有效互动形成强大监督网，让腐败分子无所遁形。部分专家表示，对于促进官员清正、政府清廉来说，包括网络在内的媒体舆论监督，是不可或缺的重要力量。

事件快速处置也引媒体评论员称赞。《新京报》发文《快速查处雷某与网络反腐合拍》称，一个明智的政府部门，没有理由不重视网络反腐，也不会坐等某一网络反腐事件持续发酵。中国青年网发文《雷某免职重庆打响十八大后反腐第一枪》，《西安晚报》发文《纪委邀记者协查不雅视频是一种进步》。

2013年5月，重庆市纪委对雷某给予开除党籍、开除公职处分，对其涉嫌犯罪问题移送司法机关。

2013年6月28日，雷某涉嫌受贿案于重庆第一中级人民法院公开宣判。雷某因受贿316万余元，被判处有期徒刑13年，剥夺政治权利3年，并处没收个人财产30万元。法院以敲诈勒索罪判处被告人肖某（性贿赂策划者）有期徒刑十年；判处被告人赵某（性贿赂女主角）有期徒刑二年，缓刑二年。

判决后，事件再次引发舆论关注。《钱江晚报》的报道《雷某案今日庭审75岁母亲一遍遍说"做啥子官嘛"》，回溯雷某的童年、少年、青年时代，试图还原从政前的他。前后比照，雷某这个当年的穷娃儿究竟是如何走到现在的境地的。

雷某不服判决提起上诉。2013年9月6日，重庆市高院二审维持原判。

舆情点评

此次舆情事件是网络监督典型案例。与以往类似事件出现后，地方政府回应不及时的态度截然不同，雷某事件经网络曝光后，重庆市有关方面迅速将事件定性为实名举报，向外界表示高度重视、严肃调查，并邀请举报此事的记者协助。之后，在确定雷某为不雅视频的男主角后，重庆市委决定免去其职务，并对其立案调查，给了公众切实交代。从不雅视频被曝光到当事人被免职，仅相隔63小时，赢得了舆论的普遍赞扬，也使发酵的舆论逐渐平息。此次事件"提速"处置，大大提升了政府的公信力，为新媒体时代地方政府主动推进官民良性互动、妥善应对舆情危机树立了榜样。

值得注意的是，与以往的反腐案件相比，此次事件通过微博爆料，微博传播，最后也以微博的舆论力量成功扳倒了贪官。2012年，网络反腐成为年度热门词语，一些官员违法违纪行为被曝光，并最终受到党纪政纪处理。但是，也必须清醒看到，网络反腐是一柄双刃剑，有着诸多缺陷。在此事件中，一些媒体和个人对涉案的女性犯罪嫌疑人赵红霞过度娱乐化，甚至四处"人肉搜索"其本人的照片和家人的情况，侵犯了个人隐私，触碰了伦理底线，在一定程度上消解了反腐的严肃性。网民对雷某的不雅视频大范围传播，并对雷某的相貌进行调侃取笑，也超出了公众应该遵守的文明准则，对社会具有负面的影响。可以说，网络反腐不能成为替代制度反腐的力量，只能作为制度反腐的一种辅助。

第九节　把握四个要点：既要尊重民意，又要避免被"民意"束缚

麦克卢汉曾指出，媒介是人的延伸。互联网在中国的出现后，不仅成为技术革新的工具，更推动了舆论生态的发生改变。网络为普通民众提供了公开、便捷、互动、低成本又有一定自我保护的公共表达空间，使之成为"思想文化信息的集散地和社会舆论的放大器"。伴随中国网民规模达10.11亿、互联网普及率超七成，互联网在国内外各类重大事件中扮演着愈发重要的作用，网民就热点问题或重大议题展开激烈讨论，形成强大的舆论影响力。"网络民意"也成为当前中国社会民意表达的重要渠道，成为领

导干部了解社情民意的重要来源,对现实政治乃至具体的国家公共决策产生影响。作为现实民意在网络上的延伸,网络民意对于推动人民民主、完善政府公共管理、促进社会进步具有积极意义。

2016年4月19日,习近平总书记在北京主持召开网络安全和信息化工作座谈会并发表重要讲话。习近平总书记指出,要建设网络良好生态,发挥网络引导舆论、反映民意的作用。网民来自老百姓,老百姓上了网,民意也就上了网。要让互联网成为我们同群众交流沟通的新平台,成为了解群众、贴近群众、为群众排忧解难的新途径,成为发扬人民民主、接受人民监督的新渠道。如果不能从内心重视网民和网络民意,就很难做到坚持"一切为了人民,一切依靠人民,一切发展成果由人民共享"的基本观点。因此,互联网时代,各级党政机关和领导干部学会走"网上群众路线"显得更为重要。要经常上网察民情、解民忧,多倾听群众的呼声,了解群众所思所愿,运用网络"汇民智、分民忧、解民难",用网络搭起一座官民良性沟通的桥梁,让互联网成为连接党和群众的高速公路。

不过,由于网络民意的复杂性,在现实工作中,有必要审慎对待,认真研究。在做舆情分析、研判的时候,要尊重民意,又要避免被"民意"所束缚。打双引号的"民意",是伪装的民意。前文讲到了"广场效应",互联网就是一个巨大的"广场"。在"反正没有人知道我是谁"的心理作用下,一些网民会发表与日常生活状态中截然相反的观点。

2013年4月30日的《人民日报》发表了文章《网络舆情并不完全等同现实民意》,文章写道:芦山地震发生后,中国红十字会第一时间发起赈灾募捐,在网络上遭到质疑。然而,据基金会中心网公布的信息,到27日,全国有115家基金会参与芦山地震救灾募捐,共募集善款和物资10.49亿元人民币。其中,中国红十字会系统收到社会捐赠款物5.66多亿元,占比达53%以上。这一事实说明,中国红十字会尽管遭遇"信任危机",但是在社会上仍然有相当高的信任度。希望中国红十字会善待这份社会信任,尽快创建公开、透明、诚信的运行机制，提高公信力，消除污名化。这一事实还证明，网络舆情与现实民意之间，有着巨大的差异。个中原因，值得全社会深思。

基于以下两个方面因素考虑，学术界有一种共识就是"网络民意不等于现实民意"，网络舆情更不能代表完全民意。

第一，网络民意"被代表"。不仅网民不能代表现实公民，而且活跃网民也不能代表全体网民。即使目前我国网民总数已超过总人口数的七成，网络ID背后对应着实实在在、有血有肉的"人"的个体。但整体而言，网民构成却与非网民明显不同。第48次《中国互联网络发展状况统计报告》显示，截至2020年6月，我国30—39岁网民占比为20.3%，在所有年龄段群体中占比最高，40—49岁、20—29岁网民占比分别为18.7%和17.4%，占比位列二、三位。与非网民相比，网民更加年轻、受教育程度较高。在结构上，网民主要分布在社会中间阶层，社会高层和底层人群较少，城镇网民规模为7.14亿，占网民整体的70.6%。占中国总人口较大比例的农民或外出务工人员群体，虽然近两年有一定增长，但在网民中所占比例仍然较低。截至2021年6月，我国非网民规模为4.02亿，其中城镇地区非网民占比为49.1%，农村地区非网民占比为50.9%。《报告》显示，使用技能缺乏、文化程度限制和没有电脑上网是非网民不上网的主要原因。调查显示，因为不懂电脑/网络技能和不懂拼音等文化程度限制而不上网的非网民占比分别为54.5%和20%；因为没有电脑等上网设备而不上网的非网民占比为14%；年龄因素是导致非网民不上网的另一个原因，因为年龄太大/太小而不上网的非网民占比为13.8%；因为不需要/不感兴趣、缺乏上网时间及无法连接互联网等原因不上网的非网民占比均低于10%。此外，互联网上有着大量"沉默网民"，在一些重大事件和议题中表现活跃者仅仅代表了一部分网民意见，所谓的网络民意事实上反映的也是这一小部分活跃网民对政治社会的态度。

第二，网络民意被"污染"。由于网络推手和水军"刷榜"，大量被"注水"的"网络民意"充斥网络，表现为在热点事件中操纵舆论走向、公选投票中专业刷票、电子商务中网络刷单等。网络推手、网络水军通过"带节奏"引导人们的认知来实现其目的。有了网络水军的深度介入，作为消费者的网民在商业领域被冒充，作为公民的网民则在政治领域被冒充。看似反映民意的网络舆论泥沙俱下，鱼龙混杂。在网络水军的信息传播过程中，虽然直接接触删帖、发帖工作的是底层网络水军，但是网络水军的背后是网络推手。网络推手利用意见的领袖、沉默的螺旋以及刻板印象等原理，有导向性地引导舆论，从而引发"羊群效应"，即人们透过网络水军制造的虚假舆论，在不了解真实情况之下，盲目受水军的过激情绪鼓动，被动地发表言论。网络推手引导的舆论已经偏离了人们的客观认知，是被绑架的民意。

新技术、新方法的出现为网络推手增加了无穷"法力"。在网络调查中，各种论坛上的网络推手主要借助各种技术手段来伪装"民意"，实现其炒作目的。"智能发帖机"就是网络推手惯用的一种手段。"智能发帖机"实际上是一种伪装身份发送信息的软件，它通常采用黑客技术，可以在短时间内往指定的网络平台发送成千上万条帖子。据了解，现在的一些"智能发帖机"发出的帖子已经可以做到内容不重复，而且还具有丰富的语义，即使是网站编辑也很难迅速识别。当"智能发帖机"发出的帖子大量出现在某个新闻报道或观点文章网页上时，网友的意见和观点很容易受到影响，以至于改变舆情态势走向。这种情况下，"网络民意"自然遭到"污染"。

2017年4月，广州市公安局经过长期侦查，挖出一个以"三打哈"网站为核心，涉案人员涉及全国21个省市，业务遍布各大网络论坛，通过建立网站平台共享资源、相互合作，形成"有偿删帖、发帖、灌水"中介模式产业链的特大"网络水军"团伙。这一网站自称是中国最大的网络推广服务交易平台、典型的网络公关公司网站、最具代表性的"网络水军"规模网站，可提供关键词上首页、负面舆论公关、品牌及产品营销、软文营销、撰写新闻稿等服务，与各大主流网站建立了发布新闻稿的渠道。广州市公安局网警支队刘警官介绍，这一网站极大地方便了雇主与"水军"之间的联系，雇主发布任务信息后支付保证金，由平台代为保管，"水军"领取任务完成后，经过雇主考核加盖合格戳，平台支付费用。"'水军'按照任务的具体要求，如在一些论坛上发相应的帖子，完成以后'水军'会做一个截图放在网站上面，雇主看到这个截图，觉得任务合格后盖上合格戳，有了这个合格戳相当于任务完成。在利益分配的过程中，'三打哈'网站拿20%，'水军'会拿到80%的分成。"公安机关深入侦查后发现，这是一个以网站作为核心平台，服务范围覆盖整个互联网，具有"地域范围广、人员数量多、违法业务多"特点的网络产业链。这个网站的主要业务包括做广告、发放推销性质的短信以及删帖。"网络水军"利用手中的网络资源大肆群发广告、炒作网络事件及论坛"灌水"；收钱为客户联系网络资源删除特定网站信息。

根据实证调查研究显示，在遍布全国的网络水军群体中，大学生占大多数，大学生群体既是网络水军的参与者生力军，又是受害者。《武汉公安干部学院学报》2019年第2期发表了《高校学生参与"网络水军"情况实证调查报告》，《报告》指出，大学生群体是网络水军的中坚力量。根据该课题组在江苏地区对大学生的抽样调查结果显示：受访的网络水军中有74.7%的人认为大学生是极易召集的水军力量。一方面大学生特殊的心理需求和经济状况使低门槛、高收入的水军兼职成了他们热衷的选择，另一方面，大学生空闲时间较为充裕，对网络熟悉程度高，大学生对底层网络水军的贡献值不可低估。

这篇《报告》还指出了大学生参与网络水军的行为分类。第一，市场竞争主体雇佣水军进行虚假宣传。实证调查研究的结果显示：76.88%的人遇到了网络水军的虚假宣传行为。部分企业喜欢通过网络公关公司雇佣水

如何有效处置网络舆情

军,通过水军刷好评、组织虚假交易等行为,捏造不真实的产品质量、销量、热度等有利竞争优势,以达到宣传目的。网络水军成了当前企业追求竞争优势的热门手段,很多企业意识到网络水军强大的营销效果,纷纷主动联系网络水军公司做推广,其中不乏知名企业的参与。第二,网络公关公司包括"网络黑公关"组织水军进行舆论攻击。有68.84%的受访者认为,网络水军会成为对他人进行舆论攻击的工具。在网络社会的匿名化、虚拟化外衣的保护下,追究网络社会中的违法行为主体责任的难度较大,从而造成了网络社会当中诬陷诽谤、人肉搜索、舆论暴力等事件不断发生的后果。某些网络公关公司已经由"网络推手"向"网络打手"蜕变,体现为"网络打手"营销的产业化、专业化。这种现象也被称为"网络黑公关",它既可以给企业信誉造成致命打击,也可以对普通公民带来严重的权利损害。第三,网络红人依靠水军登上"事业巅峰"。来自全国各地的庞大的网络水军群体的集合,他们接受雇主的雇佣进行炒作,可以在一夜之间打造风靡网络社会的网络红人、热门公众号。这些网红和热门公众号具有巨大的网络营销价值,从"凤姐"到"犀利哥",从"奥巴马女郎"到"苦命妈妈跪行救女",网络红人发展至今已经形成一条利润颇丰的完整产业链,并且每一年都有专业的网络红人产业工作计划,对网红的前景、发展方向以及宣传手段有细致入微的策划,其中水军炒作是必不可少的一个环节。第四,貌似正义的网络维权。实证调查研究结果显示,10.48%的受访者认为动用网络水军可以成为一种维护权利的方式。网络水军能够引起强大的舆论压力,部分权益受到侵犯的网络社会主体通过网络水军活动引起了强大的舆论反响,以此得到相关部门的注意从而得以维护自身的权益。但这种貌似正义的背后,掩盖的是金钱交易。

舆情研判时,如何做到既要尊重民意,又要避免被"民意"所束缚?要保证网络舆情监测分析工作的有效开展,针对网络水军带来的挑战,需在以下三方面做出努力。

第一，熟悉网络水军的活动规律和特点，提高识别能力。虽然水军大都是穿着马甲、分散各地的网民，不易识别，但是，作为一种网络传播现象，网络水军也有着一些共同的活动规律和特点，如词语或褒或贬，带有强烈感情色彩；不讲真话，看到不同意见开骂；黑白颠倒、污蔑陷害故意引起纷争；看似人多，一个人骂，多个马甲来捧场，其实 IP 地址一个样；不同的人使用网络公关公司统一发放的"马甲"，结果同一个 ID 却很多个 IP；一个热点话题违背自然的传播规律，长时间持续维持，或在三到五天后，无特殊的原因，传播的高峰又再次出现；等等。因此，可以通过查找各大论坛是否同时有相同的主题帖、查找内容里是否带有商业字眼、检查该发帖 ID 的其他内容是否为商业行为、检查回帖等方式甄别水军。具有上述特点的传播活动虽不必然是网络水军所为，但认识和把握好这些特点有利于将自生的与人为的信息传播做出区分，做好舆情监测研判工作。

第二，网络舆情信息收集要做到来源权威化和多元化的兼顾。不少网站热点排名往往依据点击量、转发量，这就为多家公关公司制造了营销机会。因此，网络舆情信息的收集，不能仅仅依靠网络排行决定网络舆情重要程度和优先度。相对而言，传统媒体尤其是权威媒体在议题的报道上更为客观、理性，在关注各大网站上的新闻跟帖和社交媒体的同时，要注重舆情信息来源的权威性，尤其是中央重大决策、重大事件引发的舆情，要以主流媒体为准；社会思潮及理论动态舆情，要善于从媒体、民间学术论坛的"理论版""言论专栏"去收集。同时，虽然网络民意不乏真知灼见，但也有大量非理性的情绪宣泄，因此为了更好地挤掉"水分"，提升信息的"含金量"，在通过网络汇集民意的同时，还要通过传统的调查手段获取线下的民意，做到权威化和多元化的兼顾。

第三，舆情信息的收集和研判要有强烈的民本意识和高度的社会责任感。网络水军活动的背后是雇主"利益"的驱动，但这种利益往往只是社会某些个人、群体，而不是普通公众的利益。因此要充分利用舆情信息工作这个服务基层的工作平台，以社会责任感把握好群众切实的需求和领导的决策需求。舆情信息的收集和研判首先要注意把握热点舆情的性质，分清它所代表的是多数人还是少数人的意见和观点。其次，要把握热点舆情的全貌，采用横向综合的方法，把多个方面反映出的情况综合起来。最后，要分析网上热点与社会舆情的互动情况，分析网上舆情对社会现实生活的影响。

可以说，网络水军的出现及其在中国互联网上的泛滥，对网上行为的道德规范和社会责任提出了新的、亟待解决的问题。此外，网络水军的出现也考验着中国网络舆论的成熟度，增强了网络舆情工作的难度，而且随着网络技术的不断发展，网络水军一定还有更多的搅局手段，但是万变不离其宗，不论怎样，网络舆情工作只有练就好一双"慧眼"，才能更好地为决策服务。

【案例】北外女生炮轰教育制度

事件概况

从 2009 年 3 月 8 日起，"北外香水女生香奈儿"在自己的博客上接连发表了 4 篇文章，抨击当前的"外语强制教育"，并提议"让赵本山当教育部长"。这些观点尖锐的博文发表后引发网友广泛讨论，点击率直线攀升。3 月 12 日，有多家报纸和网络媒体对这件事进行了报道。3 月 13 日，"北外香水女生"的博客发出了暂停更新的通知，并称这是"众所周知的原因"。2009 年 3 月 16 日她发表一篇最新的博文令人惊讶。她在博客中说，自己被北外"强制退学"了。她说："我真的不知道我错在哪里？难道我很个人地表达观点会引来这么大的麻烦？"这篇最新的博客发表后，不到 20

个小时的时间里,点击率已经接近40万次。

事后,据其本人声明,她已和某公司签约,签了100万字,共10年10本书。该公司要在她写的书出版之前,把她炒作成一个明星,只有这样才能把书卖出去。她在博客上写的内容,都是由公司决定的,她自己只是执行。"北外香水""北外女生炮轰教育制度"等字眼,都是公司所为,非本人所写。

舆情分析

围绕"北外女生炮轰教育制度"事件,舆论场狂欢与质疑同在。面对教育制度存在的问题,众多网友尽情地发泄不满情绪。但是,"香水女生"是"斗士"还是炒作者?持怀疑态度的网友四处搜罗证据。

证据一:平日作风不像热血青年。网友在天涯发帖《北外香水女生一事,结果已公布》,怀疑此次事件是一次炒作,为的是给"香水女生"及"贱女孩"包包和阿紫即将出版的新书造势。此前,在网上,已有不少网友对"香水女生"的个人作风和性格表示怀疑,"混迹夜总会"、崇拜名车,"怎么看也不像是忧虑教育现状的有志青年"。

证据二:抨击博文是抄袭拼凑。网友贴出了自己搜索的几段博文作对比,认为"香水女生"所写抨击教育制度的文章都是从网上四处搜索抄袭拼凑而来的。例如,"一个中国公民普通话水平不高影响不大,可以考硕士、博士(原文)"与"一个中国公民普通话水平不高影响不大,可以读高中,考大学,考硕士、博士"内容几乎一样。网友由此推测,如果这些文章都不是自己写的,却堂堂正正将其作为退学事件的理由,实在是不太可信,其中必有蹊跷。

证据三:与网络推手有瓜葛。网友发现,"香水女生"的博文仅有13篇。在第一篇博文中,可以看出"香水女生"与90后"贱女孩"包包和阿紫的经纪人"天蓝姐姐"来往甚密,"最近在写一本书,是关于网络传播方面的,采访了天蓝姐姐 N 多次""拉着包包、阿紫、天蓝姐姐和青山光司照相。很开心",这些博文中,她似对这位"天蓝姐姐"十分崇敬。网友指出,"天蓝姐姐"就是去年名噪一时的 90 后"贱女孩""阿紫"的经纪人,并由此推测,其实她早已签约"天蓝姐姐",这一系列抨击教育制度、被强制退学等都是为她进军娱乐圈进行的宣传前奏。还有网友认为,"香水女生"腾讯博客的 QQ 号码前五位是 62200,"明摆着是女孩的经纪公司在腾讯开的博客,因为 62200 开头的号码都是腾讯公司派发给名博的号码"。

舆情点评

能够在短短两周时间内,让"北外香水女生香奈儿"这个名字红遍网络,可见炒作还是十分有效的。炒作之所以有效,在于炒作者看准了教育"软肋"。在全国两会前后,拿教育说事,而且是拿教育当中比较为人所关注的英语教育说事,往往能取得社会公众的整体性认同,能轻而易举地产生关注效应,带来"眼球经济",这一点已经为很多深谙网络炒作的"资深人士"认同,并且取得不俗"战绩"。一是教师、学生很少直言公开批评学校(教育),偶尔有几个体制内的人士说一点教育的问题,就被媒体大做文章,取标题"炮轰";二是放言批评之后,批评者的结局往往不妙,尤其是直接批评所在学校的批评者。"香水女生"的炒作,正遵循以上路径发展:先是接连在自己的博客中发表文章,抨击"外语绑架了中国人的一生",因为这些"出格"的言论,她成为近来的网络红人;接着,"香水女生"又在自己的博客中声称被学校"强行退学",网络一时哗然。事后,有专业人士撰文指出,"北外女生炮轰教育制度"事件背后有大量的网络推手和水军推波助澜的痕迹。

第十节　把握四个要点：正确看待理性舆情与非理性舆情

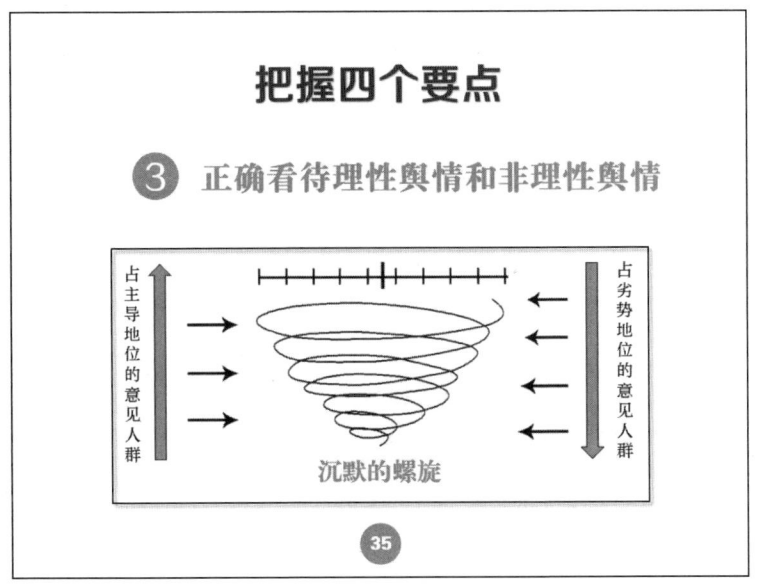

舆情是人们认知、态度、情感和行为倾向的原初表露，具有零散和非体系的特点，是多种意见的简单集合。当下，各类舆情一方面具有传达社情民意、自由讨论等积极效应；另一方面呈现出以情绪发泄为取向的非理性现象，很多舆情情绪化、偏激化，显示出舆情生态激情有余而理性不足。在舆情处置过程中，一定要把握好理性舆情与非理性舆情的区别，甚至要善于倾听那些"沉默的声音"。

如何有效处置网络舆情

一、舆论对峙加剧非理性网络舆情蔓延

如何看待当下的网络舆论场？如果用一个词来描述的话，那应该是"喧嚣"。

网络时代，数以亿计的网民拥有了参与公共话题讨论的机会，舆论对峙的情况经常出现。与此同时，由于知识背景、媒介素养、利益出发点的诸多不同，网民的意见也呈现出多元化的特点，在特定场合下，甚至出现对峙态势。2019年12月，"251"事件进入公众视野，引发网民热切关注。对此，网民热议纷纷，看法不一。从总体上看，也可分为支持和反对两大阵营。从网络新闻及自媒体文章的跟帖中就可以看出这种"对峙"的态势。类似这种对峙，在流浪狗咬人、江某被害案、转基因风波等诸多事件中频频出现。

网民是互联网上最活跃的因素，也是网络喧嚣的核心动力。在网络喧嚣的大背景下，网民呈"啸聚"之势。在中国的互联网上，围观一个热点事件的网民动辄数以亿计。一方面，这与中国庞大的网民基数有关系；另一方面，这也和中国网民自身的因素有关。对此，喻国明教授有一个解释，"改革开放以后，随着人们的基本生存需求得到保障和实质提升，民众的文化素养得到整体提升，嘴巴的另一个功能——话语表达功能相较于以往任何一个时期需求都更为强烈""社会化媒体由于其隐匿性、相对表达自由等特性，着实让中国老百姓压抑了几千年的话语权得到了一定量级的释放，网民自由表达和社会参与需求的愿望十分强烈，热衷于参与各种事件尤其是社会公共事件的讨论。这就不难解释，为什么在西方很大程度上作为电子商务平台的网络到中国变为社会话语表达公共平台和为什么网络上动辄出现点击和回复超百万的网络民意啸聚事件了"。

喻国明教授还勾画了当下网民的七个心理特征：话语表达和社会参与需求强烈、政治上较激进；具有正义感和使命感，从"清议"到"起而做"；观点重于事实本身，"有主张，少论据"；言论感性化、情绪化；群

体极化效应明显，群体感染性强；存在话语暴力和网络暴力倾向，呈现出"多数人的暴政"；多数网民是通情达理的，更在乎的是尊重和态度。这七个特征，有助于我们更清晰地理解当下的互联网与中国网民，也有助于我们更深刻地理解啸聚的意义。

首先，网络喧嚣与网民啸聚，以及舆论对峙加剧非理性舆情蔓延。网络使用者良莠不齐、鱼龙混杂，导致舆情容易被戏剧化。由于信息发布者身份的隐匿性和信息来源的复杂多样，在戏剧化的张力下，舆情很可能被扭曲成一种眼球夸大效应。非理性舆情的背后，对社会不满的负面情绪颠覆了正常的思维与表达方式，以反传统、反主流、反权威的价值立场示人，对政府政策、官方言论、主流观点、社会精英、富裕人群统统持怀疑态度和排斥心理。部分网民甚至用带有暴力特征的方式来排泄心中的不满情绪，在网上发表具有攻击性、煽动性和侮辱性的言论，网络舆论暴力造成被攻击对象的人身、名誉、财产等权益的损害。例如，在涉官事件的舆论中，网民对官员角色、言论、行为和责任的认定通常都倾向于错误的一方一定是官方，一味号召严厉惩处涉事官员，而忽略民众的非合理诉求。2015年5月，某火车站枪击案发生后，在现场视频曝出之前，"警察枪杀平民""民警粗暴执法""上访群众'命殒'警枪"等流言激荡舆论场，一时间执法机关滥用公权、欺压百姓的声音大肆蔓延，饱受公众指责。然而随着现场视频的披露，涉事者恶意袭警、民警正当履职的事实真相才得以还原，公众的误解情绪也得到消解。

其次，"群体极化"现象对社会舆论特别是主流舆论造成扭曲甚至绑架。最早讨论社交网络和"群体极化"之间关系的是美国社会学家凯斯·桑斯坦教授。他认为，"网络极化"是指"团体成员一开始即有某些偏向，在商议后人们朝偏向的方向继续移动，最终形成极端的观点"。"群体极化"现象存在于一切传播形式之中，使一种观点朝着更极端的方向转移，即保守的愈加保守、激进的愈加激进，在对主流舆论形成背离甚至破坏的同时，还有可能发展成人身攻击，甚至威胁到现实社会的正常秩序。一百年前的法国学者勒庞在《乌合之众：大众心理研究》一书中阐述了群体以及群体心理的特征，指出了当个人是一个孤立的个体时，他有着自己鲜明的个性化特征，而当这个人融入群体后，他的所有个性都会被这个群体所淹没，他的思想立刻就会被群体的思想所取代。而当一个群体存在时，他就有着情绪化、无异议、低智商等特征。勒庞认为智力在集体中不起作用，它完全处在无意识情绪的支配之下。近年来，一说起城管，大部分社会公众对其群体已经构成不良的刻板印象，城管成了千夫所指、口诛笔伐的对象，城管已经被"戏剧化""污名化""妖魔化"了。从某种程度上来说，城管"妖魔化"正是这种群体极化的结果。

最后，"沉默的螺旋"理论诠释非理性舆情强势蔓延之道。大众传播理论中有一个名词叫作"沉默的螺旋"（The Spiral of Silence），描述了这样一个现象：对于一个有争议的话题，人们就会形成有关自己身边"意见气候"的认识，同时判断自己的意见是否属于"多数意见"。如果看到自己赞同的观点受到广泛欢迎，就会积极参与进来，倾向于大胆地表达这种意见；而当发觉自己的意见属于"少数"或处于"劣势"的时候，担心有被群起而攻之的风险，即使自己赞同它，也会保持沉默。意见一方的沉默造成另一方意见的增势，如此循环往复，便形成一方的声音越来越强大，另一方越来越沉默下去的螺旋发展过程。德国社会学家伊丽莎白·诺尔－诺依曼教授认为，该理论是基于这样一个假设：大多数个人会力图避免由于单独持有某些态度和信念而产生的孤立。

二、如何处置非理性舆情

了解了网民诉求以及其所处的舆论环境，在很大程度上，处置方式对处置效果的影响就凸显了出来。如果说，网络舆情处置的核心是与网民对话，处置方式也可以称为与网民打交道的方式。面对非理性舆情，涉事机构更需智慧和耐心。

2018年5月，某问答平台上有网民发帖称，联想在5G标准投票中，"站队高通、不投华为"。该话题随之引发网民讨论，有消息称联想对中国华为主导的Polar方案投了反对票，而对高通方案投了赞成票，致使Polar方案失败。在中美经贸摩擦持续发酵、中兴被美制裁的背景下，该话题很快就被上升到爱国主义的高度，联想也随之成为舆论关注的焦点。

5月11日，联想集团发布声明，对网上的说法予以否认，"联想针对5G标准的Polar方案投票（该方案由中国移动、华为等中国企业主导）的投票，包括联想旗下的摩托罗拉移动，所投的都是赞成票"。该声明还称，"我们谴责任何造谣行为，也吁请大家切勿相信谣言。对于恶意造谣者，我们保留相关法律权利，依法追究到底"。5月16日，联想控股董事长、联想集团创始人柳传志及联想集团董事长兼CEO杨元庆、联想控股总裁朱立南面向全体联想人，发出一封主题为《行动起来，誓死打赢联想荣誉保卫战》的内部信，回应"联想被污蔑为'卖国'"一说。如果说，此前的声明是对圈子内的喊话，那么，此次回应无疑把该事件纳入更多网民关注的视域，并使之成为一件全民性的公共事件。很显然，与"长码""短码"等专业术语相比，"爱国""汉奸"等词语在网络舆论场更容易吸引眼球，也更容易得到扩散和传播。

柳传志与联想的回应，当时就引发了舆论的争议。网友评论，联想对今日的公众形象、传播话语体系、网民情绪脉搏都缺乏了解，面对先入为主的"不爱国"观念，联想很难用语言说服网友。

现在风波已经平息，我们可以更加从容地回头检讨这件事。回顾这件事的来龙去脉，我们可以发现，不论起初动机如何，这一话题还是集中在圈内的，使用的都是圈内的语言。从操作手法上看，也不是特别新鲜，不过是放大了部分真实的东西，然后有意无意地张冠李戴一些虚假内容。换言之，原帖对联想的"指控"，是基于某一真实场景，但是使用了一些专业术语，并在叙述情况时混淆事实逻辑，前期主要在圈子里边传播。联想起初的回应，只是对此进行了否认，但并没有对"指控"进行针对性解剖（回避长码投谁的问题，这一点被网民解读为"联想认为自己投谁属于商业机密，不愿透露"）。此后，柳传志及联想又多次回应，并跟着网友被动上纲上线到爱国的层面，原来的那些专业术语恰恰起到了"搞蒙大众"的作用，爱国等更为鲜活的元素随之成为事件的主题。但问题是，这个主题已经与基本事实相差甚远，而变成了一场非理性的价值观争执与攻防。

从舆情处置来看，前期面对的是事实的澄清，后期则面临着价值观的抉择；前期需要理性，后期则面对着感性甚至冲动。此事件值得检讨的是，当网民开始诉诸感性、打爱国牌的时候，联想并没有意识到这一问题，反而跟着网民进一步强化了这一主题。当然，这是一个很难处置的问题，正如网友所质问的，"如果换了你是老柳，你又能如何"，但也有网友称，如果回应的针对点有所调整，有可能会出现不同的效果。

人首先是感性的动物，其次才是有理性的动物。网上舆情大多数是感性的和非理性的。所谓非理性，并不是说网民不讲理，而是说网民大多是从自己的日常经验与感受出发，先入为主地对事实进行选择性接收。非理性舆情的产生是一种客观存在，是网民释放情绪的一种方式。但话又说回来了，人是有理性的，网上不乏理性思维的网友，只是，舆情处置者尤其要有这一意识，自觉对非理性的反应保持警惕，同时积极汲取理性网民的观点，反思自身，从而达到有效疏导网民情态、缓解自身舆情压力的目的。

那么，应该如何处置非理性舆情呢？理性舆情是舆情处置者应该予以重视的，哪怕是批评和意见，也往往是有价值的。对于非理性舆情，有时候是需要一点超脱和雅量的，也需要一点清者自清的自信。因此，从某种意义上说，对于非理性舆情的处置才是关键，艺术性才是处置的难点。在此，需要精准把握网民的发泄点和诉求点，同时从具体事件的来龙去脉出发，本着克制的态度，把回应限定在事实本身，尤其要避免陷入价值观争议。关于这方面的教训，联想并不是孤例。2018年5月，某名校校长在建校120周年纪念大会致辞时误将"鸿鹄之志"读成了"鸿浩之志"，客观上扮演了网民对名校不满之出气口的角色。在国人心目中，大学是教育圣地、文化殿堂，对其崇拜程度无以复加。正因如此，名校校长读错"鸿鹄之志"，舆论哗然自在情理之中。加之校长道歉信中的"过度"回应，也给该校带来了更大的舆情风波。众所周知，该校长是著名化学家，专业知识基底深厚，在晶体学领域取得了杰出的贡献，也是国家杰出青年科学基金获得者。因一字之错就将名校校长定性为"无知"，这样情绪化的表达未免有失偏颇。

【案例】"父亲陪女练摊遭殴打"事件

事件概况

2013年7月25日晚9时许，某景区管理处和其城管一队工作人员在景区环境综合管理巡查过程中，发现一名9岁女孩儿在路边占道经营。在制止其违法过程中，与在现场的女孩之父产生冲突。有网友在26日将视频放到网上，随后自媒体开始介入，舆论开始发酵。虽然事情调查后澄清，打人者并非城管，而是景区工作人员，但事件报道伊始，媒体先给事件标签化，贴上了"城管围殴"标签，网民受到刻板印象影响，谴责城管、同情商贩似乎已成思维定式，由此散发的舆论张力可想而知。

舆论观点

在微博平台，意见领袖"一边倒"地谴责城管暴力执法，认为不应让一个孩子目睹父亲被打，给孩子留下心理阴影。

网友1：父亲陪9岁女儿什刹海"练摊"被城管围殴，让我想起了在天涯上看到的很震撼的一张照片，城管抓走了他们做小贩的妈妈，这孩子仇恨的目光让我感动，想流泪。这眼神对世界的失望。一个孩子理想社会的坍塌，是对这样万恶的社会的控诉。

网友2：首先要谴责这位法盲父亲，作为父亲带领女儿搞社会实践值得赞扬，但是带领女儿去搞违法的占道经营，无论目的多正义让女儿从小就蔑视、无视法律唯我独尊实在是毁三观的教育作用是负数。第二，城管不能实施暴力去执法严厉谴责必须担责！

媒体报道

央视网发文《新闻碰瓷？男子称陪幼女练摊遭城管殴打疑云》：这一事件中，是田先生带孩子练摊被围殴，还是执意违规引冲突？"新闻"是否"碰瓷"了？我们期待真相早日公之于众。但秩序从来不是施暴的理由，自由也不是抗法的借口。城市管理与公民权利，不是非此即彼的对立。真相未明前，我们更需要的是客观，而不是情绪化！

红网评论《别再往"陪女练摊"事件上泼冷血》：如果说对城管暴力执法中表现出来的冷血人们似乎已经司空见惯，那么，用"炒作"去认定"陪女练摊"的心态就更显得冷血。把"父亲陪9岁女童练摊"，看成"炒作所谓城管暴力执法"，其中的思维逻辑就是，当父亲的是把自己9岁的亲生女儿当诱饵，"钓"出凶悍的城管，让她经受或经历一场围殴。如果真是这样，这位父亲就禽兽不如，也应该是出乎正常人意料的；如果不是这样，作出这样的判断，需要具备何等冷血的心态？这种极其冷酷的心理，是"小编"的个性，还是在城管暴力执法的野蛮性中延伸出来的？

舆情点评

在城市管理人员和摊贩产生冲突的舆情实践中，执法人员是否动手施暴（乃至围殴）是事件调查不能回避的核心要点。

面对网上的种种质疑，有人认为是网络"水军"作怪，也有人认为是广大网民的内心真实想法。此时，官方发布的通告应说明事件前因后果，回应网友质疑。如果回应不当，导致舆论被误导，不仅无助于还原真相，还会使政府部门公信力下降，最终导致之后由其公布的"真相"也难获得公众认可，陷入公信力继续下降的恶性循环。

第十一节　把握四个要点：既要务实处置，也要善用主流舆论

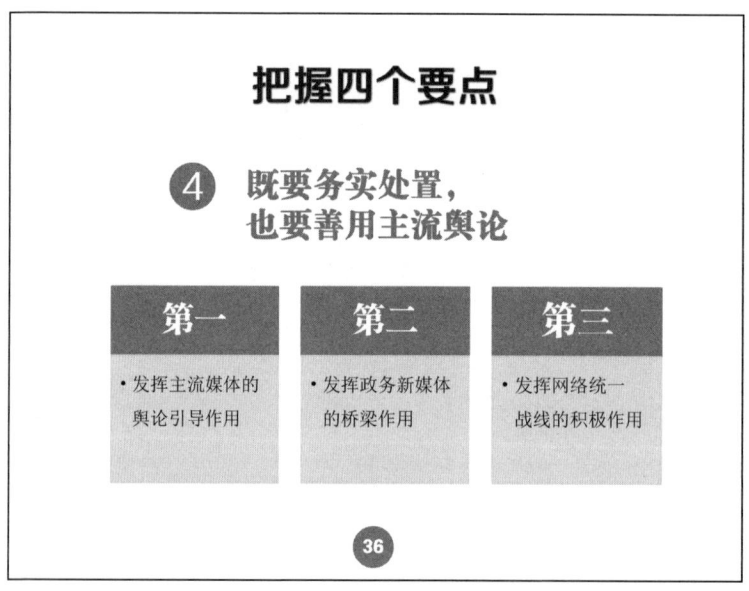

在舆情处置过程中，务实处置是前提，但既要"做"，也要"说"。只"说"不"做"，敷衍塞责，无法得到公众认可；但只"做"不"说"，主动放弃话语权，结果公众不知情，没有参与感，也会导致危机越演越烈。

在当前的部分舆情事件中，部分网民的观点和态度会与政府和主流媒体发出的主流舆论引导的内容和价值有分歧，甚至在一定条件下，还可能出现极端言论。因此，舆情回应、信息发布过程中务必关注民众的反应，充分发挥主流媒体、自媒体和网络意见领袖在舆论引导中的积极作用。

在我国，主流媒体承担着舆论引导的天然职责，政务新媒体赋予政府机构更灵活的话语权和表达方式，网络意见领袖在特定情况下能起到独特的舆论引导作用。

一、发挥主流媒体一锤定音的舆论引导作用

主流媒体的引导无处不在，它如同船上的舵手、塔上的明灯，是舆论大潮中的定音鼓、压舱石。2016年2月，习近平总书记前往人民日报社、新华社、（原）中央电视台实地调研，主持召开党的新闻舆论工作座谈会并发表重要讲话。习近平总书记指出，在新的时代条件下，党的新闻舆论工作的职责和使命是：高举旗帜、引领导向，围绕中心、服务大局，团结人民、鼓舞士气，成风化人、凝心聚力，澄清谬误、明辨是非，连接中外、沟通世界。习近平总书记的讲话对主流媒体的社会责任和担当指明了方向。

当下互联网不仅快速分流了传统媒体的受众，还深刻改变了受众获取信息的方式和心理。

2019年1月25日，中共中央政治局在人民日报社就全媒体时代和媒体融合发展举行第十二次集体学习。习近平总书记在主持学习时强调，推动媒体融合发展、建设全媒体成为我们面临的一项紧迫课题。要运用信息革命成果，推动媒体融合向纵深发展，做大做强主流舆论，巩固全党全国人民团结奋斗的共同思想基础，为实现"两个一百年"奋斗目标、实现中华民族伟大复兴的中国梦提供强大精神力量和舆论支持。

习近平总书记指出，推动媒体融合发展，要坚持一体化发展方向，通过流程优化、平台再造，实现各种媒介资源、生产要素有效整合，实现信息内容、技术应用、平台终端、管理手段共融互通，催化融合质变，放大一体效能，打造一批具有强大影响力、竞争力的新型主流媒体。要坚持移动优先策略，让主流媒体借助移动传播，牢牢占据舆论引导、思想引领、文化传承、服务人民的传播制高点。要探索将人工智能运用在新闻采集、

生产、分发、接收、反馈中，全面提高舆论引导能力。要统筹处理好传统媒体和新兴媒体、中央媒体和地方媒体、主流媒体和商业平台、大众化媒体和专业性媒体的关系，形成资源集约、结构合理、差异发展、协同高效的全媒体传播体系。要依法加强新兴媒体管理，使我们的网络空间更加清朗。

在此基础上，政府和主流媒体要深入合作。

第一，权威和严肃信息发布，应选择主流媒体。相较于政务新媒体，主流媒体有深厚的专业功底和强大的公信力。这也是政务发布虽然向新媒体倾斜，却不能放弃主流媒体渠道的重要原因。政务发布的内容决定着其严肃性，尽管政策、法律可以有多种轻松活泼、图文并茂的解读形式，但是发布本身却是一场庄严的仪式，这也是由我国国情决定的。从这个意义上讲，报纸、广播、电视和重点新闻网站的用户覆盖面和严肃性显然符合政务信息发布的最初定位。

第二，主流媒体社会信任度高，始终担当"辟谣"角色。主流媒体拥有庞大的新闻采编团队、成熟的新闻加工流程，在内容采编和审核程序上竖起坚固的"防火墙"，保障了发布内容的真实性。这种专业性是主流媒体最强大的竞争力以及社会信任的来源。有调查显示，尽管现在年轻人对社交媒体的依赖性较高，但是在重大事件和突发事故中，多数人仍然选择相信主流媒体。

人民网舆情监测室曾做过一个关于主流媒体辟谣的研究。为盘点2014年度关注度较高的谣言，从主流媒体微博辟谣重点着手，以人民日报和央视新闻为研究对象，以"谣言"为关键词，检索2014年1月1日至12月18日的微博，共检索到207条辟谣微博。对检索到的207条微博进行词频分析及编码，得出了2014年度辟谣频度最高的谣言是生活类谣言，如"酵素一斤脂肪一日减""购物小票能致癌"等；其次为科技类谣言，如"WiFi杀精""转基因饲料影响猪健康"等。统计发现，2014年度人民日报和央视新闻与"谣言"相关的辟谣信息多集中在科技谣言、生活谣言、食品安全、灾难谣言、谣言治理、教育谣言、社会安全、群体事件、金融谣言、环境污染、医患关系、医疗卫生、国家安全话题领域，总转发量高达693114次。其中，科技谣言、生活谣言、食品安全三个类别的辟谣信息关注度最高，总转发量为536065次，约占总转发量的77%。从总转发量看出，网民对权威媒体的辟谣信息非常认可，辟谣效果很好。

2017年4月上旬，中国健康传媒集团食品药品舆情监测中心、腾讯新闻"较真"专业事实查证平台联合发布"2017年3月十大食药类谣言"，其中在网上流传的"面条洗出胶不能吃"的谣言榜上有名。该谣言涉及湖南两家企业，为此，湖南省食品药品监督管理局第一时间辟谣。2017年4月10日，该局召开新闻发布会，邀请媒体记者现场观摩，湖南省食品质量安全技术协会理事长、湖南省政府特聘标准化首席专家杨代明，用绿豆粉、荞麦粉、燕麦粉和小麦粉进行现场对比实验。实验结果显示，只有小麦粉揉成团后再清洗，才会出现固状物，这是小麦粉独有的特性。杨代明幽默地解释道："出现这种情况，是因为小麦粉的每个蛋白质分子外围有多个巯基，两个相接近的小麦蛋白质巯基在少量水的帮助下'相遇而牵手成功'（产生二硫键），就结成了至死不变的'朋友'（非常稳定的结合）。每一个小麦蛋白质上都有这样的巯基，聚集在一起，就形成了非常大的网状结构，类似大渔网，这就是我们所熟悉的面筋。"随后，湖南省各主流媒体都对这次现场辟谣进行了报道，该省各市州食品药品监管部门也同步进行了科普宣传。2017年4月下旬，湖南卫视"新闻大求真"栏目通过现场直播实验再一次证实："面条含胶"纯属网络谣言，所谓的"胶"其实就是面筋，主要成分是蛋白质。持续的科普解读使当地群众没有受到谣言困扰。家住省政府宿舍区的王阿姨表示："通过读报纸、看电视，我们现在都知道'面条含胶'是谣言。而且我还知道，只有小麦粉能洗出'胶'。"在加强科普宣传的同时，湖南省食品药品监督管理局还对涉事的两家企业进行了"飞行检查"。现场检查和抽样检测结果显示，两家企业的面条产品均未检出含有化学胶水和塑化剂物质，不存在掺入化学胶水等非法添加物质的行为，进一步用真实调查辟谣。

2020年春节，新冠肺炎疫情突如其来，民众对疫情最新动态的关注度极高，社会恐慌情绪蔓延，谣言、流言在网上迅速传播。此时，主流媒体坚守社会责任，担负舆论监督和舆论引导职责，满足民众的知情权。《长江日报》于2020年1月28日推出"谣言粉碎机"专栏，后将武汉市30家政府部门、医院、媒体等纳入专家团，24小时监控网络并及时澄清谣言，全力打压谣言生存空间。人民日报官方微信推送的"这些谣言都别信"，一次性针对20多条谣言进行一对一澄清，获得了良好的传播效果。主流媒体充分发挥了维护社会秩序稳定的功能，网友们纷纷表示"早起先看官媒""不信谣，不传谣"。

二、发挥政务新媒体桥梁作用，走好网上群众路线

2009年11月2日，全国首个政务微博"桃源网"开通。19天后，中共云南省委宣传部开通"微博云南"账号，就昆明市螺蛳湾批发市场群体性事件做出回应，首开"政务微博"新闻发布先河，得到社会各界的关注和赞许。此后，多地党政机构纷纷"入场"，开始积极尝试以新的话语方式对话网民、服务社会。

2013年10月1日，国务院办公厅公布《关于进一步加强政府信息公开回应社会关切提升政府公信力的意见》，明确了第一批"政务新媒体"：政务微博和微信。

此后，政务新媒体如雨后春笋般涌现，从政务微博到政务微信公众号，从政务客户端（APP）到抖音、快手等政务短视频号，从小到大、从单兵作战到矩阵联动，形成了数以十万计的庞大规模。

2021年1月22日，人民网舆情数据中心发布《2020年政务微博影响

力报告》，报告显示，截至 2020 年 12 月 31 日，经过微博平台认证的政务微博已达到 177437 个，其中政务机构官方微博 140837 个，公务人员微博 36600 个。疫情期间，政务微博协同联动，搭建信息发布矩阵，通过微博平台的扩散效应，积极主动地对网络信息进行引导和治理，极大程度保障了网民的知情权，对助力疫情防控和维护社会稳定起到了重要作用。此外，政务微博充分利用最新的技术优势，积极探索不断创新，丰富内容生产和表达的形式，使政务直播成为政府宣传新常态，进一步拓展了政务新媒体发展的空间。

中国社会科学院新闻与传播研究所副研究员刘瑞生表示："纵观世界，无论从数量，还是从形态和功能上，中国已经形成了全球最大的政务新媒体传播格局，并促进了中国社会生态良性发展。"

对于政务信息发布而言，政务新媒体快速反应、积极发声、有效疏导，能在很大程度上赢得网友们的一致点赞。党的十九届四中全会强调，创新行政管理和服务方式，加快推进全国一体化政务服务平台建设，健全强有力的行政执行系统，提高政府执行力和公信力。同时要求，完善坚持正确导向的舆论引导工作机制。坚持党管媒体原则，坚持团结稳定鼓劲、正面宣传为主，唱响主旋律、弘扬正能量。构建网上网下一体、内宣外宣联动的主流舆论格局，建立以内容建设为根本、先进技术为支撑、创新管理为保障的全媒体传播体系。改进和创新正面宣传，完善舆论监督制度，健全重大舆情和突发事件舆论引导机制。建立健全网络综合治理体系，加强和创新互联网内容建设，落实互联网企业信息管理主体责任，全面提高网络治理能力，营造清朗的网络空间。

2016 年 11 月，国务院办公厅印发的《〈关于全面推进政务公开工作的意见〉实施细则》提出：对涉及特别重大、重大突发事件的政务舆情最迟要在 5 小时内发布权威信息，在 24 小时内举行新闻发布会，持续发布权威信息，有关地方和部门主要负责人要带头主动发声。在此之前，针对重大

如何有效处置网络舆情

突发事件回应的规定则是:最迟应在24小时内举行新闻发布会,对其他政务舆情应在48小时内予以回应。

2020年10月,党的十九届五中全会审议通过了《中共中央关于制定国民经济和社会发展第十四个五年规划和二〇三五年远景目标的建议》,描绘了我国进入新发展阶段的发展蓝图。在"十四五"时期,政务微博仍应坚守政务新媒体的核心价值路径——"倾听—对话—服务",发挥微博开放、动态、协同传播的特性,结合自身特征、优势和目标,打造创新高效团队,掌握切实可行、服务民生的运营方法论,把握政务微博倾听群众声音、平等与群众对话、真诚为群众服务的核心价值,发挥信息公开、舆论引导、治理创新、政群互动的重要桥梁和纽带作用。

2021年4月,国务院办公厅印发《2021年政务公开工作要点》,部署全国政务公开年度重点工作。其中强调,切实增强回应关切效果。紧紧围绕政务舆情背后的实际问题,以解决问题的具体举措实质性回应社会关切。加强舆情回应台账管理,认真核查已作出的承诺落实及公开情况,切实维护政府公信力。增强回应工作的主动性,通过网上调研等方式,了解掌握社会公众对政策执行效果的反馈与评价,主动回应存在的共性问题,助力政策完善。密切关注涉及疫情防控、房地产金融、工资拖欠、环境污染和生态破坏、食品药品安全、教育医疗养老、安全生产、困难群众生活等方面的舆情并及时做出回应,助力防范化解重大风险。

但与此同时,我们也要看到当前政务新媒体发展过程中存在的一些问题。

首先,思想上,"安全"心态制约发展。虽然目前政务新媒体的覆盖率已成规模,但是很多地区开通政务微博、微信是服从"行政命令"或"跟风",并没有发掘出其真正作用。在运营管理上,更是受"政府背景"的影响,抱着"安全"的心态填充内容,甚至沦为"僵尸账号"。这种心态制约了政务新媒体发挥功能,网民诉求得不到反馈,易引发负面效应。

其次，内容上，缺乏创造性，"官腔"难改。目前阶段，政务新媒体的内容经营还是薄弱环节。一方面，以政策、消息发布为主，缺乏原创和解读，造成内容到达率低，用户黏性没有预期牢固；另一方面，政务新媒体账号"自说自话"，"官腔"难改，政务信息发布流于形式，易引发舆论反感。政务新媒体的出现是官场破除"官本位"思想、回归服务政府本质的重要体现。

再次，团队上，专业性培训机制尚未建立。近几年来，全国范围内兴起开设政务新媒体账号的大潮，但相应的团队建设并没有跟上脚步，政务新媒体建设在不少地方沦为"政绩"工程，盲目扩张数量。政务新媒体应该由什么人来运营和操作，应该怎样运营和操作，一些地方政府和部门并没有明确的概念。目前，政务新媒体账号出现的政策解读偏差、舆情回应错位、技术性操作失误等问题，大多是由于团队建设缺失造成的。

最后，机制上，缺乏全局观念，呈"孤立发展""短期发展"。如果说团队建设问题是没有搞清楚"怎样运营"，那么机制短板就是没有搞清楚"为什么运营"。作为政府发声和问政的窗口，政务新媒体本应作用于各级政府职能履行的方方面面，成为工作规划的重要一环。但目前的状况是，有的地方政府的新媒体运营没有完整的机构运作，物力、人力、政策缺乏长效支持；没有融入政府组织架构，作用乏力，最直观的表现就是政务舆情回应中的多部门各吹各打，甚至"掐架"；政府网站、"两微一端"等平台各自为战，缺乏联动机制，影响传播效果。因此，想要建立跨部门、跨平台的长效性政务发布机制，还需要自上而下的组织架构搭建，以及主管部门的全局规划。

针对政府网站和政务新媒体发展中存在的问题，为进一步推动全国政府网站和政府系统政务新媒体健康有序发展，国务院办公厅于2019年4月制定了《政府网站与政务新媒体检查指标》和《政府网站与政务新媒体监管工作年度考核指标》。政府网站和政府系统的政务新媒体及其主管单位将根据指标进行"考试",考题涉及互动、服务、信息更新、通报整改等多项与百姓密切相关的内容。

如果说信息何时发布是把握时机的问题,那么,怎样发布就是考虑效果的问题。所谓"时效",要求信息发布既要及时,也要有效。在突发舆情中,"官方发布"是落实民众知情权的保障。如何赢得民众信任,不仅在于内容和信源,还在于语气和文风。作为社交平台中的一支主力军,政务新媒体正倒逼"官方发布"话语体系的完善。

语言背后是感情,是思想。毛泽东在《反对党八股》一文中指出,语言这东西,不是随便可以学好的,非下苦功不可。相比官话空话套话,贴近生活、贴近群众、温暖鲜活、有干货的清新文风,在舆情处置和舆论引导中往往能取得意想不到的效果。最典型的例子就是微博"月球车玉兔"的走红。

"月球车玉兔"是一个新浪微博账号,该账号用幽默诙谐的拟人化语气,以第一人称播报了玉兔号(中国首辆月球车)的实时情况。载人航天技术比较"高大上",严肃又专业,如果采取公告、通稿类的信息发布方式很难吸引公众注意。而"月球车玉兔"虚构了一个呆萌又细腻的"玉兔"形象,并用幽默风趣的方式与网友互动交流,这就让科普更亲民、更有趣,当然也更容易接受。即便在出故障后,也没有引起境外媒体对中国探月计划的质疑,反而赢得网友的祝福和祈祷。在北京市科协主办的"2014十大网络科学传播事件"评选活动中,"月球车玉兔"被评选为2014年最具影响力的科学传播事件并获得"五维空间"奖。

可见,不管是以权威声音来处置舆情危机,还是以议程设置进行舆论引导,信息发布中都要体现人文关怀,让文字和数据透出一种温度,这样的交流才会无隔阂,有效果,长久持续。

第一,信息发布的主体是人,其对象也是人,所以传播应该是最具人性化的。各级领导干部首先要转变思想观念,少一些官腔套话,多一些

"网言网语"；少一些说教指令，多一些娓娓道来；少一些权力至上，多一些民生为本。这样才能拉近与群众的距离，增加粉丝黏性。

第二，要打造专职的信息发布团队，吸收更多年轻人参与，提高信息发布文本的"网感"。年轻人主导新媒体，熟悉新媒体话语方式，学习接受新事物能力强，能有效带动官方发布话语风格的转变。比如，著名的公安微博大V"江宁公安在线"，负责其日常维护的博主王海丁就是一位年轻的警察，其语言风格轻松活泼、幽默风趣，深受网民喜爱和信赖。

第三，避免时政信息"脸谱化"。解读民生政策或涉及专业问题时，要注重辅以相应的图解、图示，简明扼要地传递信息，让"生涩硬冷"的政策法规变得"通俗易懂"。例如，2015年，微信公众号"上海发布"制作了《3分钟动画速读"政府工作报告"》，以动画视频的形式解读政府工作报告，微信阅读量突破12万次；2016年，又策划制作了H5"政府工作报告变成手机桌面，是一种怎样的体验"，浏览量超过30万次；2020年，中央广播电视总台推出的系列短视频《主播说联播》《@大国外交最前线——康辉的Vlog》等，用充满亲和力的语言将"高大上"的时政议题表达出来，其话题内容屡见微博、B站等平台，引发了现象级传播效果，更好地在青年群体中发挥引领导向、成风化人的作用。由于上述内容表现方式新颖有趣，受众愿意点开，愿意接受，愿意分享，自然能取得很好的传播效果。

第四，注重与网民的日常互动，从回复、跟帖中读懂民生诉求和监督意见。定期组织人员对信息发布的不同文本、案例、话语方式、传播路径和网民反应进行梳理研究，总结规律，作为日常工作的参考。此外，政务新媒体还可加强与市场化媒体的交流学习，开展新闻信息发布话语能力的专项培训。

第五，发挥地区间和系统内矩阵传播优势。政务新媒体和传统媒体在政务舆情回应中的角色逐渐清晰，然而媒介格局一直在变化发展，需要动态地看待传统媒体、新媒体在新闻矩阵中的角色。报纸、电视、广播、政府网站、微博、微信、抖音、移动客户端，甚至之后产生的新媒介形态，都应该纳入政务舆情回应的媒介矩阵中，使政务舆情处置能够进行职能部门之间的横向协作、上下级部门之间的纵向管理以及跨平台之间的配合，发挥政务舆情回应中的矩阵优势。

以国务院国资委新闻中心的新媒体账号"国资小新"为例，自2012年6月开通微博以来，"国资小新"先后入驻微信、今日头条、人民号等近20个新媒体平台。以"国资小新"为龙头，形成国资系的新媒体矩阵，整合内外资源，矩阵化运营形成一张网、一盘棋。据国资委新闻中心副主任闫永介绍，矩阵化运营，既是国资小新的一大特点，也是国资小新"B2B2C"模式的关键。截至2019年5月，"国资小新"已经牵头在央企集团层面集结了51个微博账号、90个微信账号、20多个客户端账号、30个抖音账号、90多个央企媒体账号，在二级央企层面聚集了300多个优质账号，形成了规模可观的国资新媒体矩阵，粉丝数以亿计，初步具备了"横向到边、纵向到底"的受众覆盖能力。这种矩阵运营的方式，一方面可以为改革的声音装上"扩音器"；另一方面可以协同生产出更优质的内容和产品，也使中央企业新媒体账号的影响范围更广、整体运营水平不断得到提升。在谈到"国资小新"是怎样开展矩阵化建设这一问题时，闫永介绍说，"国资小新"的矩阵运营，方法是集群发展、集体发声、线上集结、线下互动，目标是共建共用、共享共赢。一是内组矩阵，建立联动服务机制。从自身管理服务领域出发，组建了平台化矩阵——国资微博微信发布厅，垂直化矩阵——央企微信矩阵、抖音等，在重要时间节点、重大议题上开展内容联动、服务联动。二是外拓关系，建立广泛统一战线。以"国资小新"为中心，线上紧密团结相关各方、持续互动，包括政府部门、新闻媒体、专家学者、行业组织、NGO、自媒体等，实行数据库管理。三是对标管理，建立新媒体指数体系。从受众接受度、活跃度、权威性、共鸣、责任五个维度出发，建构矩阵对标模型，定期发布中国企业500强新媒体指数、中央企业微信指数榜等。在线下,还组织了120多场"对话新国企"网络访谈、150多次"走进新国企"网络采访、20场"国资微沙龙"和6次"中国企业新媒体年会",进行资源对接、观点对谈、发展对标。

三、发挥网络统一战线积极作用

统一战线是中国共产党在中国革命中战胜敌人的三大法宝之一,是毛泽东思想的重要理论。以互联网为代表的信息技术使我国政治、经济、科学、文化等领域发生了广泛而深刻的变化。互联网时代,网络信息已经成为一种新的战略资源,具有强大的生产力和政治影响力,谁能驾驭网络,谁就能在政治上获得更多的主动权。因此,开展网络统战工作是建立现代化的统战工作平台、占领网上舆论制高点的迫切需要。网络统一战线为舆论引导开辟了新领域。从应用方面看,网络已成为人们生活必需,甚至是一种行为习惯,尤其是一批"网络精英""网络名人"的出现,对发挥"领头羊"作用显得尤为重要,网络为统战工作构建了载体。

以习近平同志为核心的党中央高度重视网络统战工作。2015年5月18日,习近平同志在中央统战工作会议上强调,要加强和改善对新媒体中的代表性人士的工作,建立经常性联系渠道,加强线上互动、线下沟通,让他们在净化网络空间、弘扬主旋律等方面展现正能量。2019年11月28日,中央统战部、中央网信办在京召开网络人士统战工作会议。此次中央两部门共同召开网络人士统战工作会议尚属首次。中央统战部官方微信公众号"统战新语"撰文总结称,网络人士泛指在互联网上有影响力的人,其中绝大部分是党外人士,主要分布在体制外。可以概括为以信息技术为基础,以互联网为平台,从事经营管理、生产传播、技术研发、投融资等活动,具有舆论传播能力、内容生产能力、社会动员能力的人员:信息订阅、内容分发、门户网站等新媒体资讯平台从业人员;社交生活、文化娱乐、网络技术、网络交易等互联网企业和平台从业人员;网络"大V"、个人网络"大号"、网络社群组织负责人、网络作家、网络主播、视频红人、职业电竞选手等网络名人；与网络密切相关的其他企业和社会组织从业人员等。"统战新语"指出，做好网络人士统战工作，重点是做好从事各类网络活动的党外人士的工作，特别是从事内容生产和传播的网络人士的工作。

在此之前，各地方统战部门已经纷纷召开网络人士或新媒体人士统战工作会议。例如，2015年12月辽宁省网络人士统战工作联席会议召开；2018年1月，北京市新的社会阶层人士统战工作会议召开；2018年11月，海南省召开"网上统一战线"工作推进会等。笔者自2012年起给一些地方党政干部讲授舆情处置策略时，就一直主张涉事部门应该"既要务实处置，又要善用主流舆论"，应该发挥网络统一战线的力量。这个"主流舆论"，既包含主流媒体，也包括充满正能量的意见领袖。在一些舆情中，意见领袖在舆论引导中发挥重要作用。因此，建议政务新媒体运营团队和党委宣传部门应该与网络意见领袖保持较多的接触和互动，增进沟通了解，拉近彼此距离。

【案例】湖北一天新增确诊病例14840例

事件概况

2020年2月12日0时—24时，湖北省卫健委通报的最新疫情情况是，全省新增新冠肺炎病例14840例。该消息一发布，让很多人心里一惊。要知道，这些天，湖北每日新增确诊病例呈下降走势，11日降至1638例。一夜之间，增加8倍。难道确诊病例再爆发了吗？由于这一数字相比前几日新增病例有很大的增幅，引起国内外媒体广泛关注和评论，甚至引起了一阵恐慌。数据显示，新浪微博"湖北新增14840例新冠肺炎"话题，24小时之内阅读数迅速突破 7 亿，讨论 12 万多次。

舆情处置

此消息发布后，迅速引发舆论关注。人民日报、新华社和中央广播电视总台等权威媒体的新闻发布中详细谈到了"临床诊断病例"等相关信息，并有专家对"临床诊断病例"作了详细解读，积极引导舆论。央视及时采访了中国医学科学院院长王辰、中国疾控中心首席流行病学专家曾光等相关权威专家，告诉公众说，确诊暴增，最重要的原因，就是统计数据里"临床诊断"人群得到了重视。"从数据也可以看出来，新增确诊 14840 例，其中临床诊断 13332 例，占到 89%。你看，只是统计方式改变了，并不是疫情出现暴发式增长。所以，不要慌。"新华社发文说，这次主要变化，就是将临床诊断纳入确诊范围。数据变化体现了实事求是，表明"应收尽收"在加快推进。将临床诊断病例数纳入确诊病例统计，是实事求是的转变。这种变化对救治患者和疫情防控来说是有利的，将对加快患者收治，加快疫情防控带来积极影响。同时还要看到，数字的变化主要体现在对确诊、疑似患者的新增分类上，数据总量并未快速增长。如果收治工作落实到位，相关数据也会迅速降下来。

各社交媒体平台的意见领袖积极转发主流媒体采访和专家解读，很大程度上抑制了网民因确诊病例数据激增而产生的恐慌。网民主动在评论区传播："大家不要慌！！目前大多是疑似病例转为确诊的，国家改了确诊标准。现在不需要核酸阳性，单凭接触史＋临床症状＋CT 就可以确诊。是为了进一步加快诊治力度。""不要恐慌！这次的突增是因为诊断标准更改了。""数据难看但事实在这，确诊多排查的就多，加油！""CT 检测结果就是效率！！好的！信息公开透明！！！无论多少不要紧！！一定公开透明！！！"

如何有效处置网络舆情

舆情点评

"湖北一天新增确诊 14840 例"的消息,猛一听很吓人,在舆论常引起恐慌也是必然。但在本次消息传播过程中,主流媒体和意见领袖互相配合,发挥了积极的舆论引导作用。

第十二节　防止五种错误行为，避免次生舆情

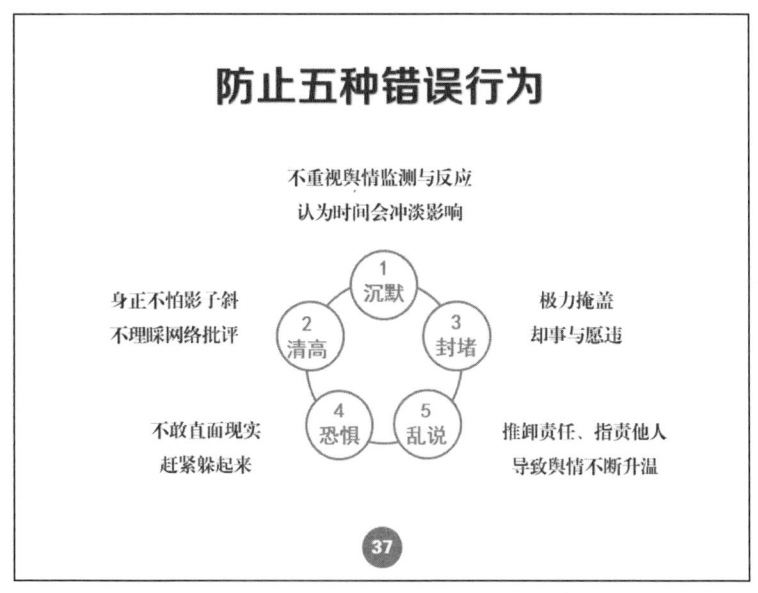

自媒体时代，重大公共危机中的舆情变异与转化已成为常态，次生舆情也成为我们体察民情、观察民意的重要"窗口"。次生舆情的发生，有其客观性因素，也与舆情处置能力与水平密切相关，其核心矛盾是信息不对称。对此，涉事主体应该正视次生舆情，以更加积极主动的姿态，善于利用互联网提供的便利条件，多学习多思考，积极总结经验教训，力避舆情处置中常见的沉默、清高、封堵、恐惧、乱说等错误，努力增进舆情处置的效能。

如何有效处置网络舆情

一、次生舆情及其危害

2018年,某市发生"城管抽梯,工人坠亡"事件,引发舆论关注。当地管理委员会党政办副主任接受媒体采访时称,执法人员撤梯前等待超40分钟,因有其他执法任务离开,且履行过告知义务,其个人相信,城管撤走梯子不是想要摔死工人。然而,采访视频中有个细节却给人带来不适:这位副主任一边抽着烟,一边用丰富的肢体语言和面部表情回应着记者;而在其身后的白色墙壁上,赫然贴着"禁止吸烟"的标识。媒体对此评价:"细微之处见真章,这个很随意的违规抽烟行为,形象地刻画了一副散漫、轻浮的工作形象。一边正义凛然地指责着违规广告,称涉事工人'30岁了,应该有安全和危险意识',一边'信手拈来'一支违规的烟,这画面荒诞而又讽刺。"

这就是一起典型的次生舆情案例。所谓次生舆情,顾名思义,就是一种派生性的舆情。2015年,人民网舆情监测室出版《网络舆情分析教程》,正式将"次生舆情"纳入舆情研究与监测范畴,首次明确"次生舆情"的内涵,即"舆情发展过程中出现新的刺激性因素,引发针对当事主体或其他主体的新的舆情事件"。

近年来,许多突发事件和热点公共事件在网络传播与发酵的过程中,出现了舆情焦点裂变、扩大、升级等现象,都曾出现次生舆情的影子,也就是网上的通俗说法"拔出萝卜带出泥"。

作为一个常见的网络现象,次生舆情一般具有以下三个特征。

第一,派生性与投机性。次生舆情是相对原生舆情而言的,没有原生的主体事件就没有次生舆情。因此,在时间顺序上,次生舆情是在原生事件舆情开始之后发生的,具有明显的派生性质。这种派生性还表现在事件的影响上。如果原生事件缓和,次生舆情的发酵动力也会大大削弱。还应该看到,次生舆情带有舆情搭车的因素,不少潜在的次生舆情因素有蹭原生舆情事件热度的嫌疑，这体现了次生舆情事件的"投机"性的一面。

第二，关联性与独立性。次生舆情事件与原生舆情事件存在着密不可分的关联性。比如"城管抽梯"事件中，当地城管部门，即舆论的诉求对象，就是一个非常重要的关联因素。这种关联性，也是次生舆情得以借力（吸引力）的纽带。但是，这并不意味着次生舆情事件就完全依附于原生舆情事件，有些次生舆情话题具有相对的独立性。比如，2016年9月7日，90后女演员因癌症在北京去世。由于其曾在微博公开病情，并表示"自己已放弃化疗，选择中医治疗，除了用针灸、刮痧、拔罐、放血等之外，还吃了不少中药"，关于中西医之争的次生话题随之发酵，已经迥然不同于原生舆情事件的话题（主要涉及病人家庭以及个人境遇）。

第三，敏感性与话题性。网络大众对次生舆情因素的选择是有条件的。在舆情指向的主体、议题和具体内容方面，次生舆情都可能是对原生事件舆情的补充、强化或发展，也可能越过原生事件及其舆情指向，在其他同样甚至更加敏感的事件、主体和话题上生发出来，甚至比原生舆情更具话题性。

从网络舆情的发酵态势看，次生舆情的发生往往进一步加剧原生舆情事件的热度，从而提高舆情处置和应对的难度，其危害是十分明显的。具体来看，次生舆情的危害，主要有以下三个方面。

第一，原生舆情事件角度。从传播角度看，次生舆情事件既借助了原生舆情事件的热度，也加剧了原生舆情话题的炒作，二者存在着紧密的联系。从网上发生次生舆情的事件来看，不少次生舆情事件的诉求对象与原生舆情事件存在着基本的一致性。2016年7月19日至21日，由连续强降雨所引发的洪水造成某市大范围受灾。不同部门说法"相互打架"的现象就引发了次生舆情灾害。据《财经》报道，某市防汛办副指挥长、水务局局长告诉记者，市防汛办向经济开发区发了群众撤离通知，但记不清是几点发的。但经济开发区水务局局长却向记者透露，"我们没接到通知，也不敢私自下达撤离命令,怕引发群众恐慌"。这种信息"打架"现象损害了官方公信力,加剧了当地政府对这一舆情事件的处置难度。

第二,次生舆情事件角度。次生舆情事件的话题具有相对独立性的一面,有可能对相对独立的次生诉求主体造成舆情灾害。2017年9月,某IT创业者疑遭前妻"勒索"1000万而绝望自杀,这场悲剧令人扼腕叹息。随之该事件被网民与某演员离婚风波相提并论,夫妻关系与伦理等话题成为舆论关注的对象。由于该创业者与前妻均为某婚恋网站会员,在红娘的牵线下相识,有网友反思婚恋网站乱象,担心婚恋网站对客户权益的保障,加上女方会员信息不实,坐实了该婚恋网站失职,婚恋网站也成为舆论声讨的对象。

第三,整个舆论生态角度。每一次舆情事件都形塑着整个舆论生态,次生舆情也不例外。2016年8月12日23时30分左右,天津滨海新区一处集装箱码头发生爆炸。由于初期处置不及时,次生舆情频发。湖北日报荆楚网舆情中心绘就了"天津港特大火灾爆炸事故"舆情次生过程中的"众生相",生动地再现了次生舆情事件对整个舆论生态的影响:网民"由将信将疑的观望状态,逐渐转变为确信不疑的共识";媒体"由舆论疏导转为公众诘问";政府"由主动介入转为被动应对","从几次新闻发布会情况来看,相关部门及官员面对突如其来的舆情转向表现得信心不足,面对追问更是'踢皮球''打太极'甚至犯迷糊";大V"由理性分析转为负面引导",造成了恶劣的社会影响。

二、错误处置引发次生舆情

新媒体时代,微博微信等媒介技术工具的迅猛发展,使普通个体、政府部门和各类社会组织都拥有了自己的媒体(自媒体、政务媒体、企业媒体等),社会意见表达更加开放、公平和自由。这种表达渠道的拓展与释放,不仅是舆情事件多发的背景,也构成了次生舆情频发的基本环境。次生舆情的发生，主要与处置失当有关，具体有以下三种表现形式。

第一，处置本身引发舆论围观。在原生舆情事件的发酵过程中，相关各方处置不当，未能有效应对新问题，并形成新的舆论焦点。危机公关工作中的任何错误都极易引起新的负面反应，酿成舆论次生灾难；主流媒体不作为、不当作为（如漏报、迟报、有意不报甚至"集体失语"）也可能间接导致次生舆情发生。

2015年8月12日23时30分左右，位于天津滨海新区的瑞海国际物流有限公司所属危险品仓库发生火灾爆炸事故。本次事故迅速引发了社会舆论的高度关注，该事故引发的次生舆情数量之多、涉及主体之广，十分罕见。安徽大学刘勇的研究报告《公共危机中"次生舆情"的生成与演化——基于对"8·12天津港爆炸事故"的考察》[①]中显示，自8月13日起至8月23日，天津市政府连续召开14场新闻发布会回应社会关切。与新闻发布会相伴生的各种次生舆情话题高达47个。报告认为，这些"次生舆情"主要集中在四个维度：一是由新闻发言人及现场官员个性化言行延伸出的对其个体的关注；二是对领导干部群体乃至政府部门的审视；三是指向事故相关各方，由"瑞海公司"和"只峰"身份等引发的官商勾结、官员腐败的舆情，由"编外消防员"引发对消防人员的同情等；四是由新闻发布会中的"意外情况"生发出的各种未经证实说法。显然，无论哪一个维度，47个次生舆情话题大都与舆情处置失当有关。随着当地政府对处置教训的吸取，与新闻发布会相伴生的次生舆情整体上呈减少态势，8月18日第八场新闻发布会后，相关次生舆情话题已经明显减少。

第二，原生舆情事件带来流量和关注，一些潜在的问题伺机借力博"出位"。有些地方特别是基层，由于社会矛盾复杂、媒体监督薄弱、维权

---

① 本文为国家社科基金项目"当代中国报纸新闻文体史研究（1949—2012）"（项目编号：13CXW005）阶段性成果。

渠道不畅、社会治理乏力等多种因素，常年来积压的一些社会问题可能会因为一个热点事件的爆发而呈现出集中喷发之势。这些伺机借力博"出位"的话题，可能来自传统媒体，也可能来自网民，但指向的对象往往是当地的公权力部门或者官员，与原生舆情事件的舆论诉求呈呼应之势。

"某县火车站枪击案"引发了次生舆情风波，就是非常典型的一个例子。2015年5月2日，警察在某县火车站"开枪击毙"徐某。该事件通过网络迅速发酵，而官方也被公众及媒体质疑在枪击案发生后迟迟不公开完整现场录像。事发10余日后，网上关于当地官场的举报帖却集中爆发。当时的新京报记者曾梳理相关报道后发现，"某县火车站枪击案"已发生舆情转移现象，部分网友将目光延伸至当地的贪腐问题上，与枪击案有关联的当地多名官员受到关注。据不完全统计，各大网络论坛发布的信息集中于5月12日，被举报对象除当地部分主要政府官员外，还有公安、人社、教育、纪检等部门，相关事件已超10起。这种现象也被称为"新闻搭车"，即当公众把注意力集中到枪击案主体新闻事件时，与此地域相关的、以往难以受关注的问题集中爆发出现在公众视野，举报人会趁社会注意力和各方面力量聚集的时刻寻求解决自身问题。究其原因，清华大学沈阳教授表示，"就枪击案事件来说，其处理速度有些跟不上公众的期待"。他还建议当地有关部门，"在处理过程中应该依照法律规范化进行，同时加强信息披露"。

第三，舆论讨论失序自然演化出新焦点。一个事件一旦被全民聚焦，舆论态势本身的发展往往很难按照当初预定轨道进行演化，而是呈现出某种"歪楼"的特点。从女演员因癌症去世引发的中西医之争，到IT创业者自杀引发婚恋网站被声讨，都是这类形式的典型事件。与上述两种形式有所不同，这种表现形式的次生舆情话题具有更强的独立性，当然，也都指向一些具有普遍性的社会难点。从涉事主体来看，这类舆情话题往往指向并不明确，但从舆论反应看，往往会间接指向公权力部门。

次生舆情频发的本质是网民对知情权的焦虑。在网民权利意识日益高涨的互联网时代，一些舆情事件尤其是重大突发公共危机，次生舆情频发高发，这与网民知情权保障不力密切相关。在舆情事件中，网民对危机真相、原因、危害、处置等基本信息的知情与了解是一种刚性需求，也是一种基本诉求，一旦这种诉求无法获得满足，次生舆情话题也就有了发酵和膨胀的空间。与此同时，领导干部缺乏诚意的沟通，弥漫的"大话""套话""空话"和"官话"等例行动作，也往往会被解读为掩盖政府"不作为""乱作为"，处置出现失误更是坐实了其刻板印象。

减少次生舆情滋生，提高舆情处置能力，就要围绕网民知情权焦虑这个核心矛盾，认真检视舆情处置过程中的各个环节，力争处置办法能够契合舆情发酵规律与网民心理期待。就此而言，对于舆情处置中常见的五种错误进行详尽细致的分析，深刻认识这些错误产生的原因，无疑有助于减少处置失误的概率。

三、防止常见的五种错误行为，避免次生舆情

在长期的舆情处置实践中，笔者概括出了五种比较常见的错误——沉默、清高、封堵、恐惧、乱说。

第一个错误行为是沉默。沉默不是深沉，而是对危机不重视，侥幸地认为不会落到自己头上，对舆情事件躲着走。对此，舆情领域有一个形象的说法，叫作"鸵鸟"。我们都知道鸵鸟就是喜欢把脑袋埋在沙子里，视而不见、充耳不闻，很多单位就有这种心态，面对舆情事件，希望侥幸过关，认为"网上热点此起彼伏""舆论就是那么回事""过两天就没事了"，于是选择不回应。然而，"互联网是有记忆的"。就算一时侥幸过关，一段时间之后也会被公众重拾记忆。一些重大舆情事件诱发的次生舆情话题，或许本身并不具备足够的吸睛能力，但遇到合适的"网络气候"还是会被网民翻出来。

第二个错误行为是清高。所谓清高，就是认为身正不怕影子斜，对于网络批评和网络投诉一概否认，没有意识到应该给人一个更加正面的印象。清高是政府部门长期以来容易犯的一种错误。网络时代，一切公权力机关包括工作人员，都应该有"公信力共同体"意识，共同维护公信力。在某些专业领域，面对网民的偏激诉求，也应该给予更加有耐心的说明解释，而不是与网民划线、交给时间了事。

第三个错误行为是封堵。顾名思义，封堵就是用纸包火，传统思维"捂盖子"，以为删帖就能解决问题。但在互联网时代，这种封堵、删帖的行为根本解决不了任何问题。与封堵思维相对的则是互联网思维。互联网思维首先是一种开放的心态，与网民、与公众、与媒体平等地沟通、互动，达成一个最大限度的谅解、理解和支持，最终才能平息舆情事件。舆情处置不仅影响线上讨论，还影响线下。网络与现实前所未有地结合，决定了网络虚拟空间并不是一个新生的空间，而是社会现实空间的网络拓展，是社会现实空间的重要组成部分。当社会矛盾通过互联网呈现出来时，很可能是通过网络寻求出路，这种封堵压制的手段无疑是缘木求鱼。

第四个错误行为是恐惧。不愿意或者不敢面对现实，遇到负面的报道一下子就被打蒙了，不敢接受采访、不敢回应。2016年4月19日，习近平总书记在北京主持召开网络安全和信息化工作座谈会指出，网民大多数是普通群众，来自四面八方，各自经历不同，观点和想法肯定是五花八门的，不能要求他们对所有问题都看得那么准、说得那么对。要多一些包容和耐心，对建设性意见要及时吸纳，对困难要及时帮助，对不了解情况的要及时宣介，对模糊认识要及时廓清，对怨气怨言要及时化解，对错误看法要及时引导和纠正，让互联网成为我们同群众交流沟通的新平台，成为了解群众、贴近群众、为群众排忧解难的新途径，成为发扬人民民主、接受人民监督的新渠道。近年来，习近平总书记多次强调完善网络治理体系。问题是躲不过去的，广大领导干部要牢固树立"民到哪，我到哪"的意识。目前，我国网民数量已经超 10 亿。互联网为广大领导干部践行群众路线提供了难得的契机，使领导干部一网尽知天下事。领导干部应该以开放和自信的心态拥抱互联网，主动走进网络里，听民声、汇民智、察民意，开展工作也要注重网上网下相结合，当个好网民，克服"谈网色变"的不适心理。

第五个错误行为是乱说，推卸责任。如果一个单位没有建立良好的舆情管理制度，面对重大突发事件时，就容易出现这种错误。

2020 年春季新冠肺炎疫情防控期间，湖北当地红十字会因工作效率等原因广受诟病。无论是"红会物资分配效率"，还是"防疫应急物资储备仓库违规发放口罩"，涉事部门虽然及时回应，但没有很好地平息质疑，反倒引发了新的质疑，引发次生舆情。2020 年 1 月 29 日和 1 月 30 日，湖北省红十字会分别在"博爱荆楚"微信公众号和门户网站上公布了第一批次防控新型冠状肺炎捐赠物资使用情况。有网友对《物资使用情况公布表（一）》中第 14 条记录"N95 口罩 36000 个"的接收和使用提出疑问。对此，湖北省红十字会对有关信息进行了复核，发现确因工作失误导致公开的信息不准确，于是正式对外发布了《更正说明》。然而，细心的网友再次发现，湖北红会竟然将《更正说明》落款日期"2020 年 1 月 31 日"误写成"2019 年 1 月 31 日"。毫无疑问，湖北红会再次引发质疑。针对这一情况，新华社下属的《新华每日电讯》发表评论员文章《疫情当前 警惕不当回应引发次生舆情》，文章对湖北当地红会引发次生舆情的原因进行了剖析：首先是回应缺少细节。没有细节，再及时的回应也难有说服力，只能让人更疑惑——这背后到底还隐藏着什么？之后不少地方发布疫情信息的方式，就给一些不会与公众沟通的部门"打了样"。比如，在充分保护隐私的情况下，将确诊患者的行动轨迹等详细公布出来，既能让人信服，也有助于其他人采取必要的防护措施。其次是回应中有太多空话、套话。面对公众质疑，一些人顾左右而言他，用空话、套话来回应，这是应对舆情的下下策。那些看似滴水不漏的"车轱辘话"，貌似稳妥、安全，实则"漏"掉了公众的信任与信心。那些传递不出多少坚定与真诚信号的空话、套话，怎能真正赢得群众的信任和认同？最后是回应"不拘小节"。互联网时代，人人都有麦克风，任何一次"不拘小节"的失误，都可能消解互信。无论是通过网络还是通过新闻发布会的形式回应公众质疑，形式其实都是次要的，只有坦诚认真以待，才能令人信服。如果回应网民质疑的公文，连日期都写错，岂不是自己给火上浇油？

四、积极主动消解次生舆情

次生舆情的发生，有技术因素，自媒体的"赋权"属性无疑终结了传统"渠道霸权"的时代，人人都有麦克风已经成为一个无可否认的现实。然而，必须注意的是，事情的发生并不是关键，如何面对和处置才是关键。公众基本诉求无法获得满足是"次生舆情"生成与演化的根本原因，也是消解次生舆情的核心所在。这就要求涉事单位或者部门能够正视变化了的新型传播生态和多元舆论格局，以更加积极主动的姿态面对次生舆情。

首先，面对次生舆情不要怕。次生舆情的发生有其客观必然性，技术的进步与网民权利意识的增进，成为次生舆情多发频发的基本背景，这两方面因素都不以人的意志为转移。对此，一味地怕和躲并不能解决问题，需要用平常心来面对，换言之，不妨把次生舆情当作工作中需要解决一个问题。《网络舆情应对技巧》①讲道，面对复杂的网络舆情，各级领导干部要树立正确的舆情应对观念，与时俱进，主动触网、学网、懂网、用网，克服面对突发舆情时回避、遮掩的"鸵鸟心态"，主动回应问题，要自信，有底气，做到合情、合理、合法，要善于运用网络，唱响网上舆论主旋律。其实，这也应该是互联网时代领导干部的基本素养之一。网络舆情处置的实践表明，积极主动的姿态是有效化解舆情压力的第一步，也是非常关键

---

① 曾胜泉.网络舆情应对技巧[M].广州：广东人民出版社，2015.

的一步。这一姿态，不仅在气势上占了优势，更重要的是为下一步务实的处置奠定了坚实的基础。

其次，次生舆情的处置是有章法的。舆情事件以及次生舆情的发生，都有一定的条件，也符合各种规律。基于十多年的网络舆情处置实践，笔者认为，处置次生舆情要遵循以下三个要点。一是顺应舆情规律，加强信息公开工作。舆情处置从某种意义上来说，就是信息处置，就是要消除信息不对称。这就要求有关部门要在信息公开方面下功夫，依法做好信息公开，有效减少次生舆情发生的机会，这也是处置所有事件舆情的基本前提。二是重视原生舆情，从源头上消除原生舆情的热度传动效应。次生舆情与原生舆情存在着千丝万缕的关系，至少在热度依赖方面，离不开原生舆情。因此，做好原生舆情处置，降低原生舆情的发酵烈度，就从根本上切断了次生舆情发生的可能性。三是对次生舆情事件进行甄别，对于确实存在问题的，不妨以此为契机，修复政府形象与公信力。次生舆情发生的根本还是在于现实中存在的问题，切实解决实际问题，不仅有助于把次生舆情变成好事，客观上也将为原生舆情事件的处置提供正能量。

再次，要善借力。舆情处置是一件群策群力的事，各单位、各主体协调进行才能实现最优效果。这就要求涉事主体或者涉事单位善于借助各种力量，善于做整合和协调的工作，从而让舆情处置更加高效与优质。一是善借媒体之力，充分发挥媒体联系群众、上传下达的纽带作用。一方面，通过媒体及时传递权威声音，让权威声音成为舆情处置的主心骨；另一方面，善待媒体的监督，通过媒体知民意晓民情，从而提出更具针对性的处置方案。二是善于借助网络意见领袖的作用。网络意见领袖在整个事件的传播节点中扮演着重要的角色，对于整个舆论导向，具有重大影响力。对此，涉事主体或涉事单位既要"重视其二级传播的角色，尊重其多元的意见表达"，也要"加强规范和管理，依法打击意见领袖造谣传谣、混淆视听、推波助澜等不当传播行为"。此外，善借力还要善借网民之力。互联网

> 如何有效处置网络舆情

中最活跃的因素是网民,多元化的网民在很大程度上成就了网络的自净功能。在舆情处置与引导的过程中,涉事主体或涉事单位要善于发现网民中的积极与健康的因素,并加以扩大,积极营造良好的网络舆论生态。

最后,要常反思。互联网已经深入中国社会的方方面面,成为中国经济社会发展的重要组成部分。因此,网络舆情也将长期具有经济社会发展的"晴雨表"效应,表征着社会肌理的健康状况。处置网络舆情,就像给社会做手术一样,需要常反思、多总结,在探索与学习中提高处置能力与应对水平。从全国范围来看,任何单一舆情事件的发生,既有个性的一面,又有共性的一面。互联网把全国连接到一起,为各地区各部门之间相互学习取经提供了前所未有的便利。以环境群体性事件为例,多发生在经济发展水平较高、人民生活水平较高、对环境权益较为重视的地区,但是,这些地区的处置经验和教训,对于落后地区同样具有启示意义。互联网超越时空的传播,凸显了各地区的共时性与历时性的内在张力。不要说等到发展多少年以后,就是当前,一些后进地区也可能面临着与发达地区同样的矛盾。而且,一个地区的舆情事件一旦进入公众视野,就会面临着全国网民的聚焦,不同网民群体的思想意识与行为方式之间的冲突,可能会更加激烈。对于当地的涉事部门来说,如果仅从本地区实际出发来应对,效果很可能会差很多。

【案例】深圳 5·26 醉驾飙车案

事件概况

2012 年 5 月 26 日凌晨 3 时 08 分许,由侯某驾驶的红色跑车,在深圳滨海大道由东往西方向行驶至侨城东路段,与同方向行驶的两辆出租车发生碰撞，造成其中一辆出租车起火，导致该车内3人当场死亡、三车损坏的道路交通事故。信息显示，侯某并非车主，该车车主另有其人，为侯某老板许某。事发后肇事者被指"顶包"引发轩然大波。

27日，深圳警方通报称，经对事故肇事嫌疑人侯某（男，29岁，广西平南县人）血液酒精检测，属醉酒驾驶。出租车上2名死者（乘客）身份也已确认。

27日晚，网友眼袋兔兔子一条微博："希望能揪出真正逃逸的肇事司机，还她们家人一个公道。"此条微博被转载42746次，评论8792条。舆论场中关于是否顶包的纷争由此进入高潮。

全国媒体的迅速全面参与报道，加上网络上铺天盖地的顶包说，长篇的通讯、尖锐的评论、充满猜测与想象的质疑等，迅速将深圳交警推向舆论的旋涡。

舆论的焦点与矛头，直指政府的公信力！

深圳警方处置本事件的原则是，不封堵，公开透明挖掘真相。深圳警方四天之内连续召开四次新闻发布会，最终通往事实真相：找证据证明司机未顶包！

舆情处置

第一次新闻发布会：否定顶包说遭质疑

深圳市交警部门举行新闻发布会称，警方调取的事发前酒吧、事发地点、华侨城医院、大梅沙游艇会等相关的视频显示，侯某某确为当时的驾驶者，其驾车时处于严重醉酒状态，对车辆不能正常操控。

当天，交警部门还召开了死者家属协调会，会上交警给家属提供了医院监控录像，称医院缝针男子并非车祸司机，事故中不存在顶包行为。但死者家属对该解释并不满意，质疑警方提供的视频不是完整视频。一名受害者的舅舅说："如果是医院的视频公布给家属看，为什么是手机拍的呢，这样中途可以删掉很多内容再重新组合,而且公布的视频分段时间明显差了一两分钟。"

网民对深圳警方的调查结论持怀疑态度。5月28日晚上,新浪微博用户"晶论坛"发起的一项有4655人参与的调查中,选择"被顶包"的占96.2%,选择"没有被顶包"的占1.1%,选择"无法判断,不下结论"的占2.8%。有网民认为,视频中侯某在走上楼梯经过墙上一幅深色挂饰时,他的头部周围有明显的白色轮廓,似乎是PS的痕迹。

第二次新闻发布会:媒体质疑声有所减弱

5月29日下午,深圳交警部门召开第二次新闻发布会,将侯某当晚与三女一起上车离开酒吧的视频、红色跑车车主当晚活动的视频、车主上身有无受伤的照片等证据向媒体公布,认为肇事者就是侯某,该事件中没有发生顶包行为。

然而,受害人家属依然提出异议,希望警方尽快公布DNA比对结果。针对迟迟没有比对指纹、DNA这一质疑,警方也承诺车祸现场的指纹、DNA等信息经有关部门鉴定后将及时公开。一连串信息的发布,在一定程度上缓解了公众的不满情绪,媒体质疑的声音也有所减弱,然而网上对警方不信任的声音依然很强大。

第三次新闻发布会:进一步释疑解惑

5月30日下午,第三场新闻发布会。警方首次公布了事发路段的完整视频,视频清晰显示,5月25日22时至次日9时许,侯某从进酒吧饮酒、出酒吧驾车、撞车、出事后逃逸至宾馆,最后从宾馆走出、自首的全过程。

第三场发布会的重点为DNA信息的公布。深圳警方出具了深圳市物证检验鉴定中心出具的鉴定文书。

当晚8时至9时,深圳市交警局还创造性地在其官方微博"@深圳交警"上进行了微访谈。借助微博平台,深圳警方与网友面对面地交流,接受网友质疑,解答网友疑惑,回答了18名网友的提问。同时,深圳市人民检察院也宣布介入侦查，要求侦查部门核实肇事司机身份，查明案件事实。司法部门的介入对整个案件的破解和回应起了十分重要的作用。

至此，网友对于深圳"5·26特大交通事故"的"顶包"话题兴趣骤减，舆情开始消解。

第四次新闻发布会：公布证据形成完整链条

5月31日，深圳交警部门第四次召开新闻发布会介绍，找到一张肇事车辆于5月26日凌晨经过滨河路香蜜湖立交西行的图片，佐证了侯某的肇事者身份。

连续密集的新闻发布会，警方基本做到了直面舆论质疑，摆证据、重事实，通过及时、公开、透明地呈现证据并解释公众疑问，基本上做到了平息事态、粉碎谣言。

妥善处置后续舆情：微博发布平息"视频女"风波

6月2日，网上出现一条事故现场的视频：熊熊烈火背景下，一白衣女在现场奔跑。发帖人配上旁白，说白衣女子在喊："快点跑，警察要来了！"（言外之意就是再不快一点儿，肇事司机就没法顶包了。）此视频再度引发网友热议。深圳交警部门根据网民上传视频所提供的线索，找到了两名重要证人，红色出租车司机以及持灭火器参与灭火的蓝色出租车司机。红色出租车司机称，除了3名乘客外，现场没有其他人上过他的车，那名白衣女子纯属路人甲。据他回忆，当时白衣女子是向其两名亲戚喊："快点走，快点走，就要爆炸了。"而该消息误传者也在网上承认自己的错误，公开向警方道歉。

舆情点评

在本次舆情事件处置过程中，深圳警方以开放的心态接纳和包容媒体及网民的各种意见，不封堵信息，最大限度地满足了公众的知情权，终于粉碎了谣言，取得了网友的信任，避免了次生舆情，写就了深圳新闻发布史上的经典案例。

在质疑声音渐退后，舆论对深圳交警的各种赞誉之声开始纷至沓来。深圳大学传播学院传播系副主任孙海峰认为，"5·26"事件中深圳交警的表现，是舆论和公权互动，进而推动事件进展和信息公开的一个良好范本。

总结该案例的处置经验，以下三点尤其值得肯定。

第一，坚持信息公开，尊重市民知情权，占领舆论的道义制高点。深圳警方顺应市民的知情权诉求，有疑必查、有问必答、有惑必解，最终从道义上赢得了公众的理解支持。

第二，不缺位不失语，处置与发布同步，新闻发布机制效能凸显。深圳警方坚持事件处置与新闻发布同步安排、同步推进。新闻发布口径统一，权威性不容置疑。

第三，因时因势而为，灵活突破惯例，创新发布形式，牢牢掌握舆论主动权。首先，以舆情为导向。深圳宣传和交警部门以舆情研判作为新闻发布导向，很好地顺应舆情民意。该事件经历了"发布—质疑—回应—再质疑—再发布"的传播过程，"重新树立了依法、公正、客观的形象。其次，创新发布形式。在发布过程中，深圳宣传和交警部门综合运用文本情况介绍、图片、音视频及DNA鉴定等证据展示和讲解，邀请关键证人现身说法，用官方微博展开微访谈，全程"微直播"等生动而具说法力的手段，其中第二次新闻发布会，发布方即提供10个方面的证据，第三次新闻发布会提供了关键和核心证据并回应所有疑问。最后，第三方力量适时介入。深圳宣传和交警部门大胆创新，主动邀请人大代表现场观摩发布，开展政治监督；深圳检察机关全程介绍并适时发布，为增强新闻发布的客观性与说服力起到了舆论"压舱石"的重要作用。

后 记

近年来，我经常受邀去给一些党政领导、军队干部、企业高管讲授舆情处置的相关内容。可能因为我在长期实践工作中对网络舆情领域关注较多，积累的案例比较丰富，加之授课内容偏实战，多数情况下，课堂反响良好。授课结束后，许多学员总是意犹未尽地问我是否有相关专著，希望能够更加深入地学习。这也激发了我撰写本书的热情和决心。

但因为日常工作事务冗杂，写书成了一件十分辛苦的事。屈指算来，从规划内容到书稿完成，前前后后花了两年多的时间。

不过，慢工出细活，我相信本书对于领导干部和企业高管有较强的实际参考作用。

众所周知，互联网的快速发展对舆论引导提出了新的挑战。由于互联网应用的日益普及、网民群体规模的迅速增加，尤其是以微博、微信、短视频和客户端为代表的移动互联网的迅猛发展，中国社会的舆论场生态正在发生重大变化。我国网民基数规模庞大，成为网络舆论生发的原动力。相关数据显示，涉官员、公权力和社会民生等相关领域的舆情事件呈上升趋势。

面对网络时代的新形势、新要求，近年来，各级领导干部努力学习使用互联网的基本技能、网络特点和发展规律，逐步把网络视为检验工作成效、改进工作方法、引导思想舆论的载体和平台，对网民建设性意见及时吸纳，对模糊认识及时廓清，对怨气怨言及时化解，对错误看法及时引导和纠正，进而不断提升服务群众、驾驭工作的能力和水平，在网络意识形态和舆论引导的战场上守住了主阵地、把握了主动权。

如何有效处置网络舆情

但毋庸讳言，依然有很多领导干部自身工作能力不强、政治站位不高、媒介素养缺失，官员"雷人雷语"和奇葩作为引发舆情的现象层出不穷，仍然有一些干部在舆情事件发生和处置过程中"无知无畏"，成为网民和舆论一再聚焦的对象。与此同时，互联网尤其是社交平台的快速发展，"小微舆情热点化"的趋势越来越明显，网络热点舆情更多地围绕与普通人利益相关的民生问题展开，网民"代入感"和移情作用强烈，表达了社会转型期公众内心的"集体焦虑"。一句话，引爆点越来越小，爆发门槛越来越低，民众情绪越来越复杂。

当互联网成为网民参与公共事务的主要途径、民意表达和诉求反映的重要渠道时，网络理政就成为新时期领导干部的必修课。能否用好互联网，是新时代领导干部干好工作的基本功。古人云，知屋漏者在宇下，知政失者在草野。为政者必须走出庙堂，到草野和江湖中去观察、听取意见。习近平总书记指出："很多网民称自己为'草根'，那网络就是现在的一个'草野'。网民来自老百姓，老百姓上了网，民意也就上了网。"习近平总书记强调，各级党政机关和领导干部"经常上网看看，潜潜水、聊聊天、发发声"。

本书按照我多年来给各级领导干部授课的讲义内容进行延展阐述。从网络舆情发展的总体态势、生成机制规律到舆情处置的"12345"策略，重点阐述了各级政府部门在舆情处置过程中易犯的错误、应避免的问题和通常采用的技巧等。全书理论结合实际，观点结合案例，整体来看偏重实操。

撰写过程中，笔者得到了王通文、刘艺、李召华、李向帅、徐延吉等老同事的许多帮助，并参阅了新华网舆情中心分析师团队的诸多研究成果，在此一并致谢！

水平所限，不当之处，还请读者批评指正！

段赛民
2022 年 1 月于北京